两岸应知道的
台湾历史故事

熊子杰◎著

你不知道的台湾

NI BUZHIDAO DE
TAIWAN

九州出版社 | 全国百佳图书出版单位
JIUZHOUPRESS

图书在版编目（CIP）数据

你不知道的台湾：两岸应知道的台湾历史故事 / 熊
子杰著. -- 北京：九州出版社，2017.6（2018.8重印）
ISBN 978-7-5108-5370-8

Ⅰ．①你… Ⅱ．①熊… Ⅲ．①台湾－地方史－通俗读
物 Ⅳ．①K295.8-49

中国版本图书馆CIP数据核字(2017)第108431号

你不知道的台湾：两岸应知道的台湾历史故事

作　　者	熊子杰　著
出版发行	九州出版社
地　　址	北京市西城区阜外大街甲 35 号（100037）
发行电话	(010)68992190/3/5/6
网　　址	www.jiuzhoupress.com
电子信箱	jiuzhou@jiuzhoupress.com
印　　刷	三河市九洲财鑫印刷有限公司
开　　本	787 毫米 ×1092 毫米　16 开
印　　张	21.5
字　　数	288 千字
版　　次	2017 年 6 月第 1 版
印　　次	2018 年 8 月第 2 次印刷
书　　号	ISBN 978-7-5108-5370-8
定　　价	56.00 元

湘勇護臺

榮耀中華

馬英九

推荐序（一）

　　一个国家没有文化，是蛮荒；一个民族没有文化，是蛮族。身为炎黄子孙，我们以悠久的中华文化为荣；传承、弘扬中华文化是每一个中国人的责任，是两岸人民的共同荣耀。

　　我乐见作者身为一位企业家，在经商之余，还能够致力于推动两岸民间的交流，历史文化的研究，中华文化的传承及播种。我认识作者多年，在他学生时代我就认识，他毕业后虽从商，但不忘致力推动两岸民间的交流。

　　他写的这本书《你不知道的台湾》，从台湾历史起源到台湾建省及繁荣崛起，从两岸饮食文化到两岸携手抵御外辱等等层面，将许多鲜为人知的台湾历史、血脉相连的文化及有趣的故事娓娓道来，是一本两岸中国人都应详读的文史书。

　　两岸人民的交流源远流长，这些历史以往鲜为人知，之前文史专家着墨较少。这本书中记述两岸人民不知道的许多历史，这些都是我们应该知道的，因为这是我们共同的资产及瑰宝。作者用深入浅出的方式及生动的笔法带出来，能帮助你了解两岸文化的"根"、台湾历史的"源"；在台湾这块土地上，来自大陆各省的同胞共同生活在一起，并肩抵抗英、日、法等列强的侵略，许多人最终命丧台湾，不幸者尸骨曝于乱葬岗，无法魂归故乡，有幸者被安置入庙，受后人供奉，至今香火不断。

台湾新党主席　郁慕明

推荐序（二）

中山先生领导革命推翻清朝建立亚洲第一个民主共和国，其目的在求中国之自由平等，更希望使中国人脱离贫穷，享受幸福美满的生活，而不是借由战争取得政权，造成妻离子散、家破人亡的悲剧。

1949年由于中国人内部的纷争，造成中国的分裂，违背了中山先生旨意，实为极大的遗憾。我是个职业军人，使命上是保国卫民，但不希望有战争，更不希望重蹈历史的错误，因为我深刻了解战争的可怕。两岸和平发展，自然促成统一，才能带给人民幸福与尊严。

以史为鉴，两岸同胞实有唇齿相依血肉相连不可分割的关系。如深究其理，何来一种分裂思想的成长及"去中国化"之行为举措，阻碍两岸和平发展之正常进行？基于情势之演变，而使原本平静的台湾海峡再度面临紧张，令人忧心。深入探索，实乃一般人对台湾历史的本源缺乏深入了解，尤其在教育方面缺乏深耕。

"德不孤，必有邻。"熊子杰先生是一个深入追寻历史的人，看到他的著作《你不知道的台湾》，我既佩服又欣慰，终于看到有人认真将这些两岸人民欠缺的历史知识及正确的史观予以填补，对目前两岸局势发展而言如久旱后的甘霖。这本著作记述了重要的文化与历史，书中史料丰富、理念清晰、条理分明、浅显易懂，提供极多两岸关系及台湾历史的新发现及新思维。

　　《你不知道的台湾》有正史、轶事、口述、传说等内容，为作者经长达六年的时间，一步一步走遍台湾及大陆各角落，考证、搜集而成的一本珍贵的文史书。作者对历史真相不厌其烦地反复探索、验证，尽求完整、客观地还原真相，其追求真实的精神令人佩服。

　　《论语》有子曰："君子务本，本立而道生。孝弟也者，其为仁之本与。"《你不知道的台湾》将两岸古圣先贤为台湾牺牲奉献的事迹详尽记述，希冀两岸人民不忘本、饮水能思源，作者的用心之苦由此可见。希望《你不知道的台湾》能成为两岸和平之钥，这是一部珍贵的书，关心两岸、关心台湾的朋友们都应读的书，尤其青年朋友们如读了此书，将有一番特殊的回响。

黄幸强

　　（黄幸强先生是台湾退役上将，原为台湾"陆军总司令"，是两岸交流的重要推动者之一，参与及见证两岸和平发展，2016年受习总书记邀请，率领台湾退役将军赴大陆参与纪念孙中山先生活动）

推荐序（三）

《你不知道的台湾》是一本严谨、生动的文史书，这本书里有许多令人惊叹的轶事，有许多让你为之鼻酸的史实，有许多令你激动拍案的故事。

这本书深入探讨台湾的起源及两岸文化的"根"，如台湾少数民族的祖先及迁徙，台湾名称的由来及典故，台湾的建设、发展、开垦、抚番、御敌、战争、族群、生活，等等。作者挖掘许多第一手资料，都是两岸鲜为人知的台湾史料、轶事及人物。它对两岸交流的渊源、台湾历史的起源做了更充实的补充及联结，清楚交代两岸的那些历史"断片"，为两岸读者提供了另一个启发性的观点。

洪孟启

（洪孟启原为台湾"文化部部长"，为推动两岸文化交流做了一定工作）

推荐序（四）

我从事演艺文化工作数十年，参与过无数的文化艺术创作，对好的书籍特别敏感，看了子杰著作《你不知道的台湾》，就知道是一本好书。此书没有专业文史书的艰涩难读，却有历史大戏的磅礴气势。书中情节更是高潮迭起、峰回路转，尤其又结合中法战争的基隆之役及淡水之役的空城计及神明显灵故事；开战前那种山雨欲来风满楼的肃杀之气，从鸿门宴谈判、大军围岛、枪林弹雨开战、肉搏厮杀，双方你来我往激烈恶战，战场是血流成河、横尸遍野，真是惨不忍睹，可见当时交战的险恶及残忍；双方打的是心理战、情报战、持久战、外交战，战略战术的应用更可媲美周瑜与诸葛亮之斗智斗勇；战后诡谲的宫廷内斗戏码更是惊心动魄。看此书也使人对这些筚路蓝缕以启山林的先贤先烈，有了新的认识。

相信书中许多台湾史料及内容是两岸同胞都觉得新奇及惊艳的，其中的章节如：双刘之争、淡水胜战、基隆战役、牡丹社事件（日本侵台）、恒春之恋、卫温来台记、陈稜故事等等都非常具有戏剧张力，是拍电视剧或电影的好题材。

台湾演艺人协会理事长　杨光友

（杨光友为台湾演艺文化界一把手，长期带领及照顾台湾文化人，深受两岸文化人敬重）

推荐序（五）

　　去过无数次台湾，说实话看的多是表面。2016 年 5 月，作为名誉团长率领全球湘商参加由台湾湖南商会举办的"湘军保卫台湾历史研讨会暨台湾湘军民族英雄馆启动仪式"，熊子杰会长陪同我们实地考察，第一次看到了当年无数湘军为保卫台湾、抗击法军而壮烈牺牲的大量英烈遗迹，我们深受感动与鼓舞，也让我们触摸到两岸同胞血浓于水的脉络。

　　熊子杰会长的《你不知道的台湾》一书，倾注了他大量时间与精力，挖掘了大量首次披露的、珍贵的文献，是一部深度了解台湾的纪实史书，值得参考。

湖南异地商会（全球）联合会会长　周华松

（周华松为福建松霖集团董事长，也是大陆著名慈善企业家）

推荐序（六）

在中国近代史上，湘军奋起卫道，捍卫中华统一，开创了"天下不可一日无湖南"的辉煌历史；世界各地的华人对曾国藩、左宗棠率领湘军南征北战保家卫国的事迹并不陌生，却对湘军保卫台湾的历史知之甚少。

从湘军保卫台湾，到今天湘人后裔马英九、宋楚瑜、刘兆玄、龙应台等人物依旧影响着台湾政坛、文坛以及军界，台湾近现代历史打上了深深的"湖湘"烙印，我们也可以说："湘军"依旧在，台湾不可一日无湖湘。

熊子杰会长的大作《你不知道的台湾》出版，将许许多多被湮没的历史重新告诉世界，定将像我们共同发起组织的首届"湘军保卫台湾历史研讨会"一样，在海峡两岸激起强大的反响，为今天的两岸关系和平发展起到积极的作用。

湘商文化促进会会长　伍继延

（伍继延为大陆著名的社会活动家，长期致力于湘商文化推动）

推荐序（七）

2016 年湘军保卫台湾历史研讨会前祭奠，子杰兄写出一手沉雄的繁体祭文，我才知道，他的古文功底打得扎实。作为热血情义的台湾湖南商会会长，他写出《你不知道的台湾》。我很喜欢台湾的山水草木，也对生活在那里的人感到亲近，因之对台湾的历史与故事，有一种越了解越想了解的冲动。历史与故事属过去式，研读是现在时，传播文化是进行时。

《左宗棠》作者　徐志频

（徐志频为大陆知名作家，"2013 年中国影响力图书奖"得主）

推荐序（八）

小时候，村头的墙上，刷有"一定要解放台湾"的红色大字。那是我对台湾的第一概念。实际上，我出生的小山村离台湾的直线距离并不算遥远，台风每年都会呼啸光顾。听大人们说，台湾当局的宣传气球也会飘落到我们那一带，弄得大人们很紧张，可惜我没有亲眼看到过。因此，小时候对于台湾，感到神秘，还有一种带着阶级仇恨的敌视感。

长大后在城里打工，接触到了台湾人。他们是老板，给我工作机会，教给我业务知识，给我发工资，肯定我的能力，给我提职。他们温文尔雅，为人和善，艰苦创业，兢兢业业。他们每次从台湾探亲回来，还会送给我一些精美的小礼品。接触台湾人多了，久了，我小时候那份对台湾的敌视感，烟消云散，只剩下亲和感和对台湾的莫名向往。

后来，我嫁给了台湾人，成了台湾媳妇，并自己创业，经常去台湾探亲、考察和旅游，走遍了台湾的城市乡村。从街头小吃到台北图书馆，从花莲古村到佛光山寺……一切的一切，那么亲切，那么和谐，那么让人流连忘返，那么叫人饮水自知。我真真切切地爱上了台湾，也对"宝岛"一词有了自己的理解。

世事变幻，人生无常。当我从事业的高峰突然跌落到谷底的时候，是台湾市井的喧闹声，慢慢平复了人生的挫折感；是台湾手艺人的捏塑技艺，慢慢抚慰了受伤的心灵，更让我找到了人生和事业的新起点。此后，才有了我的"乐漫土"，才有了我的助残宏愿，才有了今天的一切，以及关于未来的憧憬和梦想。

　　我对台湾入迷，但台湾依旧是我的一个谜！我相信绝大多数去过台湾旅游的大陆人，跟我有一样的感受。正在这个时候，熊子杰先生将他的精心之作拿给我，我挑灯夜读，热泪盈眶，展现在我眼前的台湾历史画卷，让我看到了一个陌生而熟悉的台湾，一个让我眷爱和骄傲的台湾。熊先生的大作，让我更爱台湾！读《你不知道的台湾》，让你不得不爱台湾！

　　是为序。

乐漫土创始人　吴小莉

2017 年元月

　　（吴小莉为两岸著名慈善家，长期致力于残疾人的关怀及照顾）

前　言

　　因 2008 年参加湘潭湘商大会的机缘，2010 年在台成立台湾湖南商会，笔者有机会接触到许多台湾湘贤及湖南老乡，获得许多珍贵的资料，从而惊讶地了解到在台湾的每一寸土地都流有湘籍先贤的血，台湾一宫一庙都可能蕴藏湘军的英勇事迹，当然也有淮军、粤军、台勇的感人故事。

　　八年之前的两岸看似渐行渐远，然而，峰回路转，这八年来却是两岸最辉煌的一页；2016 年初又有人开始担心，担心两岸又将是波涛汹涌，预期未来两岸将进入严寒期。其实不然，两岸看似背道而驰，但从历史长河的轨迹看，终将殊途同归。

　　因为，事实上台湾人本来就是中国人，台湾人学的是中华文化，读的、用的、写的、吃的、住的通通都是中华文化，连想的也是中华文化，我们信仰的妈祖、关公也是中华文化，台湾从来没离开过中华文化；台湾人深深地生活在中华文化里，只是有些台湾人自己不知道而已。

　　笔者希望透过这本书让大陆人知道不用担心台湾，台湾"很中国"的；同样，台湾人也不用想搞什么"去中国化"，因为我们身上流着的就是中华民族的血液，我们的基因也是遗传于中华民族的，我们能改吗？想改也改不了，套用现在最夯的一句话，除非我们是"来自星星的"！何况我们台湾人天天就是生活在中华文化里。

两岸在文化上没有分歧，分歧在于生活环境及制度，有分歧是因为我们以前不重视文化交流，不去了解彼此的文化，也不给对方时间及机会去了解。

好像以前的柏林围墙，它隔绝的是德国人的行动，却隔绝不了同文同种德国人的心。以前隔绝两岸人民的台湾海峡，如今已不再是障碍，但两岸人民的心却未融合，因为在两岸人民心中还有一道墙，这是一道无形的墙，是我们自己筑起的一道心墙。因此我们两岸都应用心、用时间去了解这块土地——台湾，笔者希望透过这本书能推倒这道无形的心墙。

目　录

第一章
台湾少数民族六千多年前来自于中国大陆

    台湾少数民族九千二百年前居住在中国沿海地区，六千多年前辗转顺洋流航行到台湾北部后，再分成十支扩散到全台湾岛，四千多年前再以优越的航海技术渡海到东南亚、中南半岛、大洋洲、太平洋等岛屿地区[1]，因此东南亚都可算我中华民族的子孙，我们中华民族与东南亚的关系，原来是一家人的关系，根据台湾最高研究机构"中央研究院"凌纯声院士及历史研究所研究员陈仲玉教授的发现，全球所有南岛语系民族都算是咱中华民族的子孙，菲律宾、马来西亚、越南、缅甸等国的原住民都是源自中国大陆东南地区，连澳大利亚的毛利人也是。

    何谓台湾人？台湾少数民族？南岛语族人？

    根据台湾"中研院"历史研究所研究员陈仲玉教授的发现，南岛语族人就是台湾少数民族的祖先，是从大陆东南沿海迁移到福建马祖附近，再从马祖附近顺洋而下渡海到台湾，再转往东南亚、澳洲、大洋洲、太平洋等地区[2]，南岛语族的迁徙路线，证实台湾少数民族源自中国大陆。你喜欢也好不喜欢也好，科学的证据不容许有任何的扭曲，从人类学、遗传学、生物学、考古学等学术研究来分析，国际上都客观地支持台湾

---

① "中研院"历史语言研究所所长陈仲玉教授，"亮岛1号"记者会，2012。

② 资料来源：台湾"中国医药大学"，2014年3月31日。详见附录1。

少数民族来自中国大陆东南沿海地区，已是毋庸置疑的。2011 至 2012 年，台湾"中研院"历史研究所研究员陈仲玉及台湾清华大学人类学研究所助理教授丘鸿霖共同在马祖亮岛发现石器、陶片、骨器、贝冢群、动物骨骸及人类遗骸群，其中"亮岛人 1 号"及"亮岛人 2 号"（或统称"亮岛人"）两具人类骨骸，经国际最权威的基因（DNA）研究中心的鉴定及解序确认，与台湾少数民族、大陆东南地区一些少数民族有血缘关系，简而言之就是同属一族群。

其实陈、丘两位的考古发现除证明台湾少数民族与马祖"亮岛人"的血缘关系，以及台湾少数民族是从大陆东南地区迁移过来台湾的事实外，还对台湾族群的起源及全球南岛语族的发源及历史有重大意义；更重要的是对两岸而言，可以消除一些各说各话的台湾起源争论，否定了"台湾少数民族是源自东南亚"的论点（这也是现在大部分台湾人的认知），也证实及呼应了台湾"中研院"凌纯声院士在 1950 年的论点[1]——从语言、风俗习惯、生活形态等多重文化角度来看，台湾与大陆东南地区的人民自古以来就是同源同种——也间接确认凌博士所论述的台湾文化渊源可追溯到三国时期《临海水土志》一书[2]中所记载当时夷州人的风俗文化特质，它们应是承袭于这些马祖"亮岛人"的血统及文化。所以，从远古时期的"亮岛人"，到《临海水土志》的夷州人（台湾少数民族）、中国大陆少数民族等都是源自于中国大陆南岛语族的血统及文化，两岸民族一脉相承，同源同种。此发现具有科学的根据，非任何人可以任意删除或否定的。

由于"亮岛人"的发现在台湾属于极度敏感的议题，为避免不必要的争端，更确保"亮岛人"基因（DNA）解密工作及成果不遭到误解或扭曲，并得到国际语言学、考古学等学术界的重视，台湾"中国医药大

---

[1] 参见凌纯声，《东南亚古文化研究发现》，《新生报民族学研究专刊》，第四期，1950。

[2] 《临海水土志》，约公元 264 年，吴人沈莹所著。

凌纯声院士（前排左一）到台湾少数民族部落进行田野调查

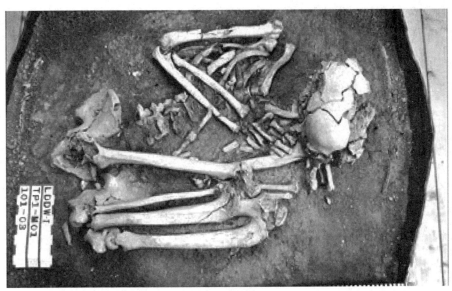

"亮岛人1号"出土图（资料来源：陈仲玉教授）

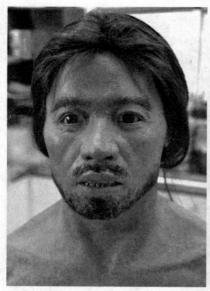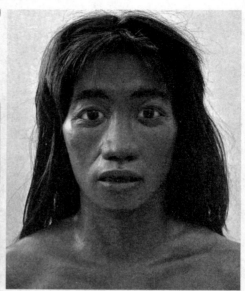

左为"亮岛人1号"，右为"亮岛人2号"（资料来源：陈仲玉教授）

学"副校长葛应钦教授的妻子将葛教授荣获的徐有庠科技讲座奖的奖金两万美元全数捐出来赞助陈仲玉教授，将"亮岛人"的检体送到国际最权威单位——德国莱比锡"马克斯、布朗克人类演化研究所"（简称"马布研究所"）进行基因（DNA）的排序比对分析。陈仲玉教授表示，经基因（DNA）解序后发现，"亮岛人1号"（又称"海亮哥"）为男性，距今约9280年，基因上接近部分台湾少数民族及东南亚的南岛语族人，也就是说"亮岛人1号"是台湾少数民族及某些东南亚岛屿族群的祖先，彼此间都存有共同的遗传血缘关系；"亮岛人2号"（又称"亮岛妹"），距今有7500多年，被认为是部分中南半岛原住民的祖先①（附录1）。

　　"中研院"历史语言研究所研究员陈仲玉认为，"亮岛人"的发现确实推翻了"南岛语民族从东南亚岛屿起源说"的论点，因为台湾少数民族是从中国大陆来的，而非像孙悟空一样从一颗石头里蹦出来的，或台

---

① 资料来源：台湾"中国医药大学"副校长葛应钦教授，"中研院"历史语言研究所研究员陈仲玉，2014年3月31日。

湾原生的，此点与台湾人类学专家陈叔倬博士所述一致，台湾不可能是南岛语族人所谓的"原乡"。而基因分析结果也证实"亮岛人"是比较接近中国西南方一带的壮族及越南的原住民[1]。

陈仲玉教授更指出"亮岛人 1 号"来自中国大陆东南地区，而"亮岛人 2 号"来自中国大陆西南地区，两人为何会到亮岛？

试想中国远古时期，一群从中国大陆东南往南的人，在福建临海区域碰到一群从大陆西南往东的人，两群人遭遇，看不对眼就歼灭对方，看对眼就结合，生活在一起。无论当时是否有激战，"亮岛人"的古文明证明两个不同地方的族群已经融合，并生活在一起了，可能是被打败俘虏的或友善结合成为亲家的，这都已不重要。陈仲玉教授认为，当这两群人相遇及开始共同生活时，他们文化及语言都不同，但他们需要沟通，于是就创造了自己的语言，即如今"南岛语"的前身；生活在一起就产生了新的文化，就是所谓的"南岛语族文化"，这与汉族的文化、生活方式是不一样的。当中原人来时，有些选择留在中国大陆的南岛语族人，大多可能被其同化；而不愿者被同化者，选择迁移到外地或海外，"南岛语族文化"因此向外扩散传播。有些南岛语族人乘舟渡海到台湾及周边岛屿，成了今日台湾地区的少数民族；再转到东南亚岛屿，变成今日马来人及菲律宾人，有些则到了中南半岛；之后他们再向东转往大洋洲、太平洋岛屿；有些向西到了非洲，最远的到达今日的复活节岛[2]。

陈仲玉教授研究团队为更巩固其学术发现及研究的可信度，在台湾马祖进行血液抽样筛检，在 50 名马祖居民的血液中，就发现有 6 人与"亮岛人"的基因符合，这又一次从医学上证实部分马祖居民实为"亮岛人"的后代，也再次证实当时"亮岛人"后来确实又迁徙到马祖群岛[3]。

---

[1] "中研院"历史语言研究所陈仲玉证实"亮岛人"是南岛语族祖先，推论"亮岛人1 号"可能来自中国大陆东南沿海一带，"亮岛人 2 号"比较接近中国西南方一带壮族以及中南半岛、越南的原住民。

[2] "中研院"历史语言研究所陈仲玉，"亮岛 1 号"记者会，2012。

[3] 《发现亮岛人，南岛语族起源前推》，"中央社"，马祖，2014 年 9 月 29 日。

2014 年台湾"中国医药大学"副校长葛应钦教授将台湾这项重大人类学、遗传学的研究成果以研究论文方式发表，荣登 2014 年 3 月的国际知名学术期刊《美国人类遗传学杂志》（The American Journal of Human Genetics），此篇论文受国际考古学、人类语言学及人类遗传学等领域学者的高度重视，论文中他提出的重要观点归纳如下 [1]：

1. 南岛语民族约于 8150—11137 年前（最有可能是在 9280 年前左右）起源于中国东南沿海地区，包括今日的马祖群岛。

2. 推翻了认为南岛语族发源地是台湾或东南亚岛屿的观点，认为其实都是来自中国大陆。

3. 证实了台湾南岛语族人源自于中国大陆东南沿海地区，大约在 6000 年前渡海迁移到台湾的北部，再从台湾北部分十支向台湾南部迁徙。

4. 约在 4000 年前左右，台湾南岛语族人在从台湾迁移到今日菲律宾地区后，再从菲律宾扩散至东南亚岛屿、太平洋及大西洋等岛屿。

葛应钦教授的研究发现与台湾"中研院"臧振华院士有关东南亚区域的论述是不谋而合而且相互呼应的，早在 2003 年臧振华院士就指出，中国大陆东南地区南岛语族人能如此容易迁移至中南半岛、南洋群岛等区域，是因为其实当时台湾和南洋群岛在更新世结束以前，都是属于东亚大陆之一部分，后因冰河期结束，海平面上升，才逐渐成为岛屿。所以，从史前史的角度来看，包含中国华南和台湾、中南半岛、南洋群岛在内的地区，都包含在今日所谓的"东南亚"这一范畴之内 [2]。

"中研院"凌纯声院士对东南亚古文明的研究发现及论述，也与陈仲玉教授"亮岛人"的研究发现相互印证，都认定台湾少数民族曾从台湾

---

[1] 台湾"中国医药大学"副校长葛应钦教授研究成果《早期的南岛民族进入和移出台湾》（Early Austronesians: Into and Out Of Taiwan）荣登 2014 年 3 月出刊的国际学术期刊《美国人类遗传学杂志》（The American Journal of Human Genetics）。

[2] "新世纪的考古学——文化、区位、生态的多元互动"学术研讨会，2003 年 10 月 22—24 日，"中央研究院"历史语言研究所，《华南、台湾与东南亚的史前文化关系：生态区位、文化互动与历史过程》，3—4 页，作者：臧振华，台湾史前文化博物馆，"中央研究院"历史语言研究所。

迁移至中南半岛、南洋群岛等区域。凌纯声院士更进一步提出："台湾土著……是在古代与原来广义的苗族为同一民族，居于中国大陆长江之南，属于同系的越濮民族……越濮民族在大陆东南沿海者，古称百越；散处西南山地者称百濮。台湾土著系属百越，很早即离大陆，迁入台湾孤岛，后来与外隔绝，故能保存其固有的语言文化；其留在大陆之越濮，则与南下汉藏系文化的汉、傣、苗、瑶、藏、缅诸族混合，有的完全汉化，有的虽习用其语言，然仍保有许多古文化的特质，如文身、缺齿、拔毛、口琴、贯头衣、腰机纺织、父子连名、猎首、室内葬、崖葬等等，在西南诸族，多能找到。我们根据上面所述……至少可说多数的台湾土著在远古来自中国大陆……"[①] 这是凌纯声院士的研究发现，当时没有统"独"问题及争议，当然他不需要也不可能为特定政治主张服务，所以他的论述及研究发现应是非常客观及专业的。

一些西方学者专家也纷纷证实凌纯声院士的论点。1997 年，澳洲考古学家贝尔伍德（Peter Bellwood）教授的研究结果也认为，中国长江下游可能是远古南岛语族的原乡，他们在五六千年前来到台湾，再从台湾辗转迁徙到东南亚地区，再朝东向太平洋、西向大西洋，扩散成今日的面貌。

台湾人类学专家陈叔倬博士表示，从生物学角度来看，岛屿应该不可能成为人类族群所谓的"原乡"，即使南岛语族人是从台湾扩散出去的，但人不可能在岛屿单独出现，必是从中国大陆迁移过来的。

显然，"亮岛人"的出现，也证实了陈叔倬博士的说法，台湾非南岛语族的原乡，南岛语族源自中国大陆，因此美国语言学家白乐斯（Blust）教授所提出的"南岛民族台湾原乡论"只对了一半。

中国大陆许多少数民族与台湾少数民族的风俗文化非常相似，也都属于南岛语文化，台湾史前文化博物馆研究员刘少君的研究文章《大陆

---

① 《东南亚古文化研究发现》，《新生报民族学研究专刊》，第四期，凌纯声，1950；另收入《主义与国策》，44 期，1955，1—3.4.

少数民族与台湾原住民文化元素的类比》指出，中国大陆南部的少数民族与台湾少数民族在相貌及语言、信仰、社会形态、生活方式、传统工艺等文化特质上，都存在许多相同或相似之处，如衣饰、文身、缺齿和墨齿、腰机纺织、方衣与筒裙、干栏式建筑、泛灵信仰（祭坛、祖先崇拜、多灵魂）、连名制、木鼓、腌鱼、腌肉等等，这些文化及风俗特质不仅古代就存在于两岸，今日大陆、台湾、东南亚岛屿某些民族中还都遗留相同或相似的文化及习俗。例如，今日湖南省通道侗族自治县芋头侗寨，还可看到干栏式建筑（见下页图），台湾至今也保留一些干栏式建筑，只是并不多；在湖南省通道侗族自治县侗族中，你还会发现他们的腌肉（见下页图）与台湾少数民族的类似①，你到台湾时也可试试台湾少数民族的腌肉滋味。刘少君现任职于台湾史前文化博物馆南科分馆，笔者特致电他，我们共同认为现在湖南流传的腌肉腌鱼习俗也可能承袭了湖南少数民族的腌物文化。现今两岸少数民族的腌肉文化系出同源，皆承袭中国古代南岛语族的生活习俗。

刘少君认为中国大陆少数民族与台湾少数民族都属于南岛语族文化，习俗文化上自然有许多相似之处，例如：

泛灵信仰：一般而言，台湾少数民族与大陆少数民族都有"泛灵信仰"。所谓的"泛灵"是指天地万物皆有灵。泛灵信仰者拜天地万物、祖灵等。两岸少数民族最常见的即为龙蛇崇拜，并且相信祖灵是宇宙的主宰，能够影响一切祸福。

文身：文面或文身是传统台湾泰雅人、赛夏人、排湾人等重要的文化表征，有着族群识别、确认成年、表彰个人勇气和才能等意义。在海南岛黎族，文身是女性结束少女生活、步入成年所必经的神圣仪式。

连名制：连名制是用以表示血缘关系的系谱形式。它是南岛语族文化的特质之一，台湾部分少数民族至今仍保有连名制的传统。

---

① 《大陆少数民族与台湾原住民文化元素的类比》，史前馆电子报，187 期，作者刘少君（Kuli Kilang），2010。

湖南省侗族干栏
式建筑

台东少数民族干
栏式建筑

湖南省侗族腌肉（资料来源：刘少君研
究员文章）

台湾阿美人腌肉"希落"（Siraw）

木鼓：木鼓是用来召众的信号乐器，台湾阿美人、泰雅人、布农人，大陆的侗族、苗族、基诺族、佤族等都保有木鼓文化。

腌鱼腌肉：台湾阿美人称腌物为 siraw，泰雅人称其为 tmami，大陆侗族称腌鱼为 bal wedl、腌肉为 kuk wedl。两岸少数民族都有类似保存食物的方法。

干栏式建筑：干栏式建筑就是将房屋架在桩上，在大陆，侗族、黎族、壮族等民族的家庭都还在使用此种干栏式建筑，而台湾少数民族仅在会所及谷仓等公共建筑上还保存着干栏式建筑文化。这种建筑文化从中国东南沿海扩散到中南半岛、南洋群岛乃至非洲的马达加斯加、大西洋、南美西岸诸岛，也就是整个南岛语族分布区域。由此也可佐证南岛语族是从中国东南区域迁移至现今整个南岛语族的分布地方，相关的习俗文化也随之传布到各地。[①]

"中研院"凌纯声院士也认为，大陆许多少数民族与台湾少数民族同属一个南岛语文化的民族；他研究发现，除了居住在大陆东南地区的高山族少数民族外，还有壮侗语系、南亚语系等居住在中国南部的少数民族与台湾少数民族在文化风俗上极为相似（附录 2）。

早在 1950 年凌纯声院士在《东南亚古文化研究发现》一文中就提出："台湾少数民族属于古代的百越，原居于中国大陆长江之南。百越所居之地甚广，在中国东南及南方，如今之浙江、江西、福建、广东、广西、越南……或至安徽、湖南诸省都是南岛语族群。"

1952 年，凌纯声院士进一步提出，台湾少数民族系属中国古代百越族，很早即从大陆迁移台湾，后来与外隔绝，故能保存其固有的习俗文化。让人惊讶的是，此点与半世纪后（2012 年）陈仲玉教授的"亮岛人"研究发现几乎是完全一致的。2014 年葛应钦教授及陈仲玉教授的研究发现显然印证凌纯声院士 62 年前的论点，从语言、衣服、社会形态、生活

[①] 《大陆少数民族与台湾原住民文化元素的类比》，史前馆电子报，187 期，作者刘少君（Kuli Kilang），2010。

方式、信仰、工艺等多重文化元素来分析，台湾少数民族、东南亚原住民是源自中国大陆；台湾少数民族的迁移，文史记载可远溯到三国时期《临海水土志》中夷州人的文化习俗。而陈仲玉教授"亮岛人"的发现，与凌纯声院士对《临海水土志》夷州人的文化研究成果，将南岛语族的迁移，从时间排序上做了一个桥梁、连结，也就是大陆的南岛语族人在公元230年（三国时期）已落地生根台湾。

凌纯声院士相关研究是在50年代发表，他的研究主要是靠实地探访、田野调查，在1950年之前不像今日有电脑、网络，还有无人摄影机，当时道路交通极不发达，交通工具也不多，做一个实地探访、田野调查的研究是非常旷日费时的，而且凌纯声院士须探访这么多深山中的少数民族，包括台湾和大陆东南区域、东南亚岛屿、中南半岛等地的民族部落，这是一项有如编辑《四库全书》的工程；其研究调查及活动必是在1950年报告出炉许多年前展开，当时国民党当局还未撤退台湾，台湾当时也没有统"独"问题，凌纯声院士或当局更无须扭曲事实偏袒任何族群，所以凌纯声院士研究的客观性是不容置疑的，他愚公移山之研究精神，更令后人敬佩。他的研究成果，与半世纪后陈仲玉、葛应钦两位学者的"亮岛人"研究发现前后呼应，几乎完全一致。在20世纪四五十年代，凌纯声院士就能做出如此前瞻性、专业性的研究成果，更证明凌纯声院士在全球民族学、语言学的学术权威及地位，让后学景仰（附录3）。

谁才是真正的台湾人？

"亮岛人"的出现除了学术上的价值，也让台湾人觉悟一个事实，如凌纯声、葛应钦、陈仲玉等权威学者的研究发现，所有台湾的汉人、少数民族都源自中国大陆；所以没有人有资格自己定义谁是台湾人，甚至自认为是正统台湾人而排斥其他人。那些一直想将台湾与大陆渊源完全抹杀掉的人，是否可以说服台湾人，台湾是在1949年外太空的一颗巨大陨石掉落在中国福建外的太平洋上，所有台湾人都是外星人，都是"来自星星"？

附录：

1. 为探究马祖亮岛遗址出土的"亮岛人"人种学，荣获徐有庠科技讲座奖的葛应钦教授由妻子捐出该奖金两万美金，偕"中研院"亮岛考古学者陈仲玉教授亲自携带骨骸前往德国国家马普研究院萃取 DNA 分析，萃取完整线粒体成功，经解序归为 E 单倍群，E 之根谱系，经新突变率计算，距今 9280 年（8152—11137）。E 单倍群主要分布在台湾少数民族、菲律宾、印尼、关岛、马达加斯加及近大洋洲等南岛民族地区，目前在中国大陆皆未见，也未见于傣、苗或南亚等民族。

2. 凌纯声院士的中国学说摘要：

早在 1950 年，凌纯声先生在《东南亚古文化研究发现》一文中就提出一个新颖而大胆的假设：

"我们现在提出所谓印度尼西安文化古代分布的区域，不仅在东南亚的半岛和岛屿，且在大陆方面，自半岛而至中国南部，北达长江，甚至逾江而北，远至淮河秦岭以南。东起于海，横过中国中部和南部，西经滇缅，而至印度的阿萨姆。

根据古史所载，代表东南亚古文化的民族，古代在中国东南者为百越，在西南者古有百濮，后称荧僚，越与濮在古均以百称，言其族类之多，如在春秋时有于越，战国有杨越，汉有瓯越、闽越、南越、骆越，三国时尚有山越，杂居于九郡之山地。百越所居之地甚广，占中国东南及南方，如今之浙江、江西、福建、广东、广西、越南或至安徽、湖南诸省。"

3. 凌纯声生平

凌纯声（1902—1981 年），字民复，号润生，生于江苏常州武进。

人类学家，音乐家。在中国人类学研究领域做出了开创性工作。

1919 年自江苏省常州中学毕业，考入南京高等师范学校（后更名国立东南大学），1924 年毕业于国立东南大学（今南京师范大学）教育系。毕业后留校在东大附中（今南师附中）执教，曾任教务主任。1926 年赴法国巴黎大学留学，师从法国人类学家马赛尔·莫斯等人，1929 年获博士学位。回国后，历任中央研究院历史语言研究所研究员及民族学组主任、国民政府教育部蒙藏教育司司长、教育部边疆教育司司长、国立边疆文化教育馆馆长、国立中央大学边政学系教授及系主任。

1949 年到台湾，任台湾大学教授。1956 年创办"中央研究院"民族学研究所，任所长，曾任"中央研究院"评议员、院士。[①]

---

① 资料来源：维基百科。

第二章
"台湾"一词原来是指"外来人"

"台湾"一词以台湾少数民族西拉雅人语发音为"Tayan",其意为"外来者"或"新来者"。

荷兰人在明朝时就称台湾为"Taioan",也近似闽南语发音的"大员""台员""大湾""台窝湾"等,到清朝官方就以"台湾"一词称当时的台湾,一直沿用至今。

台湾对中国古代人而言是一个神秘、传奇的仙岛,爱慕者称之为"蓬莱仙岛",如白居易《长恨歌》中所描述"忽闻海上有仙山,山在虚无缥缈间",台湾是神仙住的美丽之岛。

台湾有首非常优美的民歌《美丽岛》,称台湾为"福尔摩沙":

我们摇篮的美丽岛,是母亲温暖的怀抱;
骄傲的祖先正视着,正视着我们的脚步;
他们一再重复地叮咛,不要忘记,不要忘记;
他们一再重复地叮咛,筚路蓝缕以启山林;
婆娑无边的太平洋,怀抱着自由的土地;
温暖的阳光照耀着,照耀着高山和田园;
我们这里有勇敢的人民,筚路蓝缕以启山林;

我们这里有无穷的生命，水牛、稻米、香蕉、玉兰花；

我们的名字叫作美丽，在汪洋中最瑰丽的珍珠；

Formosa、美丽 Formosa、Formosa、美丽 Formosa。

这是一首台湾人耳熟能详，意境、旋律浪漫的民歌，少数民族歌手胡德夫歌颂台湾为美丽家园的爵士民歌，歌词生动描绘出台湾的美丽景象，先民奋斗心情及艰辛。这首《美丽岛》中的"水牛、稻米、香蕉、玉兰花"都是我们生活中最纯朴、最本土的事物，不禁让人想起元曲马致远的《天净沙·秋思》："枯藤老树昏鸦，小桥流水人家。古道西风瘦马，夕阳西下，断肠人在天涯。"以景物勾勒出旅人苍凉、思乡的情怀及强烈的生命力。台湾先民为生活横渡台湾海峡，勇闯黑水沟的惊涛骇浪，侥幸者才能生存。台湾先民辛苦奋斗、勇敢犯难的精神与马致远笔下的孤独旅人，是否都有同样的坚毅、沧桑及离乡背井的哀愁？

然而歌词里的"福尔摩沙"（Formosa）一般认为是葡萄牙语称呼台湾的名称，意思就是美丽岛。传言在 16 世纪中期，葡萄牙船航行去日本时经过台湾海峡，葡萄牙水手们看见台湾岛上的高山峻岭，绿林密布甚为壮丽，有如仙岛，于是惊呼："Ilha Formosa!"而在 1554 年葡萄牙著名制图家罗伯·何蒙（Lopo Homen）所绘的地图中，在琉球群岛之南绘有一岛，称之"I. Fremosa"，应该就是台湾，此后大部分的欧洲人便是以此称呼台湾，至今依然有许多人以此称台湾。但这传说是否真实，还有争议。①

既然有"福尔摩沙"（Formosa）之名，为何现在却称之为台湾？台湾的名称又是怎么来的呢？

为何台湾称为"台湾"，"台湾"一词又是何意义，大多数大陆同胞都不知道，甚至许多生活在台湾宝岛的台湾人也不知道。

---

① "中研院"台湾史研究所助理研究员翁佳音认为，文献显示是西班牙先以此称呼台湾。

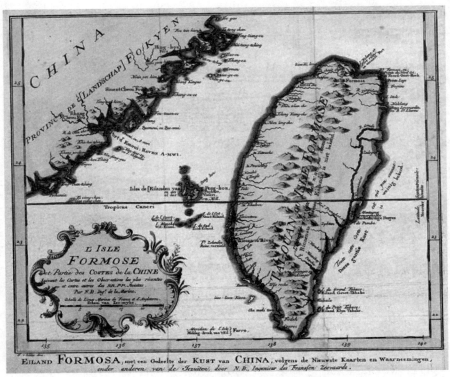

"福尔摩沙岛"，法国人贝林（Jaques Nicolas Bellin）1760年测绘

　　在葡萄牙人（或是西班牙人）之前，中国历代就有许多经略台湾或移民台湾的历史，但历代称呼有所不同，直到明末清初才确认"台湾"这名称。清代连横（国民党荣誉主席连战的祖父）的《台湾通史·开辟篇》指出，大陆汉人渡海来台需横渡台湾海峡，而台湾海峡黑水沟的海流及海象非常险恶，汉人所乘的船又都是平底船，不适合横渡险恶的台湾海峡黑水沟，幸运者穿越台湾海峡，上岸后除须与岛上的瘴气及瘟疫等传染疾病对抗外，还要面对当时岛上住民的强烈反弹及驱逐，战胜者才能生存下来，这些内外风险都让许多渡海而来的汉人命丧于此，因此渡海来台在人们心中是充满死亡的不祥之举。所以许多汉人便称当时的台湾为"埋冤"（如以闽南语发音就近似"台湾"），埋葬冤魂的地方。后

来因为国姓爷郑成功觉得"埋冤"名称不吉利才舍去不用，而逐渐改成闽南语发音类似"埋冤"的"台湾"①，成为今日台湾的名称。

然而如此推论是薄弱的。因为，一、"埋冤"一词的闽南语发音并不类似"台湾"（"Tayan"）；二、郑成功收复台湾是1662年，而"台湾"一词早在《蓉洲文稿》（作者季麒光，号蓉洲）中就有记载，且在1620年（明朝泰昌元年）明朝公文上也出现"台湾"一词。由前述文件来看，郑成功收复台湾在后，所以连横关于郑成功改台湾名的推论似乎不能成立。

依笔者研究，"台湾"一词应源自台湾少数民族西拉雅人的"Tayan"，而其意思系指"外来者"或"新来者"。荷兰人统治时期称台湾为"Taioan"，如以闽南语音译可转成汉字"台湾""大员""台员""大湾"或"台窝湾"等名称，后来在明末清初时期的文献中，清楚记载中国已统一用"台湾"一词称呼今日台湾岛，最后演变成中国政府正式采用的名称，一直沿用到今日。

这推论是非常有说服力的。首先，因为当时台湾少数民族西拉雅人就是居住在今日台南（当时就是指台湾）附近，而当时进出台湾就是以此地作为主要进出港口。其次，早期的台湾，就是指台南而已，而非今日的台湾全岛；所以当荷兰人到台湾时，会直接从台南上岸，而荷兰人第一个会碰到的当地住民应该就是居住在台南附近的西拉雅人；而西拉雅人碰到金发的荷兰人，他们会惊叫"Taioan""Taioan"（有外来人或侵略者的意思），这是非常合理，也很正常的。就好像一般人在家看到有陌生人侵入时会尖叫"有坏人"。"Taioan"与"台湾"闽南语发音又几乎相同，所以"台湾"一词应是源自少数民族西拉雅人"Taioan"（指"外来者"）。

同样情形也见于新西兰的原住民毛利人（Maori），在毛利语中这个

---

① 资料来源:《台湾通史·开辟篇》，连横。

"毛利"一词其实也是"正常"或"正常人"的意思。当时的欧洲人初到新西兰遇到毛利人时,问毛利人:你是谁?毛利人就回答说"毛利"(Maori),因为他们认为自己是正常人、普通人,而认为欧洲人、外国人是不正常的人(Pakeha)。就像是中国人一样,中国人称其他外族都是蛮夷(野蛮人)。这与我们台湾早期住民称荷兰人为"Taioan"(外来者)也有异曲同工之妙!更令人称奇的是,许多考古学和遗传学家研究发现,毛利人与台湾少数民族的基因(DNA)是很接近的,他们在语言、文化上也极类似,同属南岛语族人,难怪他们见到外来人或白种人时反应竟也都相同!

另外,英文"袋鼠"(kangaroo)也是同样的情形。当年英国人初到澳洲时看到袋鼠,不知道这种英国没有的动物叫什么,就问澳洲土著毛利人:"这是什么动物?"土著听不懂英语,于是回答"kangaroo",意思是说"我听不懂""我不知道",英人还以为袋鼠在当地就称为"kangaroo",因此称袋鼠为"kangaroo"。"台湾"名称的典故与前述这些传说非常类似。

然而在明清之前,台湾并非称为"台湾"。台湾被称为"福尔摩沙",则是在葡萄牙、西班牙到来后。一般人会认为此称呼有殖民地意涵,事实上不然,因为葡萄牙人从未统治或占领过台湾。明朝时唯一一次因台风船只搁浅到台湾北部,还是被台湾住民打得落花流水夹着尾巴逃走的,所以与殖民地意涵毫无关系。

其实,在中国历史上对台湾的了解及称呼可追溯到秦汉时期之前,当时称台湾为"岛夷"。

《尚书·禹贡》:"岛夷卉服。厥篚织贝,厥包橘柚,锡贡,沿于江海,达于淮泗。"[①]这里所称的"岛夷"应该是指台湾,而书中所述的居民的贡物的织贝服饰应指台湾早期住民泰雅人的珠衣。这段话的意思是:东

---

① 卉服:锦衣。织贝:镶有贝壳的布料。锡:承受旨意。

南海岛上有夷人（指蛮夷），穿着锦服，用竹器装着缀有亮贝的布料，带着橘柚特产，受旨命前来进贡，他们沿着长江大海，到达淮水、泗水。

事实上，台湾地处大陆东南外海上，而《尚书》所述岛夷的情形，与台湾当时居民的情形相似，所以许多学者根据这一记载认为台湾与大陆的交流可远溯到《尚书·禹贡》时的"岛夷"时期。

《山海经》[①]之《海内南经》记载："伯卢国、离耳国、雕题国、北朐国，皆在郁水之南。"一般认为《山海经》中所称的"雕题国"居民有黥面、文身的习俗，类似台湾少数民族的习俗，故认为"雕题国"应是指台湾。

《山海经》中提到外海有一仙岛称之"瀛洲"，一般学者都认为这应就是指今天的台湾。

汉朝时，称台湾为"东鳀"，《汉书·地理志》记载："江南多湿，丈夫多夭，会稽海外有东鳀人，分为二十余国，以岁时来献见。"后来许多学者推测认为"东鳀"就是指台湾。

三国时期"夷洲"是指台湾，《临海水土志》[②]（附录1）中所说的"夷州"（同"夷洲"）位在临海郡东南方二千里的海上，三国时代的一里约为现在的0.4公里，所以"去郡二千里"即"距离临海郡约八百公里"，当时的台州（今浙江省台州市）距离台湾的台南（当时台湾的中心）约六百公里；由于古代对距离及数字概念极不精准，无度量衡，多会浮夸，航线又非直行，再加上航行海上的洋流及季风的影响，船只的性能及大小等因素，所以"去郡二千里"七扣八减大概就只有四五百公里距离。就距离而言夷洲指台湾（附录2）绝对合理。另，吴国当时版图临海涵盖今日浙江、福建、广州等，所以，以整个吴国国土而言，台湾位居吴国东南方是毫无疑问的。因此沈莹所述"夷州在临海东南，去郡二千里"，台湾位在吴国东南方，位置几乎是完全相符，所以夷洲应就是指今日台

---

① 《山海经》，一本以地理为主体的古书。
② 《临海水土志》，一本专门记载海外岛屿的书，三国时吴国沈莹所著，应是中国历史上第一本详细记载台湾的文献。

湾。加上沈莹书中描述夷洲的地形地貌、气候、物产、住民的生活习俗等，经考证与当时的台湾皆极为相似，所以许多学者都认为夷洲确定就是现在的台湾（附录3）。

一般推测《临海水土志》作者沈莹大概曾随卫温及诸葛直部队去过夷洲，不然就是从夷洲回来的官兵将其所见所闻告诉沈莹，所以沈莹才能将夷洲风情描述得如此清楚。这本书的问世对台湾发展有重要的影响，此书带动大陆汉人前往夷洲（台湾）探险及贸易经商，也有一些大陆汉人因此移居台湾，中华文化及习俗也随之带到台湾。如今台湾考古资料显示台湾古文化遗址，如汉本遗址、十三行文化遗址等，发现许多约两千年前大陆汉人文物，如陶器、玉器、金饰、银饰、铜器、玻璃饰品等等，这大概可作为大陆汉人在卫温、诸葛直等征台后陆续渡海来台经商或移居的文物证据。

可惜如今尚未发现任何相关直接文物、遗迹来佐证卫温及诸葛直曾到台湾"自由行"，不过今日两岸人民为纪念此航行，每年都举办从浙江台州至台湾的航行。

西晋时期，也称台湾为"夷洲"。

隋朝时称台湾为"流求"，此"流求"非今日的琉球（冲绳）。《隋书·东夷列传》中所述的"流求"住民生活形态、地理方位、文化习俗也和当时台湾极为相似。例如书中指出的当地住民生活形态及女子出嫁时"凿齿"的习俗，与台湾平埔人中的巴则海人相似，所以许多两岸学者也多无争议地认为"流求"即为台湾。

《隋书·流求国》和《隋书·陈稜传》记载，在公元7世纪初（大业年间），隋炀帝曾派遣两名武将三次到达一个在东方的海岛"流求"（即今日台湾）。在大业六年二月十三日，隋炀帝遣虎贲郎将陈稜、朝请大夫张镇周浮海出击"流求"，这里所指的"流求"应就是台湾（附录4）。1874年，法国学者德礼文（Marquis l'Hervey de Saint Denys）也认为这个"流求"就是今天的台湾。

史料显示，610 年（隋大业六年）汉族人民开始移居台湾澎湖地区。到宋元时期，汉族人民在台湾澎湖地区已有相当数量。汉人开拓澎湖以后，开始向台湾发展，带去了当时先进的生产技术。公元 12 世纪，宋王朝将台湾澎湖划归福建泉州晋江县管辖，并派兵戍守澎湖。

唐、北宋皆称台湾为流求。

南宋称台湾为毗舍耶，《诸番志》（作者赵汝适）中的"流求国"应该指台湾。书中所载毗舍耶国，显然不同于流求，所以有学者认为毗舍耶国是指台湾南部"傀儡蕃"，也就是今日的台湾少数民族排湾人。

元朝也曾派兵前往台湾。元朝在澎湖设巡检司，是中国王朝在台澎地区第一个政府机构，负责巡逻、查缉罪犯、征收盐税。

元代称台湾为琉求。《元史·琉求》记载："在南海之东，漳泉兴福四界内彭湖诸岛，与琉求相对。"这琉求就是指台湾。元《岛夷志略》（作者汪大渊）记述："琉求……其峙山极高峻，自彭湖望之甚近。"书中提及当地的物产和住民的猎头等习俗，这与台湾少数民族都非常相似。[1]（附录 5）

自隋朝到明朝初，台湾就一直被称为流求或琉求。直到明洪武时期，才将琉求改称为小琉球，而与今日的琉球区别开来。

进入 17 世纪之后，汉人在台湾开拓的规模越来越大。1628 年（崇祯元年）明朝政府福建巡抚熊文灿与郑芝龙合作，有组织、有计划地移民台湾从事拓垦，当时大陆正值饥荒，饥民成千上万，熊文灿与郑成功合作，提供饥民钱及耕牛，将他们带到台湾开垦种田，岁末提拨盈余给郑成功当成租金，当时随熊、郑完成移民的有数万人，这是中国历史上第一次有计划性大规模的移民潮。此时台湾汉人一多，对台湾的称呼就多了，如大员、台员、大湾、大宛、台窝湾、埋冤、东都、东宁、小东岛、小琉球、鸡笼、鸡笼山、北港、东番、东蕃及台湾[2]，都是当时汉人

---

[1] 《岛夷志略》，元朝汪大渊著。
[2] 《郑芝龙大传》，页 196。

称呼今日台湾的名称。

明《东番记》^①中的"大员"就是指台湾（今日台南）；东番夷人是指台湾平埔人，《东番记》中叙述的东番人的生活习俗与东番的地理地貌情形、风光等与台湾近似。《东番记》中的"魍港"指今天嘉义布袋，"打狗屿"指高雄旗津，"加老湾"指台南鹿耳门附近，"小淡水"指屏东东港，"加哩林"指台南佳里，"沙巴里"指新北市淡水，"大帮坑"指新北市八里，而且前述地名至今都还在使用，可见当时作者陈第对台湾已是了如指掌。这也是中国历史上第一次出现台湾名称"大员"一词。

明朝顾炎武《天下郡国利病书》（明朝地方志书辑录）中称台湾为"大湾""大员"或"台员"。闽南语发音"台"与"大"相同，而"员"与"湾"相同，所以确认"大湾""大员"或"台员"是明代称台湾的名字。

南明永历年间，郑成功收复台湾后，改台湾名为"东都""东宁"。明郑的"东都""东宁"就是指台湾^②。

事实上，如前所述，"台湾"一词首见于明朝万历年的《蓉洲文稿》："万历间，海寇颜思齐有其地，始称台湾。"在1620年（明朝泰昌元年）出现于明朝公文上，明朝《镜山全集》（作者何乔远）中亦出现"台湾"一词。在清朝初期，"台湾"已成为正式官方名称，1684年施琅《陈台湾弃留利害疏》（附录6）中的"台湾"一词当然就是今日台湾，翌年四月清廷诏设台湾府于今日台南市，隶属福建省，"台湾"名称自此正式开始使用，直到今日。

一个地方的历史就好像一个地方的语言。历史是会说话的，从台湾名称由来及语源的历史来看，"台湾""福尔摩沙"等名称，都是对这座

---

① 《东番记》，作者陈第，以描述台湾西部少数民族（指台湾平埔人中的西拉雅人）的生活形态为主。

② 《海纪辑要》（作者夏琳）记载："永历十八年三月，招讨大将军世子至东都，以咨议参军陈永华理国政，改东都为东宁，置天兴、万年二州。"

美丽宝岛的称呼。"台湾"一词的这段历史告诉我们，现在住在这座宝岛上每个人"不分先来后到，大家都是'外来者'，无论你是闽南、客家或所谓的外省"，连台湾少数民族也是来自大陆，大家都是外来的；就算是以到达台湾先后顺序而论，也只有台湾少数民族才有资格称自己是本土或本地人，其他人都是外来者"Tayan"。在台湾没有人有权利自己定义自己是本土的，而别人是外来，以此排斥其他人。更何况这些以此论点分裂台湾的人，自己才是外来人或是后来者。

附录：

1.《临海水土志》译文摘要：①

"夷州在当时临海东南方位二千里的海上；岛上天气很温暖，终年绿树青草；四周是山。岛上的部落彼此不相统属，各有其土地、人民和风俗习惯；部落有酋长，各自称王……"

2.《三国志·吴主传第二》，摘要如下：

"二年春正月，魏作合肥新城。诏立都讲祭酒，以教学诸子。遣将军卫温、诸葛直将甲士万人浮海求夷洲及亶洲。亶洲在海中，长老传言秦始皇帝遣方士徐福将童男童女数千人入海，求蓬莱神山及仙药，止此洲不还。世相承有数万家，其上人民，时有至会稽货布，会稽东县人海行，亦有遭风流移至亶洲者。所在绝远，卒不可得至，但得夷洲数千人还。"

3.《临海水土志》共 400 字左右，全文如下：

"夷州在临海东南，去郡二千里，土地无霜雪，草木不死，四面是山。众山夷所居，山顶有越玉射的正白，乃是石也。此夷各号为王，分

---

① 《台湾史小事典》，页 9，远流。

划土地，人民各自别异。人皆髡头穿耳，女人不穿耳。作室居，种荆为蕃郭。土地饶沃，既生五谷，又多鱼肉。舅姑子父，男女卧息共一大床，交会之时，各不相避。能作细布，亦作斑文，布刻画，其内有文章，好以为饰也。其地亦出铜铁，惟用鹿觡矛以战，磨砺青石以作矢、镞、刀、斧、镮、贯、珠、珰。饮食不洁，取生鱼肉贮大器中以卤之，历日月乃啖食之，以为上肴。呼民人为弥麟。如有所召，取大空材以着中庭，又以大杵旁春之，闻四五里如鼓，民人闻之均驰赴会。饮食皆踞相对，凿木器如槽状，以鱼肉腥臊安中，十十五五共食之。以粟为酒，木槽贮之，用大竹筒长七寸许饮之。歌似犬嗥，以相娱乐。得人头，斫去脑，驳其面肉，留置骨，取大毛染之以作须眉发，编其齿以作口，临战斗时用之如假面状。此是夷王所服。战得头，着首还。中庭建一大材，高十余丈，以所得头差次挂之，历年不下，彰示其功。又甲家有女，乙家有男，仍委父母，往就之居，与作夫妻，同牢而食。女已嫁，皆缺去前上一齿。"

4.《隋书·东夷传》"流求国"条的陈稜行军日程中叙述：

"自义安浮海击之，至高华屿（今日的广东潮州外的南澳岛），又东行二日，至鼀屿（今日澎湖岛），又一日便至流求国。"（以其所述的航向、航程推估应是台湾）

5.《岛夷志略》摘录如下：

"彭湖岛分三十有六，巨细相间，坡陇相望。乃有七澳居其间，各得其名。自泉州顺风二昼夜可至。有草无木，土瘠不宜禾稻。泉人结茅为屋居之。

气候常暖，风俗朴野，人多眉寿。男女穿长布衫，系以土布。煮海为盐，酿秫为酒，采鱼虾螺蛤以佐食，爇牛粪以爨，鱼膏为油。地产胡麻、绿豆。山羊之孳生，数万为群，家以烙毛刻角为记，昼夜不收，各遂其生育。工商兴贩，以乐其利。

地隶泉州晋江县。至元年间，立巡检司，以周岁额办盐课中统钱钞一十锭二十五两，别无科差。

琉求地势盘穹，林木合抱。山曰翠麓、曰重曼、曰斧头、曰大崎。其崎山极高峻，自彭湖望之甚近。余登此山，则观海潮之消长。夜半，则望旸谷之出；红光烛天，山顶为之俱明。

土润田沃，宜稼穑。气候渐暖。俗与彭湖差异。水无舟楫，以筏济之。男子、妇人拳发，以花布为衫。煮海水为盐，酿蔗浆为酒。知番主酋长之尊，有父子骨肉之义。他国之人倘有所犯，则生割其肉以啖之，取其头悬木竿。

地产沙金、黄豆、黍子、硫黄、黄蜡、鹿豹麂皮；贸易之货，用土珠、玛瑙、金珠、粗碗、处州瓷器之属。"

6. 清朝施琅《陈台湾弃留利害疏》摘要：

"窃照台湾地方，北连吴会，南接粤峤，延袤数千里。山川峻峭，港道纡回，乃江、浙、闽、粤四省之左护。隔离澎湖一大洋，水道三更余遥。……台湾一地，原属化外，土番杂处，未入版图也。"

第三章
台湾城市充满浓浓的中国味及中华文化

以前笔者常出差，看到欧美国家的街道像棋盘一样，街名都以数字及方位来命名，如 W 8th Ave 就是指西（W）边第 8 街，对开车找路的人非常方便，也不曾去想国外街名与笔者住的台湾台北有何差异。近年有少数人批评台北太中国化，整个城市都是大中国意识，要求去掉这些有大中国意识的名称。笔者开始认真去想这中国化街名问题，认为这都是狭隘的意识形态作祟。事实上，台湾的街道名及地名非仅是中国意识，更保留浓浓的中华悠久历史文化在其中，往往在一条不起眼的小街，却可能蕴藏着精彩动人的历史故事。笔者认真思考我们街道名字的典故与美国数字名字来比较其优缺点：数字固然方便，但缺乏一种文化内涵，就好像一份是速食汉堡，一份是法国美食，看你喜欢速度还是品质。

因工作关系，笔者常接待一些大陆朋友来台湾参访，当他们发现台北地名或街名与大陆省市名称有关联时，都异常好奇及兴奋。尤其湖南人看到"总统府"后面就是长沙街，感到格外亲切，原来在里面办公的大领导也曾经是湖南人！你懂的？

尤其我请他们吃饭的地方又是长沙街二十号，好像是说长沙是十全十美（十、十等于二十），那天晚宴当然是宾主尽欢，这就是文化的连结及认同感。

台湾首任"文化部长"龙应台（湖南衡阳人）在她的著作《大江大海：一九四九》中说，在台北好像是住在一张地图上，基本上台北市就是中国地图的缩影。

台北这张地图众所皆知是上海工程师郑定邦的设计。二战后，1945年10月，国民政府开始接收台湾，面对一个日本殖民色彩浓厚的台湾，积极消除日本留下的殖民痕迹及记忆是当时国民政府重要的课题，变更台湾所有有日本殖民意识含义的名称是刻不容缓。1947年国民政府派郑定邦来台负责更改台北街道名称，由于郑定邦来自上海，上海的街道在1862年时就全都以中国省称来命名，所以郑定邦理所当然地认为台北也应像上海一样。传闻他将一张中国地图盖在台北市地图上，中轴线对准中山南北路为经，中正东西路（今日忠孝东西路）为纬，如此可将台北分割成四区，再将整个中国秋海棠地图依照相同的方位置入这四区中，将中国大陆地图上的省份城市、河川等重要名称，转化为台北四区内街道的名称，此举让台北街道像上海一样开始充满了浓浓的中国味①。

今日，大陆同胞到台北，在台北逛街、观光时，发现自己老家的名字出现在台北总是会特别兴奋，就是那一种亲切感及认同感，会让他的台湾行留下美好回忆。就像笔者台湾友人苏小小到武汉出差时，看到台北路也是兴奋异常。

在台湾看不到"水立方""鸟巢""中央电视塔"等新潮、时尚的建筑物，当你踏上世界高楼101顶楼时，也不觉得台北比北京、上海等大陆城市美，眼帘下的台北尽是一些老旧的楼房、丑陋的铁皮屋顶，台北市景似乎惨不忍睹，这或许是一些人对台北的印象。当你再看到那些站在马路旁井然有序在等公车的台湾人，深入去了解巷弄里一些有个性、创意的小店、小酒馆时，你可能会改变对台北的既有印象。松山烟厂、华山文创园区、九份老街、深坑老街等代表不同时代的文化，一旧一新

① 资料来源：《台北市街道命名的空间政治》，《地理学报》，七十三期，页79—105，2014，黄雯娟，东华大学副教授。

交错并存在台北，这就是台北。它可以接纳不同的声音、元素，彼此不会受到干扰。

1949 年对中国人而言有如大地震一般，全中国许多家庭妻离子散；1949 年因中国内战发生一场大迁徙，大陆各省许多人离开老家随着国民党当局迁移到陌生的台湾，他们手上拎着行囊，身体里流着炎黄子孙的血液，心中尽是对家乡的不舍。他们的到来丰富了台湾宝岛，一时间台湾好不热闹，在眷村里、在学校、在街上，都可听到大陆各省的家乡话；走在街上，你可以品尝到中国各省的美食，台湾人真幸福。如今许多长辈都已归西了；活着的老乡，他们在海峡对岸的家如今还深深烙印在他们心上，他们有时也会回老家看看，真是"少小离家老大回，乡音无改鬓毛衰"，令人鼻酸。这些老乡到台湾后，把对家乡的思念全融入台湾生活里，所以在台湾你不仅会看到街道有浓浓的中国味，生活中也会体会到有浓浓的中国味。举例来说，台湾引以为傲的台湾小吃，很大一部分源自大陆，都是这些老乡带来的。

台北城自 1884 年建城以来已有 132 年，经过多元文化的洗礼和影响，如今城墙不见了，城门仅剩北门保留着原始风貌，它是台北人的精神堡垒："台北凯旋门"。绝大部分两岸同胞可能都不知道这台北城竟是湖南岳阳老乡刘璈设计建造的；北门门头上的"承恩"二字更代表中国古代的传统观念，向千里之外的皇上表示感恩之意，也就是台北人"承"受浩荡皇"恩"。所以，游客在台湾，不只可以看到熟悉的中国历史，还可以品味到中西、新旧多元文化的历史故事，体会到台湾先民筚路蓝缕的历程及台湾城市的绝色风华。

在台北市，熟悉中国地理的游客不用担心迷路，诚如龙应台女士所述，在台北就像生活在一张大中国地图上；按着地图找方位你就会找到你的目标。南京路在台北市中间偏北，是条大街，但北平（北京）路在台北中间稍偏北些，却是一条小街，重庆路从南到北，南京路由东到西，都是大街。往台北中间方向一定能够找得到湖南（长沙、衡阳、常德、沅陵、永绥）、四川（重庆［原属四川］、成都、酉阳）、湖北（武昌、汉口、襄阳）的城市名称；往南就会看到广东（广州、潮州、南海）、广西（桂林、南宁、梧州）的城市名称；往东南向就会发现福建（厦门、福州、泉州）、浙江（宁波、绍兴、温州）、江西等省的地名；中间往北一些就碰到江苏地名（徐州、镇江、连云港）；再往北走会看到山东、山西、河南、河北、安徽、陕西等省市名称；往西走有青海、西康、西藏；西北有宁夏、甘肃、绥远、新疆、甘肃；西南有云南、贵州；最靠北是吉林、黑龙江、辽宁等省城市名称。对大陆同胞而言，这是个多么熟悉亲切的城市，有趣的是不知何故，常德街就只有一号，台大医院。

如你到了台湾南部的高雄，你会发现你好像生活在中国东北。在高雄市生活有一种浓浓的中国东北味、政治味及历史名人的气息，因为高雄市街道名称许多都是中国东北城市名及古圣贤名。高雄市主要道路的命名有三大特色：一、以中国北方城市命名，如北平街、唐山街、归绥街、绥远街、察哈尔街、辽北街、汉中街、热河街、嫩江街、沈阳街等；二、以民国政治人物命名，有中山路、中正路、介寿路、林森路、汉民路、自忠街、晋元街等；三、以中国历史名人命名，如曾子路、孟子路、

台北市常德街一号，台大医院旧馆

郑和路、大禹路、天祥路、少康街、管仲路、班超路、田单街等^①。

事实上台湾各地的地名、街道名除内含丰富的中华文化、历史痕迹及中国地理、历史名称外，也融合各种族群的文化，许多城市地名里有台湾少数民族语、闽南话、客家话等发音的地名，几乎每一个地名背后都有一些故事。

例如彰化市的"陈稜"街是纪念隋朝隋炀帝派遣虎贲将军陈稜来台招番的历史；新北市汐止区"明灯"路"明灯"桥等则是纪念清末湘军名将刘明灯（湖南张家界人）来台保卫台湾围剿戴潮春的历史；新北市"泰山"区就得名于中国五岳之一的山东泰山。

台湾早期移民以闽、粤两省汉人为主，台湾有些地名就以他们大陆家乡的地名来命名，如台南"安平"区、台南麻豆"晋江"里、台北市信义区"惠安"里、台湾云林县虎尾镇"安溪"里等地名是源自福建省泉州的地名；台湾嘉义县水上乡"南靖"车站，台南市佳里区"兴化"里，台南县白河镇"诏安"里、"诏安"厝，新北市三重区"长泰"里等地名原本是福建漳州的地名；彰化县田尾乡"海丰"村，云林县麦寮乡"海丰"村，新竹县竹东镇"陆丰"里，桃园市新屋区"永安"村、"永安"渔港，高雄市"永安"区，屏东县内埔乡"龙泉"村等都是广东省惠州的地名；云林县虎尾镇"惠来"村、嘉义县"大埔"乡、苗栗县竹南镇"大埔"里、彰化和云林的"饶平"村等都是广东潮州的地名。

还有许多台湾地名、街名是以中国族群语发音的方式命名。如以闽南语发音的地名台北"大稻埕"，在闽南语中"埕"指"空地"，"稻埕"即"晒谷场"；新北市"板桥"旧名"枋桥"，是闽南语发音，意思为"木板所做的桥"；新北市"中和"旧名"漳和"的闽南语音与"中和"近似。

台湾有些地名是以客家语发音的，台湾中部、北部地区地名中有"屋"

---

① 资料来源：高雄市观光局。

或"圻"的，大多是客家语发音的地名，如"新屋""头屋""中圻""内圻"等，由这些地名也可理解台湾早期广东客家多群聚于这些地区。①

台湾更多是以少数民族语发音的地名，如北部鸡笼，就是当地凯达格兰人的名称，到光绪年间才将它改为基隆。台北市的"北投"是凯达格兰人的"北投社"；"艋舺"是凯达格兰人的"Mang-Ka"（独木舟），翻成汉文就是"艋舺"；新北市"乌来"是泰雅语，意思是温泉；巴布萨人的"半线社"，被改名为今日的彰化，取"彰显皇化"之意。安雅人的"诸罗山社"，乾隆皇帝褒扬其"义行可嘉"，就变成今日嘉义；嘉义民雄古名为"打猫"，是台湾少数民族语的"Ta Neaw"；高雄旧称"打狗"，源自于台湾少数民族语的"Takao"，汉文译为"打狗"；"罗东"是噶玛兰人的"猴子"，汉人发音成"老懂"，后来改为今日的罗东；其他与台湾少数民族语相关的台湾地名还有暖暖、关渡、八里、斗六、大埔等等，由这些古地名就可一窥早期台湾少数民族的群聚分布情形。

国姓爷郑成功来台时，所带部队屯驻的地方就形成一个新的聚落，台湾人则以郑成功军队相关聚落命名，如新营、下营、中营、后营、林凤营、左镇、前镇、左营、后劲等，代表郑成功时期台湾的文化，这些明郑的军营名称至今都还在使用。

总之，住在台湾不但像是住在一张中国地图上，更是活在一本中华文化书里。有些人一直想尽各种办法要斩断与中华文化的渊源，试想当你从台湾头走到台湾尾所有的街道都变成123、所有的纪念馆都叫自由馆、所有的公园都叫民主公园时，台湾文化还剩下什么价值？想想吧，台湾人民可以接受没有妈祖、关公（关圣帝君）、道教文化，没有祖先的台湾吗？面对自己不认同的文化、历史及想法而进行非理性的破坏，台湾人民是不会接受的。台湾的城市与生活蕴藏着深厚的中华文化及历史，是一种基因的遗传、一种文化的延续、一种非物质文明的资产，台湾岛

---

① 资料来源：《从台湾的地名看"统消独长"》，管仁健，2005年12月。

并非是从外星球掉落的陨石。

附录：

以大陆地名命名的台北市街道

一、浙江（20个）：杭州、嘉兴、崇德、绍兴、舟山、长兴、吴兴、温州、里安、泰顺、云和、龙泉、丽水、金华、永康、青田、富阳、宁波、一江（今江山岛）、信安（今衢州）。（蒋公故乡当然排第一）

二、黑龙江（20个）：北安、龙江、明水、双城、五常、延寿、通河、宁安、虎林、宝清、饶河、富锦、抚远、合江（旧省名划入黑龙江）、林口、通北、庆城、辽北、滨江、东兴（现为木兰县）。（原仅5个，合并东北九省后增加15个）

三、吉林（15个）：长春、四平、吉林、通化、德惠、农安、九台、伊通、东丰、永吉、舒兰、临江、延吉、敦化、松江（旧省名划入延边朝鲜族自治州）。（原仅9个，合并东北九省后增加6个）

四、福建（14个）：厦门、金门、晋江、泉州、汀州、浦城、福州、同安、惠安、诏安、永春、长泰、三元、漳州。（台湾最多人的原乡，原为第二多也算是合理）

五、四川（13个）：重庆（现为直辖市）、成都、秀山、内江、峨眉、隆昌、酉阳、康定、西昌、宝兴、德昌、雅江、武成。（原仅7个，合并后增加6个）

六、甘肃（12个）：兰州、敦煌、玉门、酒泉、甘州、民乐、永昌、甘谷、华亭、天水、安西（现为瓜州县）、凉州（现为武威市凉州区）。

七、江苏（8个）：南京、上海（现为直辖市）、铜山、金山、连云、徐州、镇江、丹阳。

八、湖南（7个）：长沙、衡阳、常德、宝庆、桃源、沅陵、永绥。

九、广东（7个）：广州、南海、潮州、大埔、兴宁、汕头、三水

（现为佛山市三水区）。

十、辽宁（8个）：辽宁、沈阳、锦州、抚顺、兴城、北宁、锦西（现为葫芦岛市）、安东（现辽宁省丹东市）。

十一、河南（6个）：郑州、开封、洛阳、许昌、信阳、南阳。

十二、新疆（6个）：迪化（现为乌鲁木齐）、塔城、哈密、伊宁、昌吉、景化（现为呼图壁县）。

十三、山东（5个）：泰安、临沂、济南、青岛、齐东。

十四、广西（5个）：桂林、柳州、梧州、南宁、永福。

十五、陕西（5个）：长安（现为西安市长安区）、保安（现为志丹县）、华阴、汉中、渭水。

十六、内蒙古（4个）：兴安（现为内蒙古呼伦贝尔市）、归绥（现为内蒙古呼和浩特市）、五原、赤峰。

十七、河北（4个）：北平（今北京）、天津（现为直辖市）、万全、承德。

十八、贵州（3个）：贵阳、长顺、兴义。

十九、江西（3个）：南昌、湖口、牯岭。

二十、湖北（3个）：汉口、武昌、襄阳。

二十一、云南（3个）：昆明、大理、富民。

二十二、青海（3个）：西宁、贵德、民和。

二十三、山西（2个）：太原、平阳（今临汾等地）。

二十四、宁夏：宁夏。

二十五、安徽：怀宁。

二十六、西藏：西藏。

二十七、海南：文昌。

二十八、库伦（现为蒙古乌兰巴托）。

以古今名人姓名命名的台北市街道

卧龙街：纪念三国时期诸葛亮（号卧龙先生）

天祥路：纪念民族英雄文天祥

延平路：纪念延平郡王郑成功

永福路：纪念刘永福（亦有认为源自广西永福）

中山路：纪念孙中山

逸仙路：纪念孙中山（号逸仙）

百龄路：1966 年纪念孙中山百年诞辰命名

克强路：纪念黄兴（字克强）

林森路：纪念林森

中正路：纪念蒋中正

渭水路：纪念蒋渭水

以历史事件命名的台北市街道

辛亥路：纪念辛亥革命

第四章
台湾人一直以为番薯是最本土的，其实是外来货，芋仔才是本土品

在台湾，有人喜欢用"芋仔"（以闽南语发音）表示外省人，指1949年随国民党当局播迁来台的人及其后裔，用"番薯"表示所谓的本省人，指1949年前就在台湾的人及其后裔。其目的很简单，就是分化台湾族群以谋取个人政治利益。因为在台湾闽南人占大多数，如你能分化台湾族群让大多数闽南族群支持你，你就能谋取个人最大政治利益。这族群分化手段选举时很有用，尤其是李登辉及陈水扁主政时期，族群冲突及矛盾最烈。不同政治主张的，在外吃饭、坐车甚至在家都会一言不合吵起来，有的还可能动粗打起来。2016年6月，台湾高雄有一位洪素珠就用言语羞辱一些外省籍老先生，说他们是难民，要他们滚回大陆去。这种偏激言论在台湾是不被大多数人接受的，最后洪素珠弄到家都不敢回。这些不入流的族群分化者事实上只是个棋子，真正危害台湾人民是那些野心政客，尤其是李登辉及陈水扁之流，为了自身利益不惜撕裂族群，挑拨两岸人民情感，甚至不断"去中国化"（文化），造成台湾许多年轻人曲解两岸关系及历史，造成认知偏差。洪素珠之流就是被这些政客毒化的产物。所以，这些政客一直处心积虑标榜自己才是最本土的"番薯"，而外省人是"芋头"，是外来的，没资格在台湾享受权利。

在台湾，如果"芋仔"与"番薯"结婚组成家庭，生出来的小孩，就叫"芋仔番薯"。

以前台湾选举竞争很激烈。如果"芋仔"与"番薯"的家庭父母支持的是不同政党，那可危险！吵架是小事，有的还大打出手，甚至还有闹离婚的。如今不会了，政治热情过了，人民素养也提高了，一个家庭父母是蓝绿，儿子女儿是橘黄，媳妇女婿可能是红白。家庭里外大家懂得彼此尊重个人立场，这种冲突新闻几乎听不到了。那些当时因为政治立场不同而离婚的、分手的，现在都后悔了，甚至有的也复合了。

但是这"芋仔"与"番薯"的战争是谁造成的？又为什么会发生呢？为什么要称"芋仔"与"番薯"？政治可以打混仗骗选民，但科学知识是不能乱扯的，必须交代清楚。到底"芋仔"与"番薯"哪一个才是本土的呢？

1945 年日本战败，二战结束，台湾光复，国民政府来台进行接收工作。由于政府刚从日本手中将台湾接收过来，台湾长期在日本统治之下，有些台湾人已分不清自己的祖先是谁，不过有志节的台湾人还是充满着对回归祖国大陆的殷切期望。事实上，在日据时代台湾人受到日本殖民主义的压迫，将近六十万台湾人被杀死。荷兰人压榨台湾人，是要你做苦工为荷兰人赚钱；日本人压榨台湾人是让台湾人吸毒让日本人赚钱。日本殖民统治时，只准许台湾人做低贱的工作（当然有少数台湾人卖祖求荣，可以过得好一些）；日本在台湾的建设也不是为照顾台湾人，而是为他们自己的日本"皇民"。当时有志气的台湾人不愿在日本殖民统治下生活，具有强烈的祖国意识，对中国大陆、中华文化及历史等都有高度认同感，视中国大陆为原乡，怀抱对祖国大陆的高度期待及理想。当台湾回归祖国后，却立即感受到期待落空，心中理想的祖国与看到的祖国似乎有一些落差，刚接手台湾的国民政府政治腐败，让台湾人民很失望。再加上两边在生活习惯及管理方式上的差异，随国民政府来台的军民与受日本教育的台湾人发生严重矛盾。台湾内部常有新旧住民之间的冲突，让这些台湾人有些失望，对祖国大陆的理想、梦想开始变化、淡化。直到 1949 年国民党当局播迁来台后，两蒋积极治理台湾，台湾人又重新燃起对祖国大陆的向往，尤其在蒋经国主政时期，积极推动台湾建设（著名的十大建设及十二项建设等）及经济发展。台湾经济发展后人民生活富裕，对政治的参与意愿提高，不断有杂音要求"国会"（"立法院"）改选，并终结"万年国会"。最后在蒋经国主政晚期默许政治的改革开放，1987 年 7 月 15 日解除"戒严"。在此之前，大陆不断向台湾伸出和平橄榄枝：

1979 年 1 月 1 日，全国人大常委会发表《告台湾同胞书》，呼吁两岸就结束军事对峙状态进行商谈，提出"三通"。同日，徐向前宣布，停止炮击大小金门等岛屿，台湾随后也宣布停止炮击厦门。从此，金门与厦门互打宣传弹的活动（所谓的"单打双不打"）完全停止，两岸共同迈出了和平的第一步。

1982 年 1 月，邓小平首先提出"一个国家、两种制度"（"一国两制"）的概念。

1983 年 6 月 4 日，邓颖超在全国政协会议中说："……在统一的大前提下，一切问题都好商量，总会求得合情合理的解决……"

大陆主要领导人不断递出和平及友善的橄榄枝，对当时台湾的"三不政策"冲击很大，也促使来台的军民更加渴望返家探亲，乃不断向当局施压，终在 1987 年 10 月 15 日当局开放台湾老兵回大陆探亲，这是 1949 年后推动第一次的两岸交流的高潮。台湾老荣民络绎不绝回大陆，带着"三大件五小件"回老家探亲，感人肺腑、催人泪下的亲人团聚故事不断上演，有如贺知章《回乡偶书》中的情景：

少小离家老大回，乡音无改鬓毛衰。
儿童相见不相识，笑问客从何处来。

两岸人民交流多了，误会也就少了，人民感情也融洽了，台湾人民要求和平统一的声浪也大了，此时台湾内部却有一些政客及媒体不断以省籍分化换取个人政治及经济利益，分化族群、撕裂台湾，造成台湾内部所谓的外省与本省族群极大冲突。这种省籍的分类是这些政客自定的，毫无法理的基础，本书第一章及第二章的文献，证实原来台湾汉人也都是外来人，甚至台湾少数民族也都是 6000 年前来自中国大陆东南沿海，所有台湾人都是一家人，只是先来后到之别而已，本不应分彼此。

然而当时在所谓的外省及本省壁垒分明的情况下，台湾一些政治新贵（以陈水扁为代表人物）不断激化族群对立，以分化族群方式骗取政治资源，不断丑化 1949 年以后来台的同胞，将他们称之为外省人，以芋仔（即芋头或香芋）代表外省人，将自己（1949 年前到台湾的闽南人）比喻为番薯，以示自己是本土的，因为他们以为番薯是台湾土生土长的食物！

事实上，根据台湾最高研究单位"中央研究院"副院长张光直的研究，芋仔事实上在台湾已有数千年的历史，台湾人自古爱吃芋仔，台湾还有芋仔的化石；番薯反而是外来食物，所有名字带"番"字的食物多半都是外来的，如番茄、番薯；番薯主要来自美洲，是近三四百年前才由西班牙人在占领台湾时引进。"番"在中华文化里是古代对外国或边境少数民族的称呼，可见番薯的字义就可证其是外来的。台湾无知的政客弄巧成拙，谬用番薯标榜自己的本土性及草根性！不过在日据时代，台湾人以番薯暗喻自己是台湾人，意义与此是不同的，因为这些有志台湾人不愿做亡国奴，不甘愿做日本奴，并无分化族群之意。

张光直副院长在其著作《番薯人的故事》中指出，植物学家早已证实番薯起源自南美，哥伦布发现新大陆后把番薯带到欧洲，明末时期才辗转由西班牙及葡萄牙水手传到中国；芋仔则是起源于东南亚，大约一万多年以前就见于中国南部和马来西亚等地区。

以下所引为张光直副院长的论述 [1]：

---

① 《番薯人的故事》，张光直，"中研院"副院长。

我弄不明白的是：青芋在台湾已有一万年以上的历史，当代的政论家却用它来象征来到台湾只有半世纪的大陆人。而番薯这个植物在台湾只有三四百年的历史，却用来象征台湾本土人。

这两种植物在台湾的历史证明，芋仔才是真正本土植物，番薯反而是外来种。这些人利用芋仔、番薯来分化台湾人民的情感，真是无知，弄巧成拙（见附录）！

日据时代台湾人自称为番薯仔，是因为不当亡国奴或日本走狗，所以以台湾地图就像一条番薯自称番薯是可以理解的。如今区分芋仔与番薯，却隐藏分裂族群的偏激意识及动机。但是何时"老芋仔"却变成所谓的外省人的符号？为什么？

研究"老芋仔"一词的典故、缘由，要追溯到晚清时期的台湾政策，左宗棠有对台宏观视野及治台理念，他体会到台湾在军事战略上的重要地位，不断上奏要求朝廷加强建设、防卫台湾，所以从 1867 年美船罗发号事件及 1874 年牡丹社事件后，左宗棠特别挑选一些优秀湘军赴台治理及防卫台湾。因此在晚清光绪年间有数万名湘军驻台防卫，尤其从 1881 年起到 1885 年刘璈担任台湾兵备道（相当于实质的省长）主政时期，整个台湾从北到南基本上都有湘军驻守，湘军官兵又多是湖南籍，也就是说有四十营约两万多名湖南籍官兵驻台。

《说什么芋仔、番薯——从湖南伯到老芋仔》一文作者杨基裕指出，当时台湾人如遭受委屈或有冤情时，老人家会以闽南语说："去说给湖南伯听！"或者说："去找湖南仔！"也就是去找湖南官兵申冤。在晚清的封建时代，一个兵都很有权威，何况是官，所以找"湖南仔"就是希望找湘军官兵帮忙申冤，这也是合理的，"老湖南仔"与"老芋仔"这两词以闽南语发音是非常类似的。所以"老芋仔"是当时台湾人对这些外来湘军的尊称①或是昵称。

这些台湾人口中的"老湖南仔"或"老芋仔"应就是晚清时期驻守台湾的湘军，在当时左宗棠及沈葆桢两人建设台湾的政策下，一批批清末官吏中的年轻精英，经培训后，被左、沈推荐派遣去驻防治理台湾，包含沈葆桢、刘明灯、刘璈、孙开华、杨载云等等。晚清数十年来台湾人称湘军官兵从"湖南伯仔""老湖南仔""老湖仔"，转变到今日的"老芋仔"。因此今日的"老芋仔"与晚清的"湖南伯仔"是有很密切的关联，所以"老芋仔"应是由"老湖仔"的闽南语发音转变而来是可信的②！

《拥抱阳明山系列——冷擎步道》一文的作者萧秀梅在讲述有关阳明山"河南勇""河南营"由来时指出：

1. 河南二字指的是什么？比较完备的说法是当清廷在收复台湾之后的公元 1684 年（康熙二十三年），因为戒慎郑成功的势力再起，以及后来朱一贵、林爽文事件之骚动，为防止台民拥兵叛变，所以台湾的防务不用台兵，而是由大陆各省抽调军队轮流防守。到了清朝中叶，兵员的主力是湘军，"湘"是湖南的简称，因"湖南"的闽南语发音近似"河南"，念来念去遂变成"河南"了。

2. 这些湘军在民间的以讹传讹之下，被称为"河南勇"，这就像今日称呼大陆来台的老兵为"老芋仔"一般自然，官方文书不见记载，但民间的口语相传倒是极为普遍。

3. 而这些湖南军队，有的是因移防，后来调回中国大陆，有的却客死台湾，后由善心人士在淡水附近盖了一间万善堂，祭祀这些孤魂。③

清康熙二十二年收复台湾，康熙对台湾并不重视，在施琅的死谏之下才勉强于康熙二十三年设省，由福建省巡抚分巡。当时施琅提出两岸

---

① 源自《说什么芋仔、番薯——从湖南伯到老芋仔》，杨基裕，2009。
② 源自《说什么芋仔、番薯——从湖南伯到老芋仔》，杨基裕，2009。
③ 《拥抱阳明山系列——冷擎步道》，萧秀梅。

"三不政策"，严格管制人员进出台湾，从那时起清朝由大陆各省征调军队轮流防守台湾，三月轮调一次（即所谓的班兵制）。从清朝中叶起，台湾防务是以湘军为主力，所以今日阳明山上的"河南道"事实上是"湖南道"（因为当时并无河南兵驻守阳明山的史料纪录）。

由前述一些学者专家的论述可见，"老芋仔"一词就是由"老湖南仔"闽南语演变成"老湖仔"，再转变成"老芋仔"而来，实在有点出乎台湾人意料。

1988年蒋经国逝世前，曾多次公开说他也是台湾人，就是希望促进族群融合，从高位者做起，不分外省、本省；马英九祖籍湖南省湘潭县（一说是衡山县），担任台湾领导人八年，在他第一次出来竞选台北市市长时，就高喊自己是新台湾人，就是希望不要有族群矛盾；台湾唯一民选省长宋楚瑜祖籍湖南省湘潭县，他在当省长时，也多次公开呼吁不要分什么"芋仔、番薯"，还编了一首歌《我们都是一家人》，说大家都是新台湾人。在台湾少数民族面前，没有任何人有权去定义谁先谁后，谁本省谁外省。对少数民族而言，我们汉人都是后来人，只有在少数民族包容及先民的艰辛垦芜下，我们汉人才能成为今日的新台湾人。台湾汉人更应谦卑对待不同族群的人，才能真正促进族群和谐及团结。

事实上，"老芋仔"是对湖南人的尊称，如今是所谓外省人的统称；而番薯虽是所谓本省人的统称，但它并不代表本土；用很简化及错误的植物或符号去代表某种族群的意义，是没必要的，更何况这些符号都还是错置的。

《拥抱阳明山系列——冷擎步道》文中作者提到这些保卫台湾人的湖南官兵，有的因移防，后来调回大陆老家，有的却命丧台湾，幸运者有同袍或善心人士为其安葬或盖庙（如新北市淡水区万善堂的善众黄德利先生及杨富田先生），祭祀这些湖南籍忠魂，其他孤单无人照顾的忠魂，无亲无故者，则可能曝尸乡野无人善后，真是让人心寒。现在台湾还有少数人竟认为当年牺牲生命保护他们祖先的人是台湾外来人，这些搞族群分化的人的祖先在天有灵知道他们的后辈这么做，不知会作何感想。事实上，诚如笔者一开始所述，台湾已无省籍问题，人民已开始理性思考，如果今天台湾还有省籍问题，2008 年及 2012 年湖南籍的马英九就不会高票当选台湾领导人。2016 年台湾选举结果清楚地告诉我们，问题在经济（政府如何照顾小市民，而非大财团），不是省籍或统"独"问题。两岸应专注在那些中间民众，他们才是未来两岸的关键者，而他们心中没有省籍问题。

如笔者在第二章所述，"台湾"一词在台湾少数民族西拉雅人语中就是指"外来者、侵略者"（包含这些搞族群分化的政客）。严格来说，从台湾少数民族的角度，这些搞族群分化的人也不是本地人；从地球村的角度，全世界都是一家人，实在没必要分彼此！台湾人自己要觉醒，不要再分什么芋仔番薯、本省外省，去分裂族群；台湾汉人和少数民族都源自于大陆，与大陆同文同种。两岸的关系近可追溯至三国时期的卫温、隋炀帝时期的陈稜，远可追溯至九千二百年前来自大陆的南岛语族人，两岸本是一家人。这些历史事件、文化遗迹及史料，不容少数人任意篡改！

附录：

《番薯人的故事》，作者张光直，摘录如后：

拉丁语 Ipomea batatas，英语 sweet potato，汉语"番薯"，是一种块茎类的植物，植物学家都说它起源于南美，哥伦布发现新大陆以后，把它带到全世界去。它到明朝末年才传到中国，葡萄牙和西班牙水手把它传到了中国。这种作物非常适合中国山区干地，所以在中国长得十分茂盛。

拉丁语 Colocasiaesculenta，英语 taro，汉语"青芋"或"芋仔"，也是一种块茎类的植物，植物学家都说它起源于东南亚，包括中国南部和马来西亚。它的年代与东南亚的栽培植物（例如稻米）一样地早，大约一万年以前。

第五章
三国卫温将军大闹台湾记

　　1900 年前《三国志·吴主传》里有关卫温到夷洲的一段文字引起台湾学界的轩然大波。

　　有人说东吴卫温、诸葛直根本没来过台湾。

　　有人说隋朝陈稜没来过台湾。

　　有人说郑成功、清朝、国民政府都是外来的。

　　所以，台湾就像一颗形似番薯的巨大外太空陨石，1945 年无声无息地落在中国大陆福建外海的太平洋上，于是这世上出现了一座岛称之为"台湾"，台湾开始有了历史。对这些想要隔绝中华历史的人而言，1945 年前的台湾人都是外星人，1945 年后来台的人都是异形（aliens），而他们如何面对台湾少数民族呢？无法解释，只好当他们不存在。

　　1900 年前的《三国志·吴主传》提到公元 230 年孙权曾派遣卫温、诸葛直等到东海的夷洲去招番，这段史料约 146 字，有关夷洲叙述不过 26 字（见第二章附录 2），却引得今日台湾学者争论不休。有学者认为应将此段文字纳入台湾历史教科书中，以凸显两岸交流是从此时开始的；反对者认为不该纳入，因为无其他史料或文物可以佐证这"夷洲"就是今日的台湾。到底卫温、诸葛直等是否到过台湾？到底该不该放入历史教科书中？认为应将卫温等到台湾事迹放入台湾历史教科书中的学者批评台湾领导人不放入是姑息"台独"势力；不赞成将这段史料放入台湾教科书的学者也骂台湾领导人，认为是在搞急统。唉，在台湾做领导人还真难！

事实上，争论此段历史实在无太大意义，如果不是因为有些台湾人有"恐中"的意识形态，谁会在乎这段历史，更不会管卫温、诸葛直有没有到过台湾。而且 2010 年台湾"中研院"权威学者已证实马祖的"亮岛人"九千多年前来自中国福建亮岛地区，六千年前左右再到台湾，卫温等到台湾是远在亮岛人之后的事。公元 230 年卫温、诸葛直是否到过台湾对两岸渊源已不是关键了，所以学者们实无须再争辩此段历史。

历史的解读可以因人而异，但史实是不容篡改及否定的，你可以说夷洲不是台湾，但请告诉世人，卫温到冲绳的史料、遗迹在哪？台湾没有、冲绳也没有。所以大家猜嘛，推论嘛，但也不能排除是台湾。

如前所述，台湾少数民族源自中国大陆东南沿海。大陆汉人自有航海技术后就不断乘船到台湾经商、贸易、定居等，中华文化随着大陆汉人来台数量增加逐渐深入台湾，这是自然定律，所以台湾至今仍保有浓厚的台湾少数民族文化及中华文化也是不争的事实。两岸从台湾少数民族及汉人角度都是同文同种的族群关系，只是如今两岸的体制、生活环境有所不同而已。既然有人有不同的看法，笔者觉得有必要将卫温等到台湾这段历史争议厘清一下。

台湾"中研院"院士曹永和在 1979 年的著作《台湾早期历史研究》中指出："隋书所记流求，其所指究为今日台湾，抑为今之琉球，数十年来中外学者聚讼纷纭，各持己见，至今仍时有争论。隋书所载流求人习俗，显与《临海水土志》中的夷州多有吻合，亦大可与今日台湾土著民族古习俗相印证，因此学者对此虽有争论，而大多说隋代流求即今台湾。"曹永和说"夷洲为今台湾，殆为定案"。[1]

---

① 《台湾早期历史研究》，曹永和，页 3—4，1979，台北：联经。

台湾"中研院"院士凌纯声根据民族学的研究和古代书籍的记载认为夷洲就是今日台湾[①]。

"中研院"院士郭廷以指出:"除了台湾,没有第二个地方合乎这个条件,除了生番更无法在东南海上找到另一个民族具有这些风习。"郭廷以院士在所著《台湾史事概说》中引用《尚书》及沈莹《临海水土志》为例,认为夷洲就是台湾,中国经营台湾始自三国时代的吴国孙权[②]。

日本历史学家田清博士研究,论定公元230年(东吴黄龙二年)孙权遣将军卫温、诸葛直浮海进军夷洲,俘虏数千夷人,此夷洲即为今之台湾,是为汉人经营台湾之始。

日本人市村瓒次郎博士以《太平御览》卷七八〇所引《临海水土志》中之记事与《隋书·流求传》互相比较,详细论断认为夷洲即台湾。

综观上述中外学者,包括台湾"中研院"三大权威院士,甚至日本学者都认为公元230年卫温、诸葛直到的地方确实是台湾,但为何在台湾还有学者反对此论述呢?

我们先检视一下《三国志·卷四十七·吴书二·吴主传第二》:

……遣将军卫温、诸葛直将甲士万人浮海求夷洲及亶洲。亶洲在海中,长老传言秦始皇帝遣方士徐福将童男童女数千人入海求蓬莱神山及仙药……所在绝远,卒不可得至,但得夷洲数千人还。

短短一段话,真正与台湾有关,才不过仅仅二十六个字,却造成台湾学者专家大论战:

……遣将军卫温、诸葛直将甲士万人浮海求夷洲……但得夷洲数千

① 《评赖泽涵主编〈高中历史〉课本第一册(草案)》,《海峡评论》杂志社,第259期,2012年7月。

② 《驳周婉窈和"98课纲"》,《海峡评论》杂志社,第323期,2010年4月。

人还。

《三国志·吴主传》载：

黄龙二年春正月，浮海求夷洲及亶洲（海南岛），军行经岁，士卒疾疫死者十之八九，但得夷洲数千人还。

有些人认为这些史料是中华民族第一次经营台湾的证据；反对者认为根本没史料及遗迹证明卫温、诸葛直等人到过台湾。无论台湾学者如何争辩，有趣的是日本专家学者却一致认为吴书所称的夷洲应为台湾。什么道理？是出于专业还是为了避免危及琉球（冲绳）的主权？

言归正传，夷洲是不是台湾，卫温、诸葛直等是否到过台湾，说实话，如笔者先前所述，台湾人对此没什么感觉。夷洲不是台湾又如何呢？也不会改变两岸自古血脉相连、同文同种的关系，尤其如今马祖"亮岛人"已被证实九千多年前源自中国；隋朝隋炀帝三次出兵台湾，是古今中外无争议的历史，陈稜到台湾，也是中华民族经略台湾的事实，已是不争的历史。然而一些希望台湾与中国大陆无任何渊源，或想抹除台湾与大陆的文化交集的人，是不会承认这段历史的。

问题是卫温、诸葛直是否到过台湾？

笔者做大胆的假设，假设吴书根本是杜撰的，卫温、诸葛直没去夷洲！这说法似乎不太可能，因为《临海水土志》清楚描述一些岛上居民的生活习俗地理风情极似古代台湾，如果作者没有看过、读过或听过这些资讯，是不可能凭空捏造的。只是这些夷洲人所居住的岛是哪里？假设夷洲不是宝岛台湾，那是哪里？放眼天下没有任何地方或国家有史料、文献、遗迹等记载或证实卫温、诸葛直等到过该地，仅有新北市新店溪曾发现手印乌石，但也无法直接证明此乌石就是卫温、诸葛直等将其带到台湾的。所以全世界都一样，没一个地方有史料或遗迹能证实此事：

卫温等到此一游。

　　笔者再大胆假设，不是台湾住民，是哪里的住民呢？一些人认为是冲绳，可是当地并没有《吴书》上所称夷洲人的习俗文化、生活形态等特征，所以夷洲应不可能是今日冲绳；而《吴书》所述与台湾当时住民却是极为类似，所以大多数学者还是主张夷洲应是台湾。

　　有些台湾学者引用《东夷传》的叙述，争执台湾的方位及距离与《吴书》所称的方位及距离不合，所以夷洲并非台湾。沈莹的《临海水土志》，在宋代的《太平御览》卷780《东夷传》有引述：

　　夷州 [①] 在临海郡东南，去郡二千里。土地无霜雪，草木不死。四面是山，众山夷所居。山顶有越王射的正白，乃是石也。此夷各号为王，分划土地，人民各自别异，人皆髡头穿耳，女人不穿耳。作室居，种荆为蕃鄣。土地饶沃，既生五谷，又多鱼肉。舅姑子父，男女卧息共一大床。交会之时，各不相避。能作细布，亦作斑文。布刻画，其内有文章，好以为饰也。

　　这些学者一直争论的其中一点是关于距离，古代的 2000 里约为今日 800 公里，而从谷歌地图上查看，从临海郡（今日浙江省台州市）到台北基隆直线距离才约 400 公里（393 公里），所以从距离长度分析，认为夷洲不是台湾，若依距离来判断却像是冲绳，从台州到冲绳约为 680 公里。此论点有几个非常严重的错误：一、认定当时距离数据是非常精准，事实不然；二、主观认为卫温、诸葛直等是到了台北基隆或淡水，而事实上他们却不一定是从浙江台州到台北基隆或淡水，极可能是从台州到大员（今日台南），尤其隋朝时陈稜到台湾的上岸地点就是台南海岸；或许他们到了台湾东部宜兰县南澳（汉本遗址所在地）。台州到台南安平距

----

　　① "夷州"应同于《三国志》的"夷洲"。

离约 600 公里（谷歌地图上的直线距离为 643 公里），加上古代由于无度量衡，对距离及数字概念不清，数字多会浮夸，航线又非直行，海上季风及洋流、船只的性能及大小等因素影响，所以"去郡二千里"大概实际上可能只有四五百公里长，就距离而言，"夷洲"指台湾绝对合理。反之，以距离短来认定"夷洲"非台湾才是对历史的偏颇认知。

另外有关航海技术及能力的限制，有些学者如梁嘉彬教授认为农历正月东海及台湾吹东北季风，所以以风为动力的船从台州出航是无法到达台湾的。然而在《中国古代造船与航海》中记载：三国东吴热衷于海洋贸易，当时东吴已有千吨级船舰，航迹遍及伊朗、印度、斯里兰卡……[①] 大陆沿海南岛语族人用划桨都能到台湾，吴国巨舰当然也能到台湾，否则台湾十三行遗址及汉本遗址中的大陆汉文物难道从外星球来的吗？这些文物很清楚地否定吹东北季风无法到台湾的论点。

另一争论不休的是方位，有人认为台湾不是在"临海郡东南"的方位，而台湾本来就是在台州的东南方。若以吴国的整个版图位置来看，台湾更是在吴国的东南方，而且吴国的东南方最庞大的岛就是台湾岛，所以夷洲应该就是台湾。

有些学者仅从距离及方位就断定夷洲就是今日冲绳（以前的琉球群岛），然而就算距离及方位无争议，但以前及现在的冲绳原住民都看不出与《临海水土志》中夷人有任何生活习俗文化上的相似。冲绳并无鹿，而《临海水土志》的夷人却是以鹿角作器具，所以冲绳显然不会是夷洲。相反，台湾早在 3000 年前就有鹿，在台湾新石器时代的左镇文化、铁器时代的遗址中出土许多的鹿骨骸化石，距今已超过 2000 年[②]。而且十三行文化及汉本文化遗迹也证明台湾早在 1800 年前就有冶铁的技术及产品，这与《临海水土志》的夷州有铜铁相符，显示三国东吴已有冶铁能

---

① 《三国奇谈》，页 204，陈华胜，2011，实学社出版事业股份有限公司。
② 《台湾中部铁器时代惠来遗址出土梅花鹿 DNA 研究》，何传坤，2010，自然科学博物馆。

力又与《临海水土志》叙述相符，所以以生活习俗及文化来推论，毫无疑问台湾应是夷洲。（附录3）

因此如从文化、习俗、气候、地理、距离、方位等角度来看，夷洲为台湾是极合理的，是毋庸置疑的，而且至今再没有任何人提出一个更符合前述条件的地方、文化及民族。

另外《隋书·流求传》所描述流求岛上原住民的文化及习俗与《临海水土志》中的夷州人也极为相似，因此更加强夷洲与台湾关系之事实证据。

台湾近百年发现超过千个古代遗址，其中新北市八里的十三行遗址及宜兰县南澳的汉本遗址皆为1800多年前三国时期的遗迹。台湾考古学者认为十三行遗址曾经先后有三群人居住过：一、"圆山文化人"（在2000多年前）；二、凯达格兰人的祖先"十三行文化人"（约在1800年前）；三、汉人移民（约清朝中期）。十三行遗址出土的文物丰富，大多数是"十三行文化人"所遗留的，包含大量陶器、铁器、玛瑙珠、玻璃饰品、玻璃珠、金饰、银饰、青铜器、铜器、铜币等文物。由于这些文物有些是来自台湾其他的族群，有些则来自大陆汉人及南洋人，因此可推论在1800年前左右，恰好就是三国时期，汉人就已频繁乘船来台进行贸易，而十三行遗址（台州到新北市八里直线距离约383公里）就是当时主要交易地点之一。

另外，2012年在台湾宜兰县南澳和平段发现汉本遗址，汉本原为泰雅语"Blihun"，指"门户"的意思。2015年6月，研究员发现第二个汉本文化层遗址距今约1650—1800年前的古迹，挖出青铜器、玉器、陶器、石器、金箔、玛瑙、骨角器、玻璃器等文物。遗址文物中有许多是汉文物，再次可证当时大陆汉人与台湾少数民族的双边贸易相当频繁，从台湾头的八里十三行遗址，乃至于绕过台湾东北海岸到达宜兰县南澳的汉本遗址（浙江台州到宜兰南澳直线距离约468公里），"中央研究院"研究员刘益昌形容汉本人为"最早台商"，可见当时台湾少数民族也去了大陆经商或贸易。

以航海技术及时间点，可证公元230年东吴卫温所率领的军队应该是到了台湾；此行之后，许多随军征台的汉人又频繁乘船渡海往来海峡两岸，与台湾少数民族和谐地从事商业贸易活动，因此留下了十三行遗址、汉本遗址等历史文化遗迹。

遗憾的是，至今台湾还未发掘到有关卫温及诸葛直等"到此一游"的直接文物或遗迹，希望这段历史的争论在马祖"亮岛人"、十三行遗址及汉本遗址等文物陆续出现后，能慢慢平息吧。

附录：

1.《资治通鉴·卷七十一》：

"吴主使将军卫温、诸葛直将甲士万人，浮海求夷洲、亶洲，欲俘其民以益众。陆逊、全琮皆谏，以为：'桓王创基，兵不一旅。今江东见众，自足图事，不当远涉不毛，万里袭人，风波难测。又民易水土，必致疾疫，欲益更损，欲利反害。且其民犹禽兽，得之不足济事，无之不足亏众。'吴主不听。"

2.《资治通鉴·卷七十二》：

"卫温、诸葛直军行经岁，士卒疾疫死者什八九，亶洲绝远，卒不可得至，得夷洲数千人还。温、直坐无功，诛。"

3.《临海水土志》共400字左右，摘录如后：

"夷州在临海东南，去郡二千里，土地无霜雪，草木不死，四面是山……其地亦出铜铁，惟用鹿骼矛以战，磨砺青石以作矢、镞、刀、斧、镮、贯、珠、珰……"

第六章
隋虎贲将军陈稜游台湾

在台湾彰化市八卦山下有条"陈稜路"，是为了纪念隋朝虎贲中郎将陈稜而命名的。陈稜当时奉隋炀帝之命与大夫张镇州率师征服台湾，从台湾中部鹿港登陆；后隋朝灭，唐朝取而代之，陈稜后裔及部属为避祸渡海移居美丽宝岛台湾，在今日台南附近开垦拓荒，当地人兴建将军祠供奉这位隋朝将军。

台南市开山宫（台南市中西区民生路一段156巷6号）为台湾"开

彰化市陈稜路
路牌

台第一宫"①,是台湾最早建造的宫庙（1575 年），主要供奉"陈府千岁"即"虎贲中郎将陈稜"。史料记载，隋炀帝大业三年（607 年），因当时流求（台湾）36 岛拒绝纳贡，于是派遣虎贲中郎将陈稜率兵万余渡海攻打流求，当时就从开山宫前方的旧海岸登陆，在流求住了半年之久，离开前掳走土酋王子（平埔人王子）等 900 余人。陈稜因功被册封为右光禄大夫，后因隋炀帝昏庸无道，辞官隐居昆仑山学道。

隋朝灭亡后，许多隋朝遗民随着陈稜后裔及旧属渡海移居流求（台湾），拓垦荒芜定居（此算是中国汉人第一次有规模性的移民台湾的行为）。这些隋朝遗民感念陈稜的恩泽庇佑，遂在当时登陆台湾地点建造茅草庙宇，供奉陈稜为"开山圣王"并祭祀，千秋永享，万世流芳，此即"开山宫"的前身"将军祠"。"将军祠"应为大员（今台南）最早兴建的庙宇，陈府千岁又称陈府王爷②。明宁靖王朱术桂驻台时，以"将军祠"乃开台首祠，并为彰显陈稜将军开创台疆之功，在庙前树立石柱，题写对联云"克壮观瞻隆古地，聿新营建重开山"，将军祠乃改名为"开山宫"。开山宫土塑镇殿七尺金尊"保生大帝——吴真人"，供桌上置"隋虎贲中郎将陈稜"将军神祇圣牌位。

隋朝富裕，加上隋炀帝杨广好大喜功，除开凿大运河外，还三下江都，三征高丽（朝鲜），三使流求（台

台南市开山宫陈稜神祇圣牌位

---

　　① 《在鄩门溪人文爬梳》，周茂钦。
　　② 《保生大帝、土地公与西秦王爷之虎爷形态研究》，树德科技大学应用设计研究所硕士论文，洪资殷，2006 年 7 月。

台南市开山宫

台南市开山宫虎贲中郎将神像

开山宫总干事（左）与作者及虎贲郎将陈稜画像

湾）。隋炀帝对造船、航海、海外探险等格外热衷，对当时的流求不知何故情有独钟，三次派人出使流求，可能是受秦始皇多次派人渡海到仙岛寻找长生不老仙丹的影响，加上海师（古代一种主管海上事务的官职）的鼓动，隋炀帝派遣人赴台，可算是中国历史上对台湾进行的第一次有计划的军事、招抚行动；陈稜成功登陆流求，留下重要历史事迹，也算是建立了两岸历史的里程碑。

隋炀帝征讨流求一事，在《隋书·东夷列传》中的《流求国传》以及《陈稜传》都有详细记载。《隋书·东夷列传》中所指的流求应就是今日台湾，书中明确记载，隋炀帝派朱宽、陈稜到台湾抚番、宣扬武威，当时虽未在台湾设立政府机构，但已经可以算是两岸交流的滥觞，此后更有许多大陆汉人依此航线来台湾贸易、经商，甚至居住。

《隋书》记载，在 605 年（大业元年），海师何蛮发现每年在春秋两季，天气晴朗、风平浪静的时候，向东海岸方向望去，几千里之远处依稀有烟雾之气，古代一里等同今日的 0.4 公里，所以有几百公里，何蛮看到的可能只是海市蜃楼吧。公元 607 年（大业三年），隋炀帝（第一次）命令朱宽（羽骑尉）出海探访东边海域是否有其他国家及异俗，海师何蛮也请求随船出海并担任向导，朱宽与何蛮最后登陆了流求国（依据开山宫记载应是到了台湾台南）。因为双方言语不通（当时在台南主要是西拉雅人）无法沟通，就掠夺一名当地人后返回。隔年（608 年），隋炀帝（第二次）命令朱宽去流求慰抚、招降当地住民，流求国住民不从，朱宽取住民的布甲（用麻绳编织的铠甲）后返回。日后，有日本派使节来隋朝，见布甲后说："此夷邪久国（指台湾）人所用也。"两次招降流求不成，隋炀帝恼火了，公元 610 年，改用大军出征，派遣陈棱、张镇州（朝请大夫）两人率兵一万名从义安（今广东潮州）跨海东征流求国。舰队先到了高华屿，又向东航行二日至鼋屿（今澎湖列岛），又航行一日便至流求。刚到时，陈棱军队中有昆仑人（南岛语族人）懂得流求语（西拉雅语），陈棱派其与流求人（西拉雅人）沟通（此点也证明台湾少数民族源自中国大陆），传达隋炀帝的招降谕旨，希望和平招降，但流求人不愿归顺，不愿驯服称臣。陈棱因此攻击，并攻入城市，每战都击败对方，最后还焚烧其房子，俘虏流求王子、男女将近数千人，载着军实（指战争中所俘获的东西）返回，此后就未曾再有征战流求史料记录。

　　事实上，自三国时期以来台湾和大陆的关系日益密切，史料载当时陈棱船队抵达流求时，台湾少数民族还以为是商船来台进行贸易，纷纷前来交易，由此可知大陆汉人在此之前已是经常到流求进行贸易，在台湾留下许多文化遗迹（十三行遗址、汉本遗址）。此后两岸间的经济、文化交流更频繁，直到隋民随着陈棱后裔及旧部在隋朝灭亡后避走台湾，拓垦荒芜，后世以虎贲中郎将陈棱为荣，乃称当时台湾彰化最繁荣街道为"陈棱路"，并于台南兴建"将军祠"（今日台南的开山宫），感念陈棱对台湾及隋民之贡献。

　　简单来讲，隋炀帝总共三次征讨流求，第三次在公元 610 年，由陈稜和张镇州两人率军上万人，在台湾台南附近登陆（也有一说是从彰化登陆），可算是中国史上第一次对台湾的招抚军事活动，有些人对《隋书》中流求是否为台湾提出质疑，笔者提出几点分析供大家参考：

1. 有人质疑方位不对，台湾不是在"建安郡"东；从地理位置来看，《隋书》提到"流求国当建安郡东，水行五日而至"，隋朝"建安郡"约在今日福建福州附近，约在北纬 26 度，与台湾北部纬度（北纬 25 度）基本一致，如果从福州（北纬 26 度）向东直航，刚好会碰到台湾北部；往东偏南一点，正好到彰化（北纬 24 度）附近，所以"建安郡"东方就是台湾北部。

2. 有人质疑"水行五日而至"的距离不是台湾；由于没有隋朝船只速度大小等数据，无法估算距离，如此就说不是台湾也属武断。不过若以明朝船只速度而言，水行五日可达之处甚多，包含台湾、石桓、宫古、冲绳等等，只是如从广东潮州出发，此航线一定会经过庞大的台湾岛，舍美丽之岛台湾，而去小小的冲绳岛，甚至对台湾只字未提，显违常理，所以"水行五日而至"的应是台湾。

3. 另外，"水行五日而至"，古代数据多有虚增情形，这五日是否真是五日，如果只有 2—3 日，那么从义安郡（今广东潮州）出发就更可能是到达台湾，而非冲绳岛了。

4. "有昆仑人颇解其语，遣人慰谕之"；昆仑人为广东土著或东南亚原住民，属南岛语族人，而冲绳属日本语系，流求国人应为南岛语族人，就是今日台湾少数民族，所以流求应是台湾，绝非冲绳。

5. 根据《隋书·流求国》所载，这个地方"男子拔毛，女子黥手，以髑颅为珍"，此《隋书》中的流求土著文化与台湾南岛语族文化相似①，所以再次证实流求应就是台湾。

1874 年，法国学者圣第尼也认为《隋书》上所称的这个流求国就是

---

① 《山在瑶波碧浪中：总论明人的台湾认识》，页 7—11，周婉窈，台大历史系期刊，2007。

今日的台湾，可能是依循《元史·琉求》的记载："在南海之东。漳泉兴福四州界内彭湖诸岛，与琉求相对。"

由上述文献及学者的分析，无论从文化、语言、气候、方位、距离等来看，《隋书》所称流求都应为台湾，是不作第二解。现在台湾彰化市有一条"陈稜路"，台南市区有"开山宫"，都是为了纪念当年隋朝将军陈稜来台及陈稜后裔来台拓荒的历史与贡献而命名、兴建的。直到明代万历年间，在福建省福州市福卢山（今福建省福清市），还居住着当年被陈稜从台湾带回大陆的台湾少数民族后裔约 5000 户[①]。

附录：

《隋书·卷 81·东夷列传·46·流求国传》摘要

"大业元年，海师何蛮等，每春秋二时，天清风静，东望依希，似有烟雾之气，亦不知几千里。三年，炀帝令羽骑尉朱宽入海求访异俗，何蛮言之，遂与蛮俱往，因到流求国。言不相通，掠一人而返。明年，帝复令宽慰抚之，流求不从，宽取其布甲而还。时倭国使来朝，见之曰：'此夷邪久国人所用也。'帝遣虎贲郎将陈稜、朝请大夫张镇州率兵自义安浮海击之。至高华屿，又东行二日至鼊屿，又一日便至流求。初，稜将南方诸国人军，有昆仑人颇解其语，遣人慰谕之，流求不从，拒逆官军。稜击走之，进至其都，频战皆败，焚其宫室，虏其男女数千人，载军实而还。自尔遂绝。"

---

① 资料来源：维基百科。

第七章
中国在台湾地区的第一个政府机关：元朝巡检司

还记得潘安邦的《外婆的澎湖湾》吗？一首台湾早期民歌。在公元1281年，元朝就在这美丽的澎湖岛上设置中国在台湾地区最早的行政机构——澎湖寨巡检司，或称澎湖巡检司。

自秦朝，台湾就以不同名称出现在中国历代史书中，但由于航海设施及技术未成熟，两岸人民及经贸往来似乎并不多，关于两岸之间交流的相关史料也不多。

《三国志》及《梁书》中多次提到东吴因靠海地缘关系，有航海技术及设施优势，一直积极向海外探索，史书上就曾记载公元230年东吴曾派军队到当时的夷洲（台湾）。吴帝孙权派卫温等航行到达夷洲，并记录下当时岛上居民的生活及习俗，尤其在吴人沈莹的《临海水土志》中，中国首次较为详细具体地记叙了夷洲的地理位置、气候特点、住民的习俗及生活情况，可印证两岸往来频繁，也激励及带动更

美丽的澎湖湾

多汉人来台贸易、经商及移民。

到了隋唐，两岸往来逐渐密切，隋代对台湾的经营更为积极，据《隋书》记载，隋炀帝为"求访异俗""志求珍异"，曾先后三次派人招抚流求（即台湾），留下两岸交流的重要历史里程碑[1]。在隋末唐兴时，隋民跟着陈稜后裔及旧部避走台湾，是台湾史上第一次大规模有计划性的汉人移民台湾行动，当时地点就是今日台南市中心。

中国唐宋时期，战乱频仍，百姓流离失所，东南沿海居民纷纷渡海避乱，许多人选择移居到澎湖、台湾，在台澎地区形成许多汉人聚落[2]。

随着大陆汉人不断迁居台澎地区，宋朝政府也开始加强对澎湖的管理，在宋朝乾道年间已派兵到澎湖巡防，并在澎湖驻兵防守，澎湖行政划分在福建晋江县辖下，这是中华民族第一次在台澎地区派军驻防（行使治权）[3]。

在宋朝之后，元世祖（忽必烈）多次派员出使日本，要求镰仓幕府对中国朝贡，皆遭推托拒绝，元世祖于是出兵渡海征讨日本，但两次出征皆失利，元朝损失惨重。元世祖于1281年（至元十八年），在澎湖群岛设置澎湖巡检司（或称澎湖寨巡检司），并将澎湖划分在福建泉州府晋江县之下，准备迁回澎湖，再取台湾，为第三次出征日本做准备。由于元朝大陆商人经常往来两岸经商，许多汉人已定居澎湖及台湾，因此元朝设置的澎湖巡检司除了负责澎湖巡逻，还兼办查缉罪犯及征收澎湖盐税[4]。

---

① 参见本书前一章。

② 宋代《汪公行状》中记载，1171年（乾道七年）汪大猷当泉州郡守，当时海上有沙洲数万亩，称为"平湖"。时有毗舍邪人侵入，割尽人民所种的作物。后来，为保护当地百姓的利益，汪大猷在平湖建造房屋200间，派军民屯戍。这里所说的"平湖"，就是澎湖。稍后，宋人赵汝适的《诸番志》写道："泉有海岛曰澎湖，隶晋江县。"从这些记载中可以看出，当时澎湖已有不少居民，而且已经在从事粮食和经济作物的种植。

③ 据考证最早设治时间为1281年（元世祖至元十八年）。

④ 据元代《岛夷志略》记载，当时台湾东部高山峻岭，林木葱郁，西部平原土地肥沃，种植黄豆、黍子。大陆商人将大陆的瓷器等货物运到台湾与当地土著居民交换硫黄、黄蜡和鹿皮。

元朝设置澎湖巡检司是中华民族首次在台澎地区设立行政机构。澎湖寨巡检是元朝于澎湖群岛设置的官职，也是中国台澎地区首度出现的正式地方官员（前澎湖列岛归属于晋江县管辖），是元朝最基层的官员，隶属于福建泉州府。

　　元世祖忽必烈对两次出征日本的惨痛失败一直耿耿于怀，于是在1283年（至元二十年）又下令建造船只军舰，屯集粮草，准备第三次出征日本，此举却引起群臣反对。此时元朝国力空虚，国内动乱，元世祖在群臣劝阻下放弃第三次出征日本计划，此后对海上拓展疆域及征战变得极为消极。直到1294年（至元三十一年）正月忽必烈逝世，元朝都未再出征日本。

　　1291年（至元二十八年），元朝海船副万户杨祥请求带兵6000人前往流求（台湾）招降。同年10月，元朝命杨祥为宣抚使、吴志斗为礼部员外郎、阮鉴为兵部员外郎，往使流求，这是元朝经略流求的滥觞。

　　1297年（元贞三年），元朝政府改福建省为福建平海等处行中书省（元朝行政体系，"行中书省"类似今日的省，受中央直辖）。

　　1384年（洪武十七年），明朝开始采锁国政策，施行禁海令，将澎湖巡检司废除。直到1563年（嘉靖四十二年），日本海寇骚扰中国临海省份，明朝考量东南沿海省份居民的安危，又重启澎湖巡检司，直至1622年（天启二年），荷兰人占领澎湖，才又终止澎湖巡检司工作。

　　1623年11月，福建巡抚南居益袭击荷兰战舰。

　　1624年，明军于澎湖海战击退荷兰人，荷人便转往台湾发展。

　　1628年（崇祯元年），明朝政府福建巡抚熊文灿与郑芝龙合作，有组织、有计划地移民台湾拓垦，熊文灿与郑成功提供饥民钱及耕牛，将他们带到台湾开垦种田，当时随熊、郑移民的有数万人。

　　1661年（永历十五年），郑成功出兵攻台湾时，从金门料罗湾出发后，首先抵达澎湖，自此澎湖归于郑氏王朝（明郑）统治。

　　1664年（永历十八年），郑经设澎湖安抚司，这是自明朝1622年起不再设置澎湖巡检司之后，时隔 40 年后澎湖再次设有政府官署。

元朝于 1281 年在澎湖岛上设置澎湖巡检司，是中国在台澎地区最早的行政机构及行使治权的象征，此后明清皆延续元朝制度，设置类似的机构。

第八章
"左宗棠鸡"

　　2016年3月9日，为解开"左宗棠鸡"的谜团，笔者特地亲自去台湾新北市新店区彭园会馆，找笔者的老友小彭（彭铁成），向他询问"左宗棠鸡"的由来，他斩钉截铁地告诉笔者，是他父亲彭长贵亲自研发创造的。

　　他说1976年留学生马英九与夫人周美青在纽约彭园餐厅举行结婚宴，厨神彭长贵万万没想到当年胖胖的英俊小伙子，竟会在32年后成为台湾地区的领导人；美丽大方、气质优雅、有点像英国明星奥黛丽·赫本（Audrey Hepburn）的小女子也成为台湾地区的"第一夫人"。当时他们的婚宴虽只有三四桌，但喜宴菜色中就有一道闻名美国的湘菜"左宗棠鸡"（如下页图）。"左宗棠鸡"大名鼎鼎，是因为它是当时蒋经国先生、美国国务卿基辛格（Heinz A. Kissinger）、老布什总统（George H. W. Bush）及早期台湾留学生必点必吃的中餐馆名菜，这也让这位湘军名将左宗棠在20世纪声名远播。

　　2003年，英国BBC电视台主持人扶霞（Fuchsia Dunlop）前往湖南考察半年，收集各餐馆菜单，但她意外地发现当地并没有人听说过这道菜，遑论在菜馆中供应。《纽约时报》记者李竞也曾前往湖南追寻这道菜的源流，同样发现当地没人听说过"左宗棠鸡"，这道闻名海外的中国佳

看是从哪来的呢？令人好奇，令老外不解！

"左宗棠鸡"到底是谁发明的，众说纷纭。为解此谜题，美国纪录片导演伊恩·钱尼（Ian Cheney）历时 3 年走遍全美餐厅，寻访中餐名厨，甚至远渡太平洋到上海、湖南等各大餐馆探访，皆无法解开"左宗棠鸡"之谜，最后才发现原来是出自台湾名厨彭长贵之手，为此特别制作一纪录片《寻找左宗棠》（Search for General Tsao），并于 2015 年 6 月 15 日在台首映。

这道菜的发明者彭长贵仰慕清朝湘军名将左宗棠将军，而彭长贵自己又是湖南人，且做湘菜，就将这道自创的特色菜取名为"左宗棠鸡"，也可说是对湘籍先贤表达尊敬之意。有些大陆媒体不察，以为"左宗棠鸡"或称"左公鸡"是左宗棠喜欢吃的一种烹调菜式。每回左宗棠出征回家，左宗棠夫人知道他喜欢吃这味鸡，就会做给他及将士们吃，因此得名。此说法或许有可能，但绝非彭长贵的"左宗棠鸡"烹调方式。

台湾菜、台湾小吃独具风格，台湾人结合清代老福建菜（清朝闽菜）、客家菜（广东客家）、日据时的日本菜、外省菜（1949 年后随国民党来台的官厨）、欧美和东南亚美食等元素，运用台湾丰富的海洋资源，融合中西文化，自创出独特的台湾菜系及各式特色台湾小吃。"左宗棠鸡"就是在这时代背景下创作出来的经典名菜，辣中带酸，咸中带甜，吃下去有种说不出的奇特感受，有传统湘菜的霸气及闽南菜的细致，笔墨无法形容，你亲自尝过才能体会这奇妙的感觉，而且一定要到台湾彭园亲自尝尝彭厨神的手艺。

台湾名厨彭长贵，湖南长沙县沙坪人，是谭家菜的传承人，是台湾彭园餐厅创始人。彭师傅师承谭厨名家曹荩臣，所烹饪的料理名为湘菜，但有深厚淮扬菜及岭南菜的底子，加上自己的天分及创新，独创出特色的新派湘菜，成为台湾首屈一指的湘菜名厨，被誉为"台湾湘菜之神""台湾湘菜祖师爷""国宴御厨""一代厨神""湘菜泰斗"等。"左宗棠鸡"就是彭长贵老板自创的一道名菜。

为何彭常贵会创作这道"左宗棠鸡"呢？

小老板小彭说，父亲1949年随国民党到台湾，初期在台湾开了华新、华湘、彭园等餐厅。1952年两岸形势紧张，美国派协防太平洋第七舰队雷德福司令（Arthur Ford）访问台湾4天。当时找彭长贵先生研究宴请雷上将的菜单，要求三天菜色皆须不同。前两天宾主尽欢，第三天他灵机一动，将鸡肉切成不同大小的块状，加入特制配料制作上桌，结果宾主异口同声称赞，并问他此菜叫什么。彭长贵先生素仰慕湘贤左文襄公的人品，认为清末湘军名臣左宗棠之名最能衬托出此道佳肴的湖南人高雅特质，所以将其命名为"左宗棠鸡"。

在1970年某日，蒋经国下班时已过用餐时间，轻车简从与随行秘书到了彭园餐厅，经国先生幕僚紧急叮嘱彭长贵的餐厅准备几道简单料理即可，彭长贵特别准备"左宗棠鸡""彭家豆腐"，没想到经国先生啖后，口齿留香，甚感美味，非常喜欢。日后经国先生便常向朋友推荐此道菜，故而"左宗棠鸡"一时名满台北城，轰动台湾党政军界，慕名而来的老饕络绎不绝。于是此道"左宗棠鸡"不但成为彭园餐厅的招牌菜，更是当时台湾家喻户晓的佳肴，每一家只要宴请贵宾，不管做得像不像，必端上这道佳肴才是够档次的款待。

为何美国名记者要跨海至大陆及台湾遍寻"左宗棠鸡"这道佳肴呢？1973年彭长贵前往美国发展，在纽约曼哈顿区开设彭园餐厅分店，这也是马英九与周美青举行婚宴的地方。同年，时任美国国务卿的基辛格受邀到彭园用餐，基辛格尝过"左宗棠鸡"后甚为喜爱，此后每次到联合国开会时都会光顾彭园。由于基辛格为国务卿，每每赴彭园用餐时，全美记者都随行采访。维安人员基于安全考量将整家餐厅包下，此举等同基辛格为彭园做免费宣传广告。基辛格所点的每一道佳肴，媒体必疯狂报道，更不用说这道基辛格每次必点的"左宗棠鸡"，因此一夕间"左宗棠鸡"名扬全美，ABC电视台还为此道菜制作特别节目报道，使此菜在美国名声更是响亮。全美各地中菜馆于是纷纷模仿，推出许多"左宗棠鸡"（但都是山寨版，并不正宗），此菜成为美国人认知中最著名的中国菜之一，也成为许多美国人想学的第一道中国菜。早年台湾学生留学前必学此道佳肴，以便未来在外国社交时可运用此佳肴结交些朋友。这些台湾学子将"左宗棠鸡"带到世界各地，使其更加闻名，也让许多外国人经由这道"左宗棠鸡"佳肴认识了我清末名臣、湘军名将左宗棠。左宗棠若在天有灵，万万无法料到让他享誉全世界的，不是他的军事成就，而是台湾这道佳肴。虽然有点令人失望，但也算是另类行销吧！

各位读者眼尖的话，可在台湾名导演李安的电影《推手》《喜宴》中看到此道"左宗棠鸡"，如今在台湾彭园餐厅还可享用到此佳肴。

附录：

1."左宗棠鸡"食谱及做法

材料：

肉鸡去骨鸡腿1—2只、大蒜末1大匙、宫保（炸过辣椒）适量、太白粉水2大匙、水3大匙、香油、绍兴酒、糖、酱油、番茄酱。

腌料：

酱油 0.5 大匙、太白粉 0.5 大匙、绍兴酒 1 大匙。

调味料：

酱油 2 大匙、番茄酱 2 大匙、糖少许（以上拌匀）。

做法：

（1）先将鸡肉切成丁，用腌料腌 15 分钟；

（2）腌好的鸡丁沾上干的太白粉，下油锅炸到金黄色捞起；

（3）起油锅将蒜末爆香，再下调味料及水适量，等酱汁煮滚后，再将炸好的鸡丁下锅，拌炒一下，最后下宫保辣椒拌炒，下太白粉水勾芡，起锅前淋香油拌匀即可。

彭铁成特别提醒：

（1）"左宗棠鸡"是不用葱段的；

（2）一定要用宫保，不能用生辣椒。

2. 彭长贵其他自创的名菜摘录如下：

（1）生菜虾松

（2）蜜汁火腿（富贵火腿）

（3）竹节鸽盅

（4）富贵烤双方

（5）香瓜元盅

（6）汤泡鱼生

第九章

台湾的符号、家的记忆：台湾小吃多源自中华文化

　　每当笔者自外地回台湾时，总是想搭上华航班机，因为那上面有台湾的记忆：一碗热腾腾的台湾红烧牛肉面或是一碗排骨酥面。当空服员端到我面前时，我看到的、闻到的不只是碗美味的台湾小吃，而且是一种家乡的符号，一种温暖的家就要到了的喜悦心情，那是我们离乡台湾人的共同记忆，也是我们生活的一部分。

　　台湾美食中的小吃更是在大陆红火，世界闻名，是许多国际级大明星、名人来台指名要享用的美食。但是这些台湾小吃是从哪儿来，又有何典故，不要说外人不知，绝大多数的台湾人也不太清楚，只知道台湾小吃好吃。

　　事实上，台湾美食与大陆饮食是师出同源，两岸饮食文化都是承袭中华文化。台湾和大陆有一样的饮食文化习俗，不同的节令有不同的应景食品：

　　新年发年糕，元宵滚元宵，清明卷润饼、吃艾草粿（大陆又称团子，材料一样但叫法不同），端午包粽子，中秋制月饼，冬至搓丸子（南方人浮汤圆、北方人浮馄饨）①。

---

① 王城气度部落格，历史香料的台南小吃系列，王浩一，2006。

这些美味的台湾小吃主要还是承袭中华传统饮食文化及习俗，甚至有些虽说是从外国如日本、韩国传过来的，但追根究底，还是源自中国，因为是从中国古代流传到外国的，例如日本寿司、牛轧糖。不过无论是源自中华传统文化还是外国饮食文化的融入，台湾美食及小吃已精益求精、自创一格。台湾小吃以中华文化为主体融合东西美食文化，并利用台湾丰富的海洋及农产资源，自创出一种独特的台湾美食文化及各式特色的台湾小吃。无论是在街边、巷弄、市场、庙口、学校、百货公司、酒店，到处都可发现令人惊艳的台湾特色美食及小吃，他们代表着台湾的历史、文化、族群、智慧的融合。

有趣的台湾小吃

台湾小吃名字很有趣，有些名称可是会忽悠人呢！有些小吃用地名为招牌纯粹只是噱头，不代表真正的发源地，甚至与该地名毫无关系，例如：

台湾的蒙古烤肉非常有名，也常出现于世界美食报道文章，2016 年被国际媒体评选为全世界最好吃的十大烤肉之一，但在蒙古你可找不到台湾这种做法，因为它并非出自蒙古，而是台湾相声大师吴兆南的发明。

温州大馄饨不是来自温州，你到温州也找不到台湾这么大的馄饨，像大陆松花江水饺一样大。

天津手抓饼不是出自天津，相反，同样的饼在大陆却称之为台湾手抓饼。

鲁肉饭与山东一点关系都没有，只是因为将"卤"肉误写成"鲁"肉，积非成是！事实上鲁肉饭倒有点像毛家肉拌饭。

四川牛肉面非源自四川，在四川你可找不到台湾这种做法的牛肉面。

成都杨桃冰，与成都无关，仅仅是因为这店开在台北市成都路上。

福州意面，在福建福州没有福州意面，其实它是台湾的福州人自创出来的面。

有些台湾小吃因地域区别的关系而会以开设地名称呼，但实际上当地却没有这店名或商家，如：

屏东万峦猪脚，因为是从屏东万峦这里开始卖的而得名，"屏东""万峦"两词就只是台湾地名。

永和豆浆，在大陆非常知名的连锁餐厅，永和豆浆、永和豆浆大王等到处都看得到，可是"永和"只是个新北市辖下永和区的地名，由于1949年许多外省人群居在那附近一起卖早餐，卖出了口碑及名声，所以商家就干脆用"永和"来做品牌，如永和豆浆、永和豆浆大王，原本两家店叫世界豆浆、四海豆浆。

台南盐水意面，台南盐水许多地方卖这种面；彰化肉圆，彰化就是专卖这种肉圆；清水米糕，米糕也是清水的特色；台南担仔面，台南的文化之一；新竹贡丸，在新竹到处都是卖贡丸的……前面的名称只是地名而已。

台湾小吃多含有浓厚的中华文化及历史

台湾小吃美味大家都知道，但它的来源大多数台湾人、大陆人都不知道，其实许多都源自中国大陆，品尝台湾美食时，享受的不仅是味蕾上的满足，更是浓浓中华文化及历史的飨宴。

蚵仔（大肠）面线

蚵仔面线（闽南语：O-A-Mi-Soa）是台湾最普遍的庶民小吃之一，其实它是源自福建厦门的一种面线糊小吃，加上台湾自创的特色备料，如蚵仔、猪大肠等，有的会加点猪肉羹、贡丸、鱼丸等，不过太杂反而没特色，抢了主角的味；汤头主要是以柴鱼、干虾米或干牡蛎等海味来提味，鲜甜的海鲜干货熬汤后加入细面线，加上蚵仔（蚵需先拌太白粉

后余烫一下备用）、猪大肠（用
卤过的猪大肠较有香气），吃前
再加一点最重要的调味料，如
醋、蒜泥、酱油及香菜，真是
画龙点睛；爱吃辣的可以再加
点辣椒，各种层次的味道全在
一匙里，放入嘴里，真是人间
美味。

蚵仔面线

台湾从南到北都有很好吃
的蚵仔面线，北部有几家好吃的
店，陈记（和平西路三段）、双管油饭（景美夜市内）、海产街（万大路
493巷）、泉州街（汀洲路口）、乐业（乐业街）、辉哥（安居街）、全兴
（泰山明志路一段）、油库口（板桥油车口）、龙滨（三重龙滨路）等都是
需要排队的（没排长龙的就不用吃了），可见台湾人多爱吃这味。

永和豆浆

所谓永和豆浆店，事实上指的就是今日中正桥头的世界豆浆大王
（原名为东海早点店）、四海豆浆两家店，因为名气太大，北部人都管
它们叫永和豆浆。如今永和豆浆在大陆非常出名，有人以永和豆浆、永
和豆浆大王开了许多连锁店，但好像与这两家店都无关。原店铺创始于
1955年，两位随国民党来台的退伍军人（李云增、王俊杰），因为对大
陆家乡早点的思念，将老家的手工油条与豆浆，加上台湾独创的香酥烧
饼，在新北市中正桥头附近胼手胝足地摆摊制售，由于味美价廉，勾起
许多来台老乡的回忆，加上非常浓郁的豆浆香味及各种美食，俘获了台
北市民的心，成为当时大台北附近时尚名流的宵夜美食之一，从贩夫走
卒到大明星及高官政要都经常光顾。传言蒋夫人（宋美龄女士）也曾带
外宾去品尝过，只可惜当时没有智慧手机合拍一下，打个卡。

烧饼油条（右下角的就是所谓的"一套"）

　　早期永和的豆浆店（四海、世界）只卖豆浆、烧饼、油条。而豆浆、油条都是咱中国老祖宗留下来的东西，只是李、王发明将烧饼夹油条，成为"烧饼油条一套"的新吃法，将它发扬光大，做得既精又美味，一时蔚为风潮，成为全台湾特色早点之一。陪伴当时台湾多少四五六年级（1950—1970）学子，成为营养又便宜的最佳早餐。以当时的生活条件，每天能吃上"一套"及豆浆一碗，奢侈点再加颗蛋，已是非常享受，有如现在早上去麦当劳吃早餐一样幸福，也是天没亮赶公车上学的学子们共同的记忆。今天世界豆浆、四海豆浆还在永和原地营业，也开了许多分店，不过现在台北最牛的豆浆店是阜杭豆浆，从二楼排到一楼外面，在台北市忠孝东路一段华山市场二楼，只开到中午十二点，晚来的话就要小心（哦，对不起，是一定）吃不到。

　　豆浆与烧饼油条这道所谓的台湾小吃蕴含非常深厚的中华文化及历史，是一种中华美食结合台湾道地文化的小吃。豆浆的起源是在1900多年前，西汉淮南王刘安因为母亲生病，每日用泡好的黄豆磨成豆浆给母亲饮用。刘母之病好转后，孝子淮南王的豆浆做法很快便传到民间。在

《本草纲目》中就有记载："豆浆，利气下水，制诸风热，解诸毒。"①

油条又叫"油炸鬼"，其实指的就是中国南宋时期陷害岳飞（公元1103—1142年）的奸相秦桧和他的老婆。相传南宋时期抗金名将岳飞因为秦桧的陷害，遭宋高宗赐死，当时南宋百姓为岳飞之死愤愤不平，对秦桧夫妻更是恨之入骨，因此就用面粉做成有如秦桧夫妻的面人，丢到油锅里炸，借此泄愤，一边炸还一边叫喊："来喔，来吃'油炸秦桧'哦！"慢慢简称为"油炸桧"，意思就是想让他们下地狱炸油锅以泄愤。当时在台湾也还承袭这种叫卖方式，由于发音近似，闽南语也叫作"油车粿"。

至于薄酥烧饼则是台湾人自己发明的！"烧饼夹油条"一套这种绝妙的吃法，也是台湾人发明的！台湾的牛肉面，是1949年大量老兵来台之后以川味牛肉汤加上美国面条变成的。大约在1951年，台北市城中区武昌街城隍庙附近，有位老乡用汽油桶当成烤炉卖起了长方形的酥脆薄烧饼。这种烧饼与传统的山东烧饼或北方烧饼不一样，它既薄又酥脆，单着吃就极美味，芝麻香酥，加上"油车粿"（炸油条）称之为"一套"，那真是绝配，既新奇又好吃。他们把烧饼用剪刀剪开夹油条给客人吃，这新奇的口味征服了许多北部人的胃。许多大陆来台的老乡纷纷学习制作酥脆芝麻烧饼，加上传统的炸油条，配上一碗热豆浆，很快变成台湾北部达官显要、贵妇名流的早点甚至宵夜。

四神汤

四神汤是台湾著名的小吃之一，也是一道极具中华文化底蕴及历史典故的小吃。由于台湾气候多湿热，平常或天冷时喝碗四神汤，胃就暖了，精神都会好起来。相传清朝乾隆下江南时，随侍在旁的四位爱臣，由于日夜操劳，加上水土不服，相继病倒，连御医都束手无策。后

---

① 资料来源：台湾"中华饮食文化基金会"。

出现一位僧人开出一方
子，以莲子、芡实、淮
山、茯苓等四味药与猪
肚炖煮，四位大臣服用
后逐渐好转。此神奇方
子因此流传民间，被称
为"四臣汤"。后来传到
台湾，由于闽南语"臣"
与"神"同音，加上四

四神汤

药材炖猪肚或小肠的神奇传说，以中医的理论看，确有去湿解热、健脾
胃、治腹泻、滋补强身的功效，在台湾"四臣汤"以闽南语发音就变成
为今日台湾的"四神汤"。在冬天喝上一碗热气腾腾的四神汤加点枸杞泡
米酒，身子一下子就暖起来，四神汤台湾到处都有，味道差异不大，不
过绝不能少了这枸杞酒，否则就完全无味了。台北市民生西路阿桐阿宝
四神汤、内江街惠安四神汤、许昌街刘记、景美夜市双管等这几家要排
队。①

筒仔米糕或称清水米糕

筒仔米糕是一样常见于台湾的糯米小吃，类似台湾人生小孩时报喜
送亲人的油饭，筒仔米糕顾名思义是将油饭放入竹筒或铁罐中炊煮而成，
因此称之为筒仔米糕。清水筒仔米糕看似是台湾土生土长的小吃，但事
实上它也是源自于中国大陆的美食。

宋朝大文豪苏东坡的《仇池笔记》里所记载的"盘游饭"，据传就
是今日台湾筒仔米糕的前身，台湾先民将苏东坡的"盘游饭"带到台湾，
加入台湾文化元素就成为今日的油饭或筒仔米糕，在台湾中部发扬光大，

---

① 资料来源：维基百科。

筒仔米糕

变成属于台湾中部的独特小吃之一。①

传统的筒仔米糕是以陶罐子或竹筒当容器，现在多以铁罐为主。做法是先在罐或筒底铺上卤好的猪三层肉或瘦肉及切半的卤蛋为基材，也有商家会加莲子、咸蛋……再用虾米、油葱酥、猪肉丝、香菇丝或蚵干等配料一起拌炒，佐以Q弹性的糯米饭及卤肉汁拌匀后，再以文火慢蒸。等熟了之后倒扣于盘碗中，淋上一种各家特调的独门甜酱，有些商家还会加点肉臊（类似肉松），再加上不可或缺的香菜，就成了一份台湾独创、香味四溢的清水筒仔米糕。

爱吃的食客绝对不会不知道，在台中的文化小镇清水有最美味的筒仔米糕，这里的老街老店都卖全省最著名的筒仔米糕，想要尝尝与古代大文豪苏东坡所吃同样的美食"盘游饭"，只要到台湾清水，便可尝到。好不好吃去试试便知。台中清水有名的米糕店有：阿财米糕（西宁路）、王塔米糕（中兴街）、荣记米糕（新兴路）、阿腾米糕（高美路）。新北市：黎记筒仔米糕（三重龙门路与仁爱路口）、台南米糕（中和仁爱街）。台北市：蔡记米糕（中华路307巷）、大桥头筒仔米糕（延三夜市）、万香斋（延吉街）、台南小吃米糕（中原街）、五禄米糕（民权东路六段）。台南市：小南米糕（大同路）、下大道（兰）米糕（康乐街）。②

咸芋粿

台湾盛产芋头，而甲仙芋头可媲美广西荔浦芋头。2009年一场

① 资料来源：维基百科。
② 资料来源：维基百科。

"八八水灾"，泥石流将台湾南部高雄县小林村全埋了，村里所有的芋头园都遭毁损，人也几乎死光了，剩下的芋头园也没人去照料。台湾人发挥人溺己溺精神，一砖一瓦地将甲仙小林村迅速重建，如今吃到的甲仙芋头觉得特香特浓郁，或许是因为能感受到台湾人那份浓浓的人情味与爱心。

咸芋粿

咸芋粿事实上也不是台湾自创小吃，而是古代从福建传到台湾的小点心。咸芋粿的做法是先将芋头去皮后切丝用中火慢炒，加入番薯粉泥及调味料后搅拌均匀，定形成饼状，再加一些肉臊或油葱酥在芋粿饼上面，蒸煮约2小时。吃的时候，淋上各家的独门酱料，各家的美味差异主要就在这酱料上。咸芋粿吃起来松松绵绵，入口后浓浓芋香久久不散，口齿留香。台南地区有许多有名的咸芋粿店，如川记、阿财、许家；新北市的阿瑞官（新庄）也很有名气。

羹（肉羹、花枝羹、鱼酥羹……）

"羹"或称"焿"是台湾一种非常普遍的夜市、巷弄平民小吃。台湾的"羹"源自中国传统美食。楚汉相争时期，就有"分一杯羹"这个成语，可见汉代就有"羹"这种食物。唐朝诗人王建著名的诗《新嫁娘》："三日入厨下，洗手作羹汤。未谙姑食性，先遣小姑尝。"说明"羹"在唐朝已是家庭常见的汤品。

台湾的"羹"承袭福建口味，酸酸甜甜的，有肉羹、花枝羹、鱿鱼羹、虾仁羹、鱿鱼羹、鱼酥羹、虱目鱼丸羹、羊肉羹、鸭肉羹等，种类千变万化。台湾的"羹"的重点在于汤头，主要是以猪骨或柴鱼熬煮

花枝羹　　　　　　　　　　　　　　肉羹

约两三小时，加入大白菜、笋丝或萝卜备用；猪肉、花枝、鱿鱼、虾仁则须切成小指条状，加入调味料与鱼浆、蛋搅拌均匀，让猪肉等裹上一层薄薄的鱼浆，再用滚水氽烫定型，加入熬好的汤头里继续熬煮约半小时后关至小火，再放入蒜酥、柴鱼片等调味料提味，以太白粉勾芡搅拌均匀成琉璃状，即成鲜美的羹汤。食用前随个人喜好加入少许胡椒粉、沙茶酱、乌醋、香菜或辣椒酱，吃下去口中有种酸甜滑溜的感觉。台北文记花枝羹（双连街）原本是摊贩在锦西街上成渊初中对面制售，笔者初中时就读成渊，放学后常常会吃上一碗，后来摊子不见了就再也没吃过。长大后偶尔还会想起那鲜美滑溜的味道，挺怀念的，就好像初恋情人似的，偶尔会浮上心头，忘不了它的模样。

　　台湾有不少小吃店的羹都是要排队才吃得上的。

双连文记花枝羹（笔者小时常吃）

台北：东门市场肉羹店、林桂堂肉羹（合江街）、李记肉羹（环河南路）。新北市：朱记花枝羹（三重正义北路）、曾记（三重文化北路）、平安街花枝羹（三重）、文化路赤肉羹（三重）、黄石市场鱿鱼羹（板桥宫口路）。宜兰：北门蒜味肉羹、林场肉羹；台南红烧花枝羹（开元路）。

北方面食：水饺

台湾最高纪录一天吃掉 250 万颗的水饺，可以叠出 147 座台湾 101 大楼！可见台湾人有多爱吃水饺！大家都知道饺子是中国大陆北方人的主食，随国民党来台湾的人中不少是北方人。经国先生时期的"行政院长"孙运璇（本来是经国先生的接班人，而非李登辉）、大润发董事长尹衍梁、台湾影星大美人林青霞都是山东人；前"立法院长"梁肃戎是原辽北省昌图县人。北方人以面食为主食，所以水饺、水煎包、锅贴、葱油饼、韭菜盒子、馅饼等面食文化也都带到了台湾。这些台湾面食技巧不但保有家乡的味道，更融合台湾元素，与今日大陆北方面点相较，别有一番风味在舌头，笔者认为更有特色。尤其是水饺，可以说是台湾最佳庶民美食之一。林青霞最爱台北市金山南路上一家水饺店的饺子，听说每个月都要家人从香港搭飞机到台湾带一箱箱的水饺回去，就是喜欢台湾这味的饺子。台湾饺子与大陆的不太一样，有台湾的独特味道，菜的比例较高，且个儿大，有北方的豪迈个性，种类特多，猪肉、牛肉、虾肉、鱼肉、素的等应有尽有，绝对不比大陆连锁松花江水饺店差。台北有几家非常有名的店：勺勺客（金山南路）、海天香饺（和平西路三

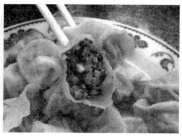

台湾水饺

兴记水饺店（林青霞最钟情的水饺店）老板娘关夫人

段）、刘家水饺（仁爱路）、阿娥水饺（南京东路二段）、老妈面馆及山东水饺（新店中央路）、齐鲁饺子馆（新店中兴路）、顶味执饺（三重）。

水煎包（或称生煎包）

水煎包是台湾街头巷尾的小吃，每天早上上班族赶路的美食，一边吃一边赶路，到了办公室还口齿留香。它有个缺点，吃它的时候旁人会不太高兴地瞪你，一是韭菜味道太香太浓，二是气你害他肚子咕噜咕噜叫，他可能还没吃早餐。

水煎包

水煎包是中国传统美食，相传汉高祖刘邦和母亲逃难到江苏丰县时，包子店正准备打烊，老板见他们可怜，就想把店里剩下的材料做些包子给他们充饥，因为当时蒸笼已经收了，就把原本要蒸的包子放在灶上的锅中生煎（或称水煎）。刘邦母子当时饥寒交迫，食后觉得此包子特别美味。日后刘邦登基称帝，对这救过命的美味包子念念不忘，"生煎包"（或称"水煎包"）也就因此一炮而红 [①]。

水煎包内馅主要是高丽菜或韭菜加猪肉。水煎包放入一大口的平锅里，煎时放点油，倒入面糊水，盖上锅盖持续煎煮，当水煎包熟透，底部就会煎出漂亮的脆面皮，就完成了一颗颗"脆皮黄金煎包"。台北市中华路爱国西路口的张记韭菜水煎包（这家店夏季就放假）、胖张（民生东路四段）、老蔡（大龙街）、许记（师大路）、翁记（新生南路一段）都蛮有名的。

① 资料来源：维基百科。

凤梨酥（又称小金砖、旺来酥）

凤梨酥是大陆同胞来台旅游必选的第一名特产，如今商家不断推出不甜和带点酸的凤梨酥迎合大陆客户的口味。凤梨酥也是源自中国大陆，相传在三国时代，刘备迎娶孙权妹妹时，订婚礼饼中便有以凤梨（即菠萝）入馅制成的大饼，约八寸大小。

凤梨酥

台湾婚礼习俗中，订婚礼饼共六种口味，代表六礼，其中一种是凤梨饼。但喜饼太大，不方便个人享用，台湾商家发挥商业头脑，便研发出一种如火柴盒大小的凤梨饼，称之为凤梨酥，因此流传开来。凤梨以闽南语发音近似"旺来"，象征兴旺好运来的意思，所以凤梨及凤梨酥就变成台湾初一、十五拜拜时常见的贡品之一，取其旺来之意，深受台湾民众喜爱。

著名的凤梨酥店微热山丘、佳德、维格是大陆同胞首选，每次去都可看到大陆同胞一次几箱地买，微热山丘红到已在香港地区、日本表参道和新加坡莱福士酒店开分店，其中一家股票还准备上市呢！

红龟粿

一种台湾糯米小吃，是以乌龟为形状的糯米粿。红龟粿也非台湾自创的甜品小吃，早年从中国福建传到台湾，渐渐发展出台湾独有的风味。红龟粿早在中国古代就常出现在祭祀中，以前老祖宗以活龟为牲醴之一，祈求神明保佑长命百岁，因为乌龟自古是长寿、吉祥的象征。后因活龟取得不易，加上佛教在祭祀时禁用荤食，要求用素食，古人逐渐发展成以糯米做成的素龟替代活龟。染红色的糯米团嵌入乌龟形状的模子里，

红龟粿

就压成乌龟的图案。红色外表代表红红火火、喜气洋洋，看起来就像是会让人带来好运。在民间作为供品的祭祀龟，大致包括红龟粿，红龟（面龟）、鼠曲粿、米糕龟、面线龟和米粉龟等。龟粿在台湾已发展成一种独特的甜品，外皮不止有红色，还有绿色、紫色等；内馅从传统的红豆，也发展出豌豆、绿豆等内馅，吃起来口感有点像麻糬。新北市八里出名（别怀疑，店名就叫"出名"）、台南永合香、汐止百年都可买到好吃的红龟粿，讨个吉利吧。

台湾原创的小吃

蚵仔煎

还记得当年连续剧《转角遇到爱》吗？小猪罗志祥在戏里就是扮演一位蚵仔煎师傅。

蚵仔煎（闽南语读作 O-A-Jian），相传在 1661 年郑成功收复台湾时，从鹿耳门登陆，大军压境大败荷军，荷军节节败退，为阻碍郑军攻

蚵仔煎

势，把当时粮仓的粮食都藏起来。郑军上岸后遍寻粮食不着，只能将台南盛产的蚵仔（小牡蛎）加上番薯粉和水去煎，这就是台湾蚵仔煎的前身。而台南自然就是蚵仔煎的发源地。如今两岸交流热络，加上罗志祥师傅的

魅力，蚵仔煎意外成了风靡全大陆的最受欢迎的台湾小吃之一。在大陆的台湾美食展上，一定会有蚵仔煎，而且一定热卖。它在台湾到处都有，味道都差不多，主要区别在于各家独门的酱汁，以台北士林夜市忠诚号及宁夏夜市赖记名气较大，不过笔者觉得酱太甜。台北市和平西路底的东石蚵仔才是笔者的最爱，如想要感受一下当年国姓爷郑成功收复台湾时的艰辛，来台时试试也是值得，或许在转角会遇到小猪罗志祥在煎蚵仔煎呢。

盐酥鸡（或称咸酥鸡）

盐酥鸡是常见的台湾小吃之一，到处都看得到，大人、小孩、学生人手一袋，全民宵夜圣品，夏天喝啤酒时的最佳配料。盐酥鸡主要成分就是鸡肉加上特殊香料，原本只有胡椒盐，后来商家发展出许多特殊香料的盐酥鸡。盐酥鸡做法简单，首先

盐酥鸡

将鸡肉切成方糖大小的鸡块，以独门酱料腌渍入味，裹上酥炸粉（包含地瓜粉、低筋面粉或糯米粉等的混合），加入调味料后油炸。相传盐酥鸡的发明最早是出现在台南市延平市场附近，一对叶姓夫妻在延平市场夜市摆摊，卖台湾正风行的炸鸡块，叶姓夫妻改良大鸡块不容易入味的问题，将大鸡块改切成小块腌渍后，再裹酥炸粉油炸，消费者也方便持竹签食用，不会弄脏手，新做法推出后立刻受到消费者的青睐，业绩蒸蒸日上，就是这小小的创举创造出一项台湾新兴美食产业。叶老板又将自制的胡椒盐、辣椒粉等调味料撒于炸好的鸡块上，所以炸鸡块的味道是又辣又香又酥又咸，不同于台南人传统喜好偏甜的口味，再加上小鸡块

香酥美味，尝起来有种咸酥的味道，因此当时人们便以盐酥鸡（"盐"闽南语发音同"咸"）来称呼这种炸鸡肉，叶老板也以"盐酥鸡"为店名，这就是台湾盐酥鸡的由来。

如今每当华灯初上时，全台湾到处都有许多盐酥鸡摊贩推着摊车到街上。各摊风味有所不同，取决于腌酱及调味料。而台北市大直一家"台湾盐酥鸡创始总店"（以前为"天下第一家盐酥鸡"），是台湾本地人、外国观光客及大陆游客必去之处。"台湾盐酥鸡创始总店"（在台北市大直北安街上）可以说是盐酥鸡中五星级的店，这家店的食材新鲜、美味，而且食物应有尽有，是台湾盐酥鸡店的满汉全席。听说老板准备到北京及上海开分店，大陆人有口福了。

大肠包小肠

台湾小吃大肠包小肠是标准的夜市小吃，在大陆的台湾美食街非常热门，是台湾人独创的一种美味小吃，与烧饼油条类似，原本是两种台湾小吃，组合起来就创造出一种新的台湾美食；商家将中国大陆传统香肠及台湾糯米肠组合，把香

大肠包小肠

肠包在对切开的糯米肠里面，像美式热狗一样，加入一些配菜，如酸菜、香菜、黄瓜丝、蒜、葱、花生粉、番茄酱、芥末酱等等（爱吃辣的饕客还可加些辣椒酱），成为一道独家小吃。这就是一种不同文化结合出的新的特殊小吃，在大陆卖得非常好，由于台湾香肠与美国的热狗相似，所以常常在大陆看到用美国热狗代替台湾香肠的情形。到台湾要吃最夯的大肠包小肠是在台湾台中的逢甲大学的正门口，闻到一股烧烤的香气，走到一家大肠包小肠店官芝霖（但与港星关之琳无关），你只要跟着人潮

排队就对了，大约半小时，会看到摊位里面的各种配料，你不饿都很难。台北市士林夜市庙口附近、台北通化街入口附近都是台湾人心中觉得超赞的名店，值得一试。

台湾牛肉面

在台湾如果说你没吃过牛肉面，大概没人相信你是道地台湾人；就好像在美国，你没吃过麦当劳，就没人会相信你是美国人。牛肉面可说是台湾第一庶民美食，而且百吃不厌，还可天天吃。所以牛肉面可以说是台湾光复后，最具代表性的原创"台湾小吃之后"。

早年经营牛肉面店的老板都是退役老兵，这群于 1949 年随国民党来到台湾的新移民，离开熟悉的部队后多半还留在营区四周或眷村附近做点小生意谋生，许多老乡就在四川、湖南家乡的烹调牛肉汤的基础上研发出了台湾独特的美食：牛肉面。

台湾早期是以农业为主的社会，台湾人为了感恩牛耕田的辛劳而有不食牛肉的习俗，因此，台湾的牛肉面历史并不长，系由国民党来台后外省籍老乡所新创的。现在台湾牛肉面已发展成台湾特色的美食，一般区分为"红烧牛肉面""清炖牛肉面""精炖牛肉面"等各式各样牛肉面，与台南地区非常流行的温体牛肉汤并列为台湾最具代表性的牛肉料理。

台湾牛肉面起源应是从高雄的空军眷村，传说当时台湾高雄冈山眷村有许多四川老乡，因为思念四川家乡菜"小碗红汤牛肉"，经改良而发明出牛肉面。由于台湾宰牛场在台南市，所以台南及高雄的人每天可以拿到好的新鲜牛肉。老兵们拿新鲜牛骨熬汤，以类似四川"小碗红汤牛肉"方式炖煮成特有的牛肉汤，直到外国面粉输入台湾后，老兵的牛肉汤加中国北方做法的 Q 劲面条，就成了今日台湾牛肉面。再经由军中同袍及眷属传布到台湾各地，成为台湾特有的一种美食文化，可以说是又一次两岸中华文化融合的证明。

台湾牛肉面在做法上有一特色就是豪气，牛肉大又多，有的多到都

红烧牛肉面　　　　精炖牛肉面　　　　熟成牛肉面

快看不到碗中的面了；如今美国牛肉又可以进口台湾，当吃一口软嫩的美国牛肉块，再吃一口 Q 弹有劲的美国面条，就好像在享受美国德州牛排大餐一样过瘾。台湾牛肉面的肉块虽然大却是入口即化，像吃高档黑鲔鱼肚一般，再喝上一口用台湾牛骨熬制 5—8 小时的牛肉汤，鲜甜美味全在嘴里，久久不去，咽口水时还有一股浓浓的牛肉香气。台湾牛肉面全岛都有，风味各有不同，好吃的实在不胜枚举，笔者将个人较喜爱的几家介绍给大家参考。永康牛肉面在台北市永康街（红烧牛肉面最佳，也有清炖的）、史大华在台北市安和路二段附近（麻辣的不错）、美福牛肉面在台北市内湖民善路好市多附近（唯一干式熟成牛肉面，超棒但很贵）、亲民党主席宋楚瑜最爱的来来饭店牛肉面，还有如晶华饭店、凯悦饭店、真善美、老张、林东芳（国民党党部旁）、廖家（爱国东路）、穆记（台北医学院）、龙记（宜兰）、段纯真（新竹）、香园（高雄）等也都非常出名，就这些吧，你到台湾一年半载是吃不完的。

台南担仔面

　　台南担仔面顾名思义就是正宗的台南小吃，而"担仔"即闽南语"挑肩担"之意。

　　台南担仔面中名气最响亮的就属"度小月担仔面"。为什么叫"度小月担仔面"？闽南语称生计维持不易的月份为"小月"，台湾夏季七至九月份时常有台风侵扰，不易出海捕鱼，故渔家生计顿时艰困。相传在清末光绪年间，以捕鱼为业的渔夫洪芋头在无法出海捕鱼时，常于台南

清朝台南担仔面摊

今日台南担仔面店

市水仙宫庙前叫卖面食以维持生计度"小月",洪芋头便将其面摊取名为"度小月担仔面",写在摊前所吊的灯笼上。由于洪芋头的担仔面味美又特殊,因此一举成名。"度小月担仔面"成为台南家喻户晓的美食。台南"度小月担仔面"开设于1895年,在台南及台北地区有许多家分店。

今日台南担仔面(以"度小月担仔面"为代表)已是台湾宴席不可缺少的佳肴,曾多次出现在台湾重要宴会上,并曾被台南市民称为"国宝"级食物。

担仔面的重点在汤头和肉臊,汤头以虾头熬煮,肉臊则是选用肥瘦适中的猪后腿肉和葱一同爆炒后,再用慢火炖制而成。在台南"度小月担仔面"本店,煮面师傅利落地下面、放上肉臊、加入虾头汤,最后再点上黑醋、蒜末、香菜、豆芽菜等,一口汤喝下去,满足的滋味全显在脸上,鲜甜美味,极具层次感,只能用一个字形容:赞!台北有名的店

豪华版担仔面

台南担仔面店

有：好记担仔面及阿美饭店（吉林路）、华西街台南担仔面（非常贵）、财神担仔面（新中街）、安和路担仔面、大胖担仔面（林森北路 133 巷）、阿国切仔面（民生西路）。新北市有名的店有：板桥台南担仔面（板桥）、如意担仔面（板桥中山路二段）。

台南棺材板

棺材板是台南著名的小吃之一，是台湾自创的小吃。棺材板的前身叫鸡肝板，是用西式酥盒加上鸡肝等中式配料做成的，一开始并不称为棺材板。棺材板是由台南许六一先生发明的，许六一原本在台南市沙加里巴开店卖鳝鱼意面、八宝卤饭等小

台南棺材板

吃，后来向昔日军中同袍学做了些西式餐点，店里也开始供应一些西式餐点。有一天，台南成功大学考古队来到许六一的店，要求许老板煮点特殊的小吃尝尝，许六一就以西式酥盒的做法，以鸡肝、墨鱼等食材做成的西式馅酱加入酥炸的土司盒里，成大教授尝过后赞不绝口，教授开玩笑说，这小吃样子像棺材板，干脆就叫它"棺材板"吧！从此这位教授及朋友每次上门总是不讳言地点名要吃"棺材板"，因此一传十，十传百，许多台南市民也寻奇来到许六一的店，指名要吃成大教授说的"棺材板"，"棺材板"在台南逐渐走红，还红遍全台湾。"棺材板"也成为台南美食的另一个招牌，说到台南美食就会想到台南"棺材板"。而许六一直到 1959 年才正式挂出"棺材板"三个字的招牌，使其成为台湾独一无二的小吃之一！如今要吃"棺材板"，最正宗的还是在台南市沙加里巴的创始店；赤崁楼附近也有摊贩做"棺材板"，不过做法有些改变，是以猪

肝及猪肉取代以往的鸡肝及鸡内脏。[1]

卤肉饭

卤肉饭（又称肉臊饭，常
被误写为鲁肉饭）是台湾自创
的小吃，为最具台湾特色的庶
民小吃之一，算是"台湾原创
小吃之王"。卤肉饭可当正餐
美食，像牛肉面一样，喜爱的
饕客百吃不厌，有人三餐都吃
它。由于台湾有人不吃牛肉，
所以台湾吃卤肉饭的人比吃牛
肉面的人还多。

卤肉饭

台湾卤肉饭可说是一道历久不衰的台湾庶民美食。做法是先将切好
的肉丁与调味料如酱油、红葱头、酒、糖、五香粉等炒香后用慢火炖制，
约一二小时后一锅香喷喷的卤肉及卤汁，淋在热腾腾的米饭上，这就是
台湾绝大多数升斗小民及达官显要顶级的享受了！

演变至今，卤肉饭的制作及烹调方式也许因人因地而异，但卤肉饭
的美味与精神至今不变。卤制的火候、香料的调配及肉与卤汁的比例更
是卤肉饭好吃的关键，一般而言台湾卤肉饭皆是将卤猪肉汁浇淋在白饭
上，搭配一片腌黄萝卜干即可。

在台湾北部，卤肉饭会淋上碎猪肉卤汁浇头，有时酱汁里亦会有香
菇丁等配料，在台湾南部一般称作"肉臊饭"，南部肉臊饭使用炒香肉
臊，北部卤肉饭使用卤汁绞肉，外观相似，做法并不相同。台湾卤肉饭
有最多连锁店的是胡须张，台北市还有金锋（南门市场）、矮仔财卤肉

---

① 资料来源：维基百科。

饭（新市街北投市场）、财记（延吉街）、丸林（民族东路）、阿英（温州街）；新北市的今大（三重大仁街）、五灯奖（三重正义北路）及基隆庙口夜市等都有台湾响当当的卤肉饭。如今许多大陆背包客也开始以品尝这些台湾小吃为主，舍去旅行社的团餐，自然能体会到台湾的文化，所以笔者常在这些小吃店里碰到大陆同胞。

虱目鱼汤

综合虱目鱼汤

虱目鱼又名国姓鱼、状元鱼，传说当年郑成功收复台湾时，势如破竹，大军从台南鹿耳门登陆后，老百姓夹道欢迎，并献上台南特产的一种鱼作为贡品，郑成功带着泉州腔问："什么鱼？"泉州话"什么"听起来和闽南语"虱目"相近，因此便称之为"虱目鱼"。今日虱目鱼销往中国大陆时重新命名为"状元鱼"销售。虱目鱼肉质鲜美，是极受台湾人欢迎的庶民美食，虱目鱼鱼肚更是肥美，别具风味，常见的料理手法是煎、卤、佐汤、煮成鱼粥或制成鱼丸。最有名的"虱目鱼汤"的做法，是直接将鱼肉、鱼皮、鱼丸、鱼骨分离，以鱼骨熬煮二三小时成高汤后，加入鱼片、鱼皮、鱼丸等烫煮即成为虱目鱼汤，商家起锅时还会撒上一些姜丝、香菜、葱、蒜头酥等香料提鲜，滋味一绝。好吃的商家全台都有，不过最出名的还是在台南，如阿堂咸粥、永记虱目鱼丸、阿忠鱼粥、开元路鱼皮汤、王氏鱼皮、阿月虱目鱼等全在台南，个个都是人气小店，没有不排队的。北部也有一些不错的店，如景庭（松江南京站）、三元六（兴安街）、阿财（内江街）、邱台南虱目鱼粥（南机场夜市内）、蔡虱目鱼（永和永贞路），但质量还是无法与台南抗衡。

台南盐水意面

台南盐水意面顾名思义是
发源于台南盐水（地名），是
在明郑时期，郑成功的福州兵
在台南盐水创制的一种特殊的
面，所以称之为"盐水意面"，
也有人称为"福州意面"。但
在福州并没有"福州意面"。
要吃最好吃的台南意面就要吃
台南鳝鱼意面。盐水意面外还有炸邯郸蜂炮很有名。

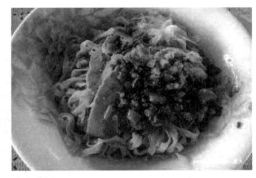

盐水意面

鳝鱼意面

由于台南有意面，又盛产
鳝鱼，鳝鱼加意面自然就变成
台南最悠久的特色美食之一。
鳝鱼极具营养价值，美味又珍
贵，以前是富裕人家才吃得起
的珍品。美味的鳝鱼意面烹调
重点是炉火要大、烹炒要快，
这样才能炒出鳝鱼的脆度，否

台南干烧鳝鱼意面

则容易将意面烧坏了。所以许多商家改用鳝鱼盖意面的做法。为保持鳝
鱼的脆度及甘甜，将鳝鱼爆炒后，再加上酸甜口味的勾芡汁后起锅，将
羹汁覆盖在事先煮熟的意面上，鳝鱼盖意面就完成了，一样是香脆、甘
甜、柔韧、滑顺。不过笔者认为最好吃的还是"干烧鳝鱼意面"，这才是
最正宗的台南鳝鱼意面，台南最正宗的有进福、阿江、阿辉、南兴、老

牌等店，去台南一问便知。阿辉在台北市吉林路上（长春路口）有家分店，口味绝佳。

土魠鱼羹

土魠鱼羹是台湾人自创的美食小吃。土魠鱼是一种大型鱼，又称为"鰆鱼"，传说清提督施琅很喜欢吃。于是台湾百姓就改称这种鱼为"提督鱼"，后来"提督鱼"就变成了今日的"土魠鱼"了。土魠鱼羹的做法是，先将鱼切成拇指大小的鱼块，再以糖、盐、

土魠鱼羹

胡椒、米酒、姜水等调味料腌一二小时后，裹上番薯粉以中火油炸成金黄色后取出。羹汤部分，用鸡骨、猪大骨汆烫过后，加入柴鱼、米酒、葱、姜熬煮5—6小时成高汤，再将先炒香的蒜末、大白菜及调味料加入高汤熬煮后勾芡就成羹汤底，起锅时羹汤上再加些香菜和黑醋就大功告成。土魠鱼羹汤入口有一种鲜甜蒜香。台南最有名的店是乀港、红冠，台北永乐市场也有口碑很好的店家。

彰化肉圆

彰化肉圆是台湾人自创的美食小吃，相传是由北斗寺庙的范万居先生所创。当时彰化北斗地区发生水灾，当地居民没有东西可吃，范万居就把甘薯（地瓜）晒干，磨成粉后加水揉成面团状，煮熟给灾民食用。原本并没有包肉馅，后来经过改良，加入猪肉馅、笋子、香菇等配料，逐渐发展成现今为人所熟知的肉圆，并且流传到台湾各地，也衍生了各地不同特色用料与做法的地方肉圆。但是调理方式多为以油加温（并非

炸）或蒸两种为主，抑或两者
并用，食用时会同时淋上各家
特制的甜与咸两种酱汁和少许
蒜泥酱、芫荽，就是台湾的庶
民小吃。彰化肉圆当然是彰化
的最出名，彰化市的阿章、阿
三、北门口、正记等店，都有
好吃正宗的肉圆。台北也有几

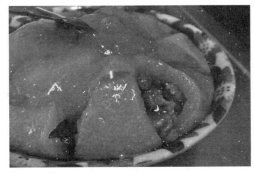

彰化肉圆

家好吃的店：宝岛肉圆店（罗斯福路五段，是台北市第一届肉圆节的冠
军）、府城清蒸虾仁肉圆（永康街）、北港肉圆（龙泉街）、苏家肉圆（三
水街）。[①]

屏东万峦猪脚

屏东万峦猪脚因为是在屏东万峦而得名，是台湾人自创的猪
脚美食。创始人林海鸿先生，1945 年原本是在屏东万峦市场内卖
担仔面，后来改卖独门配方的猪脚，万峦猪脚因此闻名全省。林海
鸿许多亲戚、师傅也都出来开店卖同样的猪脚，一时猪脚成为万峦
的招牌，"万峦猪脚"就变成一种专有名称，就像"永和豆浆"一

万峦猪脚

屏东万峦猪脚店家

① 资料来源：维基百科。

样。万峦猪脚有特殊的制作过程及独特的配方与佐料，猪脚全部采用猪的前脚，放入特别的中药秘方。以前要吃万峦猪脚只能到屏东去品尝，如今科技发达，网络订购也可尝鲜，但是风味好像还是有些不一样，最好还是直接去屏东看看，顺道参观湘军建造的恒春城及鹅銮鼻灯塔，也算是一另类文化美食之旅。

珍珠奶茶（泡沫红茶之一）

珍珠奶茶是于 20 世纪 80 年代台湾人发明的茶饮料，为泡沫红茶的一支。珍珠奶茶起源于台中，1983 年开春水堂泡沫红茶店的刘汉介先生开始实验制作珍珠奶茶，虽然只是在奶茶中加入木薯粉圆（珍珠），却因口感特殊，受到台湾人及外国观光客喜爱，也成为台湾最具代表性的休闲饮料之一。多年前已由台湾流行到大陆乃至全世界。今

珍珠奶茶

天，台湾珍珠奶茶推陈出新，成为一种新兴美食文化。珍珠奶茶是台湾最具代表性的庶民饮料，全民都爱喝，到处都买得到。台湾连锁茶饮品牌总数高达上百种，总店数近 9000 家，较有名气的有清玉、五十岚、休闲小站、快可立、日出茶太、歇脚亭、Comebuy、CoCo 都可、水巷茶弄、乔治派克等。

小米麻糬

"小米麻糬"是台湾少数民族著名的传统甜点之一。台湾少数民族来自中国大陆，所以许多饮食文化也与大陆少数民族是一样的，"小米麻糬"可说是源自中国大陆少数民族的传统小吃，是早年随大陆移民来台流传到台湾的。小米是台湾少数民族的主要食物，"糬"（粟）就是小米。

台湾麻糬的做法与浙江、广东、湖南等地做法类似。台湾阿美人把都伦（一种糯米美食）和麻糬结合改良，就成为现今的"小米麻糬"，是新北市乌来著名的特产。台湾花莲少数民族多，自然花莲麻糬也很有名，花莲的麻糬是沿袭客家做法，将糯米磨粉做皮，不会粘牙。

小米麻糬

花莲（珍和记）、日月潭、新北市乌来等少数民族部落都有好吃的不黏牙的小米麻糬，台北行天宫附近松江路上也有一家（但要排队很久）。

外国来的食物，经改良后成为台湾美食

台湾有些美食、食材等并非台湾本地原生，而是从国外引进来的，如黄牛、甘蔗、水稻、释迦、番茄、荷兰豆等；甘蔗原产地可能是非洲新几内亚（New Guinea）或印度，当时荷兰人引进，在台湾南部大量种植，蔗糖变成各种台湾小吃、佳肴最普遍的调味料之一。所以你会发现台湾的美食，尤其是南部的小吃及料理都有点偏甜，如卤肉、鱼羹汤、蚵仔煎、春卷等都有点偏甜，这都是荷兰人惹的祸。

甜不辣

甜不辣又称天妇罗（葡语：tempura）。很多台湾人都搞错，以为甜不辣是日本的食物，甜不辣事实上是源自葡萄牙，是葡萄牙人的美食。葡萄牙人在大斋期间（指每年复活节六个半星期以前）禁吃肉，只好以吃鱼代替肉而烹煮食物。拉丁文"ad tempora quadragesima"就是"守大斋期"的意思。

甜不辣　　　　　　　　　　　　　　甜不辣老店

　　甜不辣于 16 世纪由葡萄牙传教士传入日本，后来在日本大为流行而成为日本著名小吃之一，再辗转传到台湾，音译为"甜不辣"。传统的甜不辣都是用鱼浆油炸，如今台湾已发展出许多不同的非鱼浆制品，有些也有肉制品掺杂其中。

　　台湾有一家著名甜不辣连锁店，在台北西门町附近，店名叫"赛门甜不辣"，号称台北最早的甜不辣店（无法考证），不过笔者很小的时候就知道有这家小店。有 60 多年的历史，是台湾的西门町名店，生意一直非常好，现在也有许多家分店。现在老板会取这名字是因为 20 世纪 70 年代台湾上映了一部美国电视剧《七海游侠》，里面的男主角是由罗杰·摩尔（Roger Moore）饰演的赛门·邓普拉（Simon Templar），由于"邓普拉"与"甜不辣"的发音相似，所以老板就用"赛门"作为"甜不辣"店名。

寿司（鮨、鲊）

　　寿司，一般认定是日本美食之一，你可能不敢相信，它事实上是源自中国唐朝。汉字为"鮨、鲊"，就是指用盐渍可以久藏的鱼类。据考证，现今的寿司便是由盐腌制的鱼类发展而来的日本国民美食。相传在公元 7 世纪唐朝时期（公元 645 年日本全面推行"大化革新"，即全面学习大唐文化运动），此种美食由中国传至日本，原先只是以盐腌制咸鱼，后来改为以米饭加腌鱼，制成后将鱼与米饭一起食用，这即是现今寿司

的前身。在日文中，寿司的汉
字也作"鮨""鮓"。自16世
纪末，日本逐渐将生鱼放在醋
饭上，发展成今日日本的醋饭
寿司。而寿司经过了1200多
年后，再从日本传到台湾，绕
了一个大圈，成为台湾美食。
台湾人一直以为寿司是日本食

寿司

物，没想到竟是中国美食。由于日本曾窃占台湾达50年，如今有些台湾
人的生活习惯还保有一些日本的味道，寿司自然成为台湾民众美食之一。
以前吃寿司时还会有点罪恶感，有的台湾人甚至拒绝吃寿司，因为认为
它是日本食物，如今真相大白，以后就不会有"滋味在嘴里、痛苦在心
里"的不安感。台湾到处都可看到寿司小吃及餐厅，有很平价的，也有
很昂贵的寿司，真不知如何推荐，不过有几家一定要去尝尝，如台北民
族东路的上引（不过要站着吃，称之为"立吞"）、大和（台北锦州街），
高档又便宜，台湾人、日本观光客很多，一定要排队等。

"胖"（台湾面包）

"胖"（指面包），葡萄牙
人把面包叫作"pāo"，这个
词后来就变成日文外来语的
"パン"（pan），是1543年葡
萄牙人第一次到日本，从种子
岛登入时传入日本，再传到台
湾的。当时葡萄牙人的面包是
黑麦的硬面包，日本人只是

台湾面包

觉得外国人吃的东西很特别，并没有学会怎么做面包。台湾明星徐熙娣

以前就投资一家叫"胖达人"的面包店，生意非常好，每天都要排队才买得到，如今因为一些问题全歇业了。在台湾到处都可尝到非常精致的面包、糕点，像吴宝春的"麦方"在台北有几家，吴宝春可说是台湾面包界的龙头，他还得过世界大赛冠军，只是吃他的面包需要耐心排队等；保罗（Paul）面包，它的面团全由法国制作空运到台湾再烘烤，且恪守古法烘焙。以前吴宝春公司"帕莎蒂娜烘焙坊"的"酒酿桂圆面包"世界闻名，曾获得面包大赛世界亚军、亚洲冠军；亚尼克（在台北内湖区），它的单一鲜乳卷一年可卖上亿元。这些都是台湾数一数二的精品面包店。

牛轧糖

牛轧糖是大陆同胞来台的第一伴手礼，但台湾牛轧糖其实也不是台湾人发明的，是西班牙传教士传入台湾的。牛轧糖是法语音译过来的，在法语中叫"Nougat"，意思是指烘烤后的坚果（Nuto）与蜂蜜或糖浆制成的糖果。相传是法国人在十字军东征时，从东方带

牛轧糖

回欧洲的（也有人说是从中国传回欧洲），原本的配方是以核桃、蜂蜜为主，但是法国人加入开心果、杏仁和樱桃等食材使之成为法国特色糖果。西班牙人占领台湾时，将这法国糖果带入台湾。牛轧糖在台湾经过几百年的演化，才逐渐发展成台湾独特的糖果，牛轧糖也变成了来台湾旅游必买的伴手礼。糖村、初鹿、黑松等几家店名气都很大，还有些手工制作的小作坊，供应各种口味及馅料的牛轧糖。软中带硬的奶糖，浓郁的奶香中带出酥脆的坚果香气，是台湾的牛轧糖一绝。

酱油姜糖蘸番茄

番茄是荷兰人引进台湾的；甘蔗也是荷兰人引进台湾的。荷兰人引进的两种食物台湾人却能组合在一起自创出一种独特的台湾小吃，一种特殊的水果吃法：酱油姜糖蘸番茄。它的蘸酱是一种独家的蘸酱（台湾南部人称为"海山酱"），主要以姜泥、甘草粉、酱油、

酱油姜糖蘸番茄

蔗糖等调配而成，这种甜甜咸咸的酱油蘸口味非常独特，创造出一种多层次感的水果小吃。这种小吃在台湾台南、高雄非常普遍，北部人较不习惯此种吃法，所以要吃就要去台南、高雄吃。

释迦

释迦又称番荔枝、释迦果、佛头果、番鬼荔枝等，是荷兰人引入台湾栽种的水果，至今已有 400 多年的历史，原产于热带美洲，又因为是自"番邦"引入，故又称为"番荔枝"，全世界台湾产量最多，是大陆游客来台首选的水果之一。

释迦

对台湾人而言，吃小吃、美食不仅是一种味蕾上的享受，更是一种生活态度、一种文化、一种艺术、一种家乡的符号、一种在外游子对家的记忆。台湾的特殊历史背景，融合了中西方多元文化，创造出许多小吃、美食、饮食艺术，但深入分析，万流归宗，台湾美食主要还是源自

传统中华文化。在台湾品尝小吃、美食，如仅是在味蕾上寻求新鲜或满足，就辜负了台湾人的努力及创意，慢慢品味台湾的小吃、美食、饮食艺术、生活态度，才能体会出台湾独特的多元文化及其内涵。

第十章
躲在天使背后的魔鬼：
美、英、法在清末都曾侵略过台湾

今日在世界上自称正义使者的，在清末却是魔鬼的化身，英、美、法等列强都曾染指台湾。英、美、法等如今在世界上以维护世界和平及秩序者自居，俨然是正义的化身，但这些所谓的正义使者，在清末时期，个个都像是豺狼，这些海上新兴强权都曾意图侵略我们台湾，台湾也多次被英、法、美等攻击，差点被侵占。

众所周知，除了日本外，荷兰人、西班牙人都曾占领过台湾，但是只有这些列强觊觎过美丽之岛台湾吗？当然不是！

连英国学者都看不起自己国家的侵略恶行，2012 年英国历史学家斯图尔特·莱科克（Stuart Laycock）发表一项研究成果，表明英国曾侵略了世界上几乎 90% 的国家。如果我们相信这个卖鸦片的帝国，在毒害我们中国人时，不曾想染指我们的台湾，那不是太幼稚，就是太愚蠢！卖鸦片的人会这么好？

用偷鸡摸狗方式占领澳门的葡萄牙人，你以为这么好，只会惊叹台湾是"美丽之岛"？

事实当然不是如此！

一般认为，16 世纪葡萄牙船经过台湾海面时发现美丽宝岛，于是惊呼"Ilha Formosa"，葡萄牙语是指"美丽（Formosa）岛（Ilha）"。葡萄牙人是最先到亚洲的欧洲强权，控制阿拉伯海、印度洋、东南亚及东北亚的海上贸易，他们当然曾想占领台湾，为何没采取行动呢？

因为那时他们心中已有更好的宝贝：澳门。葡人以为明朝会让他们永久占领澳门（请参见本书第十四章）。

自秦朝以来，台湾就以不同名称出现在中国历代史书中，三国时期沈莹的《临海水土志》出现后，汉人逐渐来台经贸及探险；隋炀帝三次派人赴流求后，两岸商贸开始加温；到元朝时在台湾澎湖设置中国第一个台澎地区行政机构：澎湖巡检司。明朝施行海禁，对两岸交流更不重视；但明末时期，福建巡抚熊文灿与郑芝龙（郑成功的父亲）合作，提供大陆汉人移居台湾耕种的机会，以今日流行的名词说就是"台湾投资移民"的奖励政策，当时有数万汉人集体移民台湾开垦种田，这时海峡两岸的往来已是相当密切。然十六七世纪海权时代来临，明清两朝却忽视海权时代的潮流，并未体认台湾在海权时代的战略价值，未积极建设台湾，给日本及欧洲海上强权如荷兰、西班牙、葡萄牙等提供了一个大好机会，甚至如今自称正义使者的美、英、法等国当时都来插一脚，也曾意图借机对台湾下手。

台湾有绝佳的地理优势，位居中国大陆东南外海，又地处东北亚与南洋海上航线的中心位置，可当成欧美各国与中国大陆、东南亚、日本贸易的中继站及连接点，如此绝佳的地理位置及丰富的天然资源如樟脑、茶、树木、矿产等，成了十六七世纪各个海权强国觊觎的目标。这些豺狼一样的国家对台湾是垂涎三尺，各怀鬼胎，个个包藏祸心来台湾，除了荷、西外，日本、法国人野心最大、最早、最全面，竟想一次性并吞全中国。

鸦片战争时期英国军舰曾五度犯台，皆为台湾守军击退

如前所述，英国历史学家斯图尔特·莱科克（Stuart Laycock）2012

年 11 月 8 日发表研究发现，英国曾侵略了世界上几乎 90% 的国家。莱科克分析了联合国的 193 个成员国，发现只有 22 个国家没被英国军人涉足，难怪英国自称是"日不落国"，还真讽刺。①

1632 年，苏格兰人威廉·金宝（William Campbell）向英国东印度公司（VOC）提出建议，英国应效法荷兰及西班牙，也占领台湾的一部分作为英国远东基地，因为当时英国国库经费不足而作罢。

1792 年（乾隆五十七年）9 月 26 日，英王乔治三世派遣马戛尔尼勋爵（George Macartney）率领近 700 人的庞大使节团，包含外交官（谈判）、学者（研究）、绘图师（军事情搜）、医师、工程师、士兵等，航海近 9 个月，于 1793 年 6 月 19 日到了中国澳门外海，1793 年 9 月 14 日在承德避暑山庄觐见乾隆。表面上是代表英王为乾隆皇帝祝寿，真实目的是希望借机打开中国的通商大门，争取较好的商业特权及租借岛屿设置长期据点。英国政府东印度公司明确向马戛尔尼表示，如可以希望他此行能够夺取台湾及琉球等岛屿，这对英国在远东地区推展海上贸易是非常有帮助、重要及有利益的。

……对于我们来说，没有比占领中国东部有价值的岛屿，特别是台湾和琉球更容易之事了。这将使我们截断他们与亚洲诸国之间的全部海上贸易……②

当时英国政府虽然听说过所谓的乾隆盛世，但心中早认为清军不堪一击，所以来之前已表现出软的不吃就来硬的，敬酒不吃就来罚酒的心态。晋见乾隆时，英使自称"兄弟和朋友"而不愿称"臣"，也不愿行

---

① 《我们侵略过的所有国家：还有少数我们没来得及去的国家》，作者斯图尔特·莱科克，2012。

② 《纪实与虚构：鸦片战争期间台湾杀俘事件研究》，页 80，章瑄文，台湾清华大学历史研究所，2007。

三跪九叩之礼，只愿行单膝下跪之礼。对乾隆而言，英特使马戛尔尼不愿称臣及行跪拜大礼也就算了，竟还要求清朝同意对英国开放贸易港口、租借岛屿、派遣驻使等。可见英使团根本不把清朝放在眼里，认为马可波罗传说中的东方巨龙只是个外强中干的神话。尤其是他们在途中看到当时中国科技落后、军备落伍、军人素质不良、官场贪污腐败、人民也并不富裕，更加深其侵略中国的野心。乾隆感受到这群"野蛮人"的嚣张态度，毕竟这位"十全老人"还是有内涵的，虽动怒尚能待之以礼，以中国"物产富盈，无所不有"为由，拒绝他们所有的通商及外交要求，并请人打发他们尽快离开中国。可惜乾隆老了，对于马戛尔尼所带来的各式"贡品"嗤之以鼻，完全不看在眼里，任其搁置在圆明园里，失去了一次知己知彼的契机。如果乾隆仔细研究一下这些"贡品"（包含蒸汽机、毛瑟枪、手枪、大炮及战舰模型等），就能感受到这些异族的西方文明、先进科技及强大军事，或许能改变中国人被欺辱的悲惨命运。马戛尔尼使节团显然未完成英王所交代的任务，但却将此行访华所见所闻翔实记录下来（包含清朝的军事、经济、政治、司法、吏治、风俗、地理……），尤其是对军力及海防布置、官吏腐败贪污着墨甚深。欧洲人因此对清朝有更精准、详尽的认识，虽未必公允，但却让欧洲人对东方神话有新的认识。还好当时没有智慧型手机，否则700人到处拍照情搜，鸦片战争可能会更早发生。一年后马戛尔尼回国报告他对中国的感受：

中国是一艘破旧的大船，150年来，它之所以没有倾覆，是因为幸运地遇见了极为谨慎的船长。一旦赶上昏庸的船长，这艘大船随时就可能沉没。中国根本就没有现代的军事工业，中国的军事实力比英国差三到四个世纪[1]。

---

[1] 《乾隆英使觐见记》，页197，马戛尔尼著，刘半农、李广生译，百花文艺出版社，2010。

马戛尔尼的评语虽然过于自大及轻蔑，但却反映出他及驻华外国传教士、商人的一致心态，他们也因此不约而同纷纷致函英政府希望英尽速对中国出兵，争取更多商业利益。

在鸦片战争之前，议员拉潘（G.G. de H. Larpent）、议员约翰·史密斯（John Abel Smith）、英商查顿等人皆分别致函给英外交大臣巴麦尊（Viscount Palmerston），而巴麦尊大臣将他们的意见写信给当时的首相迈尔本勋爵（Melbourne），他们的信件资料显示，英国政府官员及商人不约而同地希望英政府考虑占领台湾①。英国政府是经多方考虑后，并为自身商业、经贸的目的，开始有计划地侵略台湾。台湾清华大学一份研究报告《纪实与虚构：鸦片战争期间台湾杀俘事件研究》，作者章瑄文详细分析指出，英政府始终认为若能将台湾纳入英国的势力范围，将对清朝产生有效的威吓，因此可争取更优惠的谈判条件。

1841 年 9 月 26 日发生英舰纳尔布达（Nerbudda）事件，当时英国对华交涉全权大臣璞鼎查（Henny Pottinger）指出："……纳尔布达号舰上管理人员离去之前，曾将船上的炮尽皆毁坏，并将弹药销毁……"②前述证据证实这些英舰确实肩负战争之任务，岂能说它只是民船（当时英政府向清朝交涉，指称清军攻击英民船，违反国际公约）。

上述史料可证，1840 年至 1842 年 8 月《南京条约》签订之前，英舰犯台的目的明显就是想借此给清朝政府施加压力，以达到索取巨额赔偿及占领中国岛屿作为英国在远东贸易据点的目的。所以英政府侵台是有策略性、有计划的。英国犯台之船表面为何，并非重点，无论是以搁浅还是误闯为由都不能掩盖英国侵略台湾的本质，这些所谓的民船身负军事目的并装置武器，显然与英方说辞不一致。当时中英两国正处交战

---

① 《纪实与虚构：鸦片战争期间台湾杀俘事件研究》，页 263，章瑄文，台湾清华大学历史研究所，2007。
② 《纪实与虚构：鸦片战争期间台湾杀俘事件研究》，页 109，章瑄文，台湾清华大学历史研究所，2007。

状态，任何敌国船只无故侵入他国领土，都将被视为敌意行为，也是合情合理的，更何况这些英舰事实上都身负战争之任务。所以，英舰侵略台湾是不争的事实，不容英国政府狡辩。当时鸦片战争刚过，英国以胜者之姿恣意妄言，气焰嚣张，竟逼迫清政府将击退侵台英船的功臣姚莹及其部下等人议处革职。清道光皇帝惧怕英法列强，虽无奈但还是于1843年降旨，将姚莹等撤职查办，此旨一出，举国哗然，认为是迫害忠臣，后来在全国舆论的压力下，道光皇帝最后还是明降暗升地让姚莹在别处复职。

18世纪的世界海上第一强权，几乎想染指全世界的邪恶"鸦片帝国"，岂会注意不到这座美丽的台湾岛？当1840年第一次鸦片战争开始前后，"鸦片帝国"就有计划地多次派英舰前往台湾外海窥视、打探军情，积极准备染指台湾的计划，顺便也给清廷压力，达到其向清朝勒索的目的。当时守台的清朝官员台湾兵备道姚莹和总兵达洪阿，积极组织驻军及台勇、训练士兵战力、加强海防，在全台设置十七个防御炮台，准备抵抗英军侵略。

1840年（道光二十年）7月，英国一艘双桅船入侵台湾台南鹿耳门外海面，被姚莹派兵击退，这是首战英军的胜利。

1841年7月，英军三艘三桅船再次侵犯，又被击退。

1841年9月29日，英国侵略军侵入台湾北部基隆港，英国一艘双桅炮舰纳尔布达号炮击基隆，被参军丘镇功开炮回击受伤，清军击毙英军32人，生俘133名水手。

1841年10月27日，英军再次犯台，一艘三桅兵舰猎人号（Nimrod）驶进淡水外海炮击淡水二沙湾炮台，并在淡水三沙湾登陆，遭清军守军攻击，并将英军2人击毙。

1842年3月11日，英三桅军舰安妮号（Brig Ann）曾参与舟山战役，船上满载战利品，随着4艘舢板，驶入台湾大安港。大安港清军诱其驶入土地公港，致其误触暗礁，一举将英军舰击毁沉没，并俘虏54名

淡水二沙湾炮台

英军。

这是清末台湾抵抗外国侵略的重大胜利，尤其在鸦片战争期间，清朝一败涂地，清朝上下信心尽失，投降主义弥漫之时，此次胜利更显得珍贵及振奋人心，真是天佑中华、天佑台湾。而腐败无能的清政府，在大陆却是屡战屡败、丢城失地，最后竟于 1842 年 8 月 29 日，清钦差大臣耆英、伊里布、怡良等人与英特使璞鼎查签订了丧权辱国的《南京条约》。

台湾从明朝末期起不断遭受外族侵略及压迫，如今回首这段历史，这些用生命保卫台湾的良将忠臣却遭受如此不白之冤，令人不胜唏嘘。

南宋陆游写过一首《夜读有感》：

公卿有党排宗泽，帷幄无人用岳飞。遗老不应知此恨，亦逢汉节解沾衣。

如当时被弹劾撤职入狱的姚莹读到陆游的《夜读有感》，应会感同身受，会心一笑吧！

在 1842 年 8 月中英签署《南京条约》后，消息传遍全世界，没有人会同情中国，反而在他们心中认定中国已成西方列强眼中的一块肥肉、一只肥羊，都竞相来分杯羹，而后美国的《望厦条约》、法国的《黄埔条约》，每个要求的条件都比英国《南京条约》还过分，荷、西、葡等全都要求比照办理，此时的清朝只能照单全收，毫无置喙的余地，因为她只是列强眼中的一只外强中干的大病猫，而非一只睡狮。

然而鸦片战争之后，1843 年 10 月（道光二十三年八月）协议开放五口通商后，这些贪婪的列强食髓知味，不曾停止侵略台湾的活动。在1844 年到 1847 年，英国军舰就多次侵犯台海，肆无忌惮，完全不遵守中英协约之规定，更无视台湾守军的防御，强取豪夺。由于无能的清政府完全无视西方船坚炮利，如埋头的鸵鸟，还不力图加速改革，中国人民只有任人宰割，毫无反抗能力。少数有志之士、立有战功者皆无善终，无能清政府的垮台，自然指日可待。

无知的清政府无视海权时代的来临，西方列强正虎视眈眈、个个摩拳擦掌准备在台湾岛竞逐，控制台湾海峡，掌握欧亚贸易航道及中国贸易的瑰宝：台湾，英国甚至将台湾视为另一个澳大利亚，想将其变成将来流放英国罪犯的恶魔岛。赛门·隆（Simon Long）指出，英格兰"一度考虑将台湾纳为类似澳大利亚的罪犯流放地"，而台湾最终却成为日本人嘴里的美味蛋糕。[1]

西方列强对台侵略的意图已是如此明显，令人遗憾的是昏庸无能的清政府却麻木不仁、毫无防范，直到牡丹社事件（详见本书第十一章）发生后。可笑的是日本都已侵略占领台湾屏东，清朝政府竟然毫不知情，还是英国人通知清廷的（英国人也没安好心，只是希望不要让日本人捷足先登抢了他们在台湾的利益）。奉命来台处理牡丹社事件的沈葆桢，清楚体认到清政府再不积极建设台湾，将无法阻挡列强再犯，因此多次上

---

① 《海洋台湾》，第四章，蔡石山著。

奏清廷才让清政府觉醒，同意开始开山抚番，建设台湾，但一切都为时已晚，20年后还是落入日本人的口袋。今日台湾处境也是如此，一些天真的台湾同胞误以为这些美日集团与台湾打交道，即他们表面上说的是要帮助台湾，实际上只是卖一些次级或淘汰的军备给台湾赚取暴利，当台湾是凯子。台湾如真有事，谁会来保护一群与他们利益无关的台湾人！台湾真有难，他们会来台，但不会留下来保护台湾，别期待美国会像清朝湘军一样为台湾牺牲，美国只是来台撤侨。台湾人醒醒吧！不要把亲人当贼，把贼当亲人。

1868年（同治七年）英商毕麒麟（William Alexander Pickering）违反台湾樟脑专卖制度，在台中梧栖地区违法采买樟脑，准备运出台湾时，被清军查扣引发双方冲突；此樟脑走私纠纷发生期间，台湾南部凤山也传出教案（指对宣教士的反对），北部艋舺、南部打狗等地也发生英商与台湾人冲突事件，英国无视中国主权，竟自行派军舰炮轰台南安平，简直无视清政府的存在，视台湾如同英国殖民地，最后，无能的清廷委曲求全，同意废除台湾樟脑专卖制度，允许英人自由收购樟脑、自由传教，还要赔偿英国损失，才平息此事件。你看看这就是自称的"正义使者"，当时的行径与流氓有何差别。自己违法于先，打人在后，还要受害者赔偿加害者，这是什么世界，还有公理吗？今日英国有为当时侵略行为向中国人道歉吗？

攻打你、要特权、还要你赔偿军费，才肯罢休，这就是当时列强欺负中国的标准模式（SOP），而且食髓知味，屡试不爽，这就是今日在国际上自称正义使者的英国当年的嘴脸。

美国也意图染指台湾：美国侵台计谋

如今美国自认是世界和平秩序的维护者，是不是，读者自己判断。不过确定的是在18世纪，尤其鸦片战争时期，美国见猎心喜，连英国都自叹不如。

前面提到，鸦片战争后，美国趁火打劫，借机揩油，第一个跳出来，要求签订《望厦条约》，享受英国《南京条约》的所有特权外，还增加许多不平等条款，这就是美国人嘴巴上的"公平正义"，对他们而言，或许应只是要求雨露均沾吧。此时美国人嘴里还塞满肥肉，心里却惦记着台湾海峡那端的鸡腿呢（觊觎占领台湾）！美国想占领台湾作为其太平洋通往南洋的航行基地，但因 1861—1865 年美国南北战争而搁置。由于台湾拥有樟脑、茶叶、煤矿、米、糖及大陆经贸等庞大资源及利益，所以美商始终没有停止对台湾的骚扰。美国驻华官员及商人像英国一样，不断要求、建议美政府尽速出兵，无论用占领、收购还是租用等手段，一定要赶快从清朝手中夺取台湾，似乎担心晚了就会被别人抢走。从当时这些商人、官员、军人的公文、信函、报告等就可看出美国人的意图及贪婪。

汤森·哈里斯（Townsend Harris）

哈里斯，第一任美国驻日总领事（1855 年 6 月被任命），长期居住在亚洲，虽从未到过台湾，但自称对台湾甚为了解。他在 1854 年 3 月写了一份有关台湾的报告给美国国务卿威廉·玛西（William Marcy），声称为了美国人在亚洲的商业利益，建议美国政府以 1000 万元现金"直接买下这岛"，这还算是客气的，用钱买台湾，不是建议用抢的，还要向清朝付管理费。

彼得·伯嘉医生（Dr. Peter Parker）

伯嘉，第一位到中国的基督教医学宣教师，在中国待了 20 多年，他也从未到过台湾，但他在 1855—1857 年间却也多次致函美政府建议尽速吞并台湾，主因是自从鸦片战争之后，英、法、美认定中国不过是只大病猫，根本无法抵抗西方的坚船利炮，因此成群结伙借机侵略中国，希望借由冲突取得最大赔偿及商贸特权利益。在华美商也认为这是难得的好机会，他们便积极地写信给伯嘉（当时他是驻华官员），希望伯嘉能说服美国政府趁此大好机会，捷足先登并吞台湾，当然，这些美国商人的动机仍是为自身商业利益及保护自己既得利益。第二次鸦片战争期间，伯嘉还曾呼吁美国政府与英、法联合出兵中国，分占台湾、舟山、朝鲜等地。你看，用买不成，就用抢的了。伯嘉还有一句名言："中国人不屈服，就毁灭。"（"Bend or Break"）这老兄还是位悬壶济世的医生呢！你信吗？

伯嘉在中国任职期间，作风强硬，他一再建议美国政府学习英国，在远东地区占有一个据点，故不断极力游说美国出兵占领台湾。从建议以暂时占据台湾迫使中国修约的手段，逐渐变成永久占据台湾为殖民地的计划，真是野心勃勃。当时美国政府显然对他如此积极的态度不放心，伯嘉的长官及同僚对他的评语也不佳，所以并未接受他的提议。有些美国中央政府官员甚至怀疑他的居心，是不是伯嘉与这些美商有什么协议，将来取得台湾后，共同分享或经营这些资源及贸易特权的利益？以今日的法律观念看，伯嘉已涉嫌官商勾结、图利厂商。美国东印度舰队司令詹姆斯·奄师大郎（James Armstrong）甚至拟定一套完整的军事侵略计划来配合伯嘉的"占领台湾计划"。

李仙得（Charles W. Le Gendre）

2003 年电影《最后武士》（The Last Samurai）讲述美国人欧格仁（汤姆·克鲁斯饰）协助日本明治天皇训练现代化军队，帮忙向西方购买先进武器，同时一起打败保守的武士胜元。李仙得这位法国裔的美国官员一生就极似《最后武士》中的欧格仁。

李仙得，一位驻华官员，法裔美国人，参与美国南北战争时受伤的北军少将，是一位激进好战分子，也大力鼓吹美国应占领台湾。他有点语言天分，精通闽南话及许多台湾少数民族语，被视为"台湾番界通"，1866 年被派到中国担任美驻厦门领事，处理过 1867 年 3 月罗发号

（Rover）海难事件（详见附录 2）、1868 年的樟脑走私战争等重大事件。处理美船罗发号事件时，与当时台湾兵备道刘明灯交涉不成，竟请求美国派两艘军舰直接炮轰台湾少数民族部落并企图从台湾屏东登岸，但在屏东地面战斗中被少数民族大败，仓皇逃出台湾。李仙得对此耿耿于怀，对清朝极为不谅解。由于他处事强悍，不见容于他的长官、美国驻华公使斐迪罗（F. F. Low），遂在 1872 年离职返美。回美途中停留日本，经美驻日代表介绍，转而投效日本，为日本帝国主义服务。他为报复对中国政府的不满及野心，竟鼓动日本出兵占领台湾，此时日本天皇见西方强权在亚洲呼风唤雨、上下其手，享尽利益，也兴起帝国主义的野心，双方合作自然是一拍即合，所以 1874 年在李仙得的诱导下，日本对台湾屏东发动侵略战争，史称"牡丹社事件"。在牡丹社事件中，李仙得协助日本扰乱国际视听，排除他国的阻挠，并帮日本雇用外籍军人、承租西方军舰、购买先进武器。而李仙得的野心却是在日本占领台湾后，他和美国商人独占台湾贸易利益，甚至拥有台湾实际的殖民权（见附录 1）。回看当年美国人李仙得与日本政府的合作模式，与今日美日在东海、南海地区的联手合作，是否极为相似？

美国人将属于我中华民族的钓鱼岛非法交由侵略战败国日本管理，

不知是何居心；如今还暗助日本、韩国在东海对抗中国，目的还不是美国自身利益？日本也就算了，反正日本自古就一天到晚做白日梦想蛇吞象并吞中国；却不知韩国为何会与魔鬼起舞。当年丰臣秀吉两次打朝鲜都是中国出兵救援才击退日本；要不是为了救朝鲜，我们也不会介入甲午战争，害台湾人无辜当了 50 年的亡国奴。如今韩国不知感恩图报，竟甘为美日的傀儡，部署萨德反导系统

李仙得，美国驻厦门官员

挑衅中国大陆。前一阵子，美国又暗中唆使菲律宾去搞南海仲裁，忽悠会暗助仲裁费，结果言而无信，不愿支付这笔3000万美元的费用；菲律宾得罪所有南海国家，搞到一个没有国家认同的仲裁结果，只有两个毫无关系的局外人美国及日本说三道四支持仲裁，就连联合国都不愿为此仲裁结果背书。美国这种作为，是他们18世纪初到亚洲至今一贯的行径：不敢干、没法干的就找一个笨蛋去干。奉劝他国悬崖勒马，学学菲律宾，别做被美国玩弄的傻子。

培里（Matthew C. Perry）

培里，一位美国海军准将，曾率领东印度舰队远征远东。远征期间（1853—1854）培里曾向美国皮尔斯总统（Franklin Pierce）建议，让台湾变成美国的保护地，说白了就是出兵占领台湾。1853年才刚上任的皮尔斯总统对此计划反应冷淡，所以培里的计划最终并未能实现。

奈·奇顿（Gideon Nye）

奈·奇顿，第一个登陆台湾的美国商人，他在1833年（清道光十三年）21岁时，就在中国广州成立了"奈伊兄弟洋行"（Nye Brothers & Co.），从事鸦片、糖、茶的贸易。1855年（咸丰五年），奇顿取得了台湾南部的独占贸易及使用打狗港（今高雄）的特权。

1857年2月，奇顿致函美国驻华代表伯嘉，请伯嘉及美国东印度舰队司令奄师大郎等建议美国政府以"人道救援"立场（但实际上就是自身商业利益）占领台湾，让台湾最终变成美国殖民地。这就是当时列强侵略中国的成功模式。就像当年七七卢沟桥事变一样，日军就是以寻找两位失踪士兵为由，攻打中国；奇顿的所谓人道立场与当年日本的借口如出一辙。

1849年，奇顿的堂兄弟托马斯遇船难失踪，奇顿为营救堂弟不断向美国政府求助，美国政府因此先后派了4批军舰来台湾海域巡逻营救。

1857 年，美国水兵队长辛兹（John D. Simms）以搜救失事船员为名，借机强占台湾南部的高雄长达 7 个多月。这段时间，奇顿不断地鼓动美国并吞或租借台湾，只是当时美国正面临南北开战之际，无力也无心经营海外，最后美政府及美商不得已于 1858 年退出台湾贸易及殖民地的竞逐。

亚伦（Isaac J. Allen）

亚伦，1867 年为美国驻香港领事，因为罗发号事件，亚伦向美国国务院报告，建议占领台湾："台湾如归美国领土，以往由生番酿成的野蛮行为，自可消灭，进而成为欧美对华商务的安全通道。"但遭美国国务院否决。

美国驻华人员一再呼吁美国尽速取得台湾，作为太平洋航线基地；其远东舰队司令培里，更建议美国应独占机先，占领台湾。

为何美军不出兵台湾？美国这么客气吗？

美国当时实在是有难言之隐，因为：一、美国自己内部政局不安，正面临黑奴问题，也是南北战争（1861 年 4 月 12 日至 1865 年 4 月 9 日）的前夕，无暇顾及海外商人的利益及殖民地的问题；二、美国自知当时的国力及海军实力无法与欧洲海洋强权，如英、法等国抗衡；三、美国政府高层对中国或亚洲情势并不了解，所以不敢贸然出兵。但精明的美国人却会怂恿被帝国主义冲昏头的日本年轻军官发动侵略中国的行为。所以，美国非不想也，乃不能也。

如今的美国，在国际上开口闭口就是符合公平正义及美国国家利益，试问今日美国与 19 世纪侵略中国时的美国口中的公平正义及国家利益有任何不同吗？这些主张美国出兵占领或购买台湾的美国外交官、议员、军官、商人等，哪一个不是开口闭口说这符合公平正义及美国国家利益？更甚者，直接主张假借"人道"之名，行抢夺之实，效法英法，实现美国的帝国主义及殖民主义的美梦。美国较务实的是，在无法实现它的国家私利时，美国人就会以分裂他国或挑拨其他国家关系换取美国自身利益。1874 年美国官员李仙得鼓励、协助日本侵略台湾就是最好的例证，如今美国在南海及东海的行径与当年李仙得的做法是否很相似！^①（见附录 1）

今日的时尚代表法国，1884 年曾全面侵略台湾，但遭湘军痛击

1883 年的法国对中国发动的中法战争是一场有计划、全面性的侵略战争。

"法国不胜而胜，吾国不败而败"，这就是当时湘军左宗棠对中法战争结局所做的评价。这种奇特现象，无疑是中外战争史上所罕见的，清政府在军事上正有转机的胜利形势下，竟甘于签订丧权辱国的条约，连法国人也感到意外。屈辱的中国近代史，让今日中国人无不感到愤怒、无奈而又悲伤。

从 1883 年 12 月至 1885 年 4 月间（即清光绪九年十一月至十一年二月间），法国总理茹力费理（Jules F. C. Ferry）在国会通过预算的支持下，派约 16000 名法军出兵占领安南（清朝藩地，今日越南）后，想借道侵略中国西南，史称中法战争（又称清法战争）。法国原本打算以陆路先派陆军占领安南，然后从安南出兵直取云贵；海路则以远东舰队攻打台湾、澎湖，再攻打清朝东南沿海地区。

战事除先在安南境内及云南边界外展开，也在安南境外打响，并由法国海军将领孤拔率领远东舰队，攻击中国福建、广东、浙江、台湾、澎湖等东南沿海地区及岛屿。战争过程中，1884 年 8 月法国舰队虽于海战中一度攻占基隆、澎湖等地，但 1884 年 10 月在淡水一役却受重挫，被湘军孙开华将军智取痛击，只好改变战略，以海上围堵封锁台湾，但

---

① 《台湾史》，页 19—21，戚嘉林，2011，海南出版社。

此战略成效不佳。因为台湾海岸线实在太长，所以法军在台湾战区陷入僵局，进退维谷，孤拔又于6月11日因传染病死于澎湖妈宫（今日澎湖马公）；加上黑旗军老将冯子材在镇南关之役重创法军，成功夺回谅山。法国国内人民愤怒，逼迫总理茹力费理为战败负责下台。最后在英国调停下，两国签订《中法新约》，法军撤出澎湖，停止对台湾的封锁，清军撤出越南，中法战争就此落幕。

中法战争后，清政府终于意识到了海防及台湾的重要性，除加速建立北洋舰队外，并于1885年下旨准台湾独立建省，并开始积极对台湾东部及少数民族地区进行开发，防止外国势力借机侵犯台湾。只是为时已晚了，日本帝国主义侵华的号角已响起，由盛而衰的清帝国即将熄灯关门。

发动二次大战的日耳曼民族，岂会缺席侵略台湾

1868年（同治七年），普鲁士（今德国及波兰交界）商人美利士（James Milisch）伙同英国商人荷恩（James Horn）率领6名洋人及30多名平埔人雇员，搭船从宜兰苏澳的大南澳登陆，招募当地人展开屯垦，建立堡垒及殖民地。台湾噶玛兰通判丁承禧发现后制止无效，上奏清廷，清廷认为美利士及荷恩等未经同意擅自开垦是一种侵略行为，于是向德英驻华领事交涉，要求美利士及荷恩停止开垦行为，并立即撤出大南澳，但遭英国、普鲁士（德国）领事婉拒。美利士及荷恩等有德英领事当后盾，更加大屯垦范围，甚至伐山开路，自雇兵勇，俨然将台湾东部大南澳当成德英殖民地，并以殖民统治者自居，占地为王。

1869年（同治八年）农历三月二十三日，英国派军舰至大南澳了解情形。对荷恩的屯垦行动，德英政府非但未出面制止，还提出清政府如要求他们撤出，清政府应予赔偿。此事清廷与德英交涉约一年多而无结果，1869年（同治八年）农历八月，清廷决定断然处理，先将荷恩扣留于淡水，遣散受雇的工人，将其物品运到基隆。荷恩及雇员乘船离开大

南澳时，传闻在苏澳外海遭遇船难溺死，命丧台湾，这就是侵略台湾的应有下场。前后历时约 2 年左右（1868—1869）的"大南澳拓垦事件"于是才告落幕。传闻今日南澳溪口噶玛兰部落的村人貌似欧洲人，可能是当年荷恩及其同伙所传衍的后代。[①]

综观这些侵略台湾的列强，其最终结果都是战败，无一幸免，没有一个好下场。无论是占领过台湾的荷兰、日本、西班牙，还是英国、美国、法国、德国，不是碰到台风、瘟疫、传染病、触礁等上天的惩罚，就是意外地遭军备极差的清军击败，真是天佑台湾。

附录

1. 美国官员唆使日本侵略台湾始末（资料来源：《台湾史》，页 19-21，戚嘉林，2011，海南出版社）

1872 年 10 月 16 日，日本宣布将琉球王国收为日本帝国的一部分，当天日本外务卿副岛种臣会见美国驻日公使德朗（Charles E. De Long），通知其有关琉球入属日本的决定，德朗即趁机询问日本对牡丹社事件的态度。副岛种臣表示，日本正在考虑可能采取的各种行动方案，并详询美国 1867 年出兵台湾的经验。德朗乃乘机推介美国驻厦门领事李仙得诱导日本出兵台湾，因德朗认为倘能说服日本出兵攻占台湾，与中国交恶，日本将不得不放弃与中国结盟，从而增进美国的重大利益。

美国不惜一切手段破坏中日关系。德朗与李仙得二人为何一致力促日本采取攻台之策，其目的何在？驻日公使德朗在其当时上呈美国国务卿费雪（Hamilton Fish）的报告中阐释谓，因其唯恐日本于真正了解西方国家在日本活动并予协助的动机后，一旦发生变故，则日本又将回到闭关主义，并与中国、朝鲜结合，如此将使东方问题更难解决。故唯有

---

① 资料来源：维基百科。

设法鼓励日本政府于行动中彻底舍弃闭关主义，疏远中国与朝鲜，或竟与两国敌对，从而成为西方的同盟国。在当时情况下，正是施展联日政策的难得机会，即使是采取战争手段，也可将令其垂涎已久的台湾与朝鲜地区，置于一个同情西方诸国的国旗下（借指日本），借以消除对各国商务之危害，并弭平日本内部动乱或内战的危机，以增进美国在日本的利益。

2. 罗发号事件始末

1867 年（同治六年）3 月，美国商船罗发号，途经台湾海峡时，触礁沉没，遇难船员于屏东狮龟岭海岸一带登陆（今垦丁附近），于"龟仔角社"上岸（今垦丁森林游乐区），船长亨特·汉特（J. W. Hunt）夫妇等 13 人遭"出草"（杀害），唯一幸免的粤籍华人水手逃至打狗一带（今高雄），并向当地清廷官府报告，但清廷以非管辖版图，消极处理，美国驻厦门领事李仙得（Charles W. Le Gendre）闻讯后赴台，希望能与台湾少数民族直接联系，但被拒绝上岸。1867 年 5 月，美国派兵舰 2 艘，181 名官兵入侵，成功登陆，仍遭台湾少数民族伏袭，麦肯吉上校（A.S. MacKenzie）战死，美军撤退，美国政府态度转趋强硬。清廷唯恐开罪美方，命台湾总兵刘明灯率兵士 500 员进发至柴城一带（今屏东车城乡）也受阻，排湾人捍卫家园、顽强抵抗。

李仙得于 10 月 10 日在琅峤（今屏东县恒春镇）与台湾方面、排湾十八社武商王卓杞笃等直接交涉，双方达成口头协议。

同治八年（1869 年）2 月 28 日，李仙得再度来台与武商王卓杞笃商议，正式签订了《南岬之盟》，罗发号事件始告落幕。①

---

① 资料来源：维基百科。

第十一章
日本：从未放弃占领台湾的图谋

　　台湾地处欧洲往来东北亚航线及美洲通往东南亚之要道上，自古以来就是世界各国船只往来亚洲的中继与货物转运站。尤其在 16 世纪，欧洲海权大国崛起，英、法、荷、西、葡等国，无不视台湾为往返欧亚的补给站或休息站，甚至把台湾当作对中国大陆贸易的交易中心或是走私中心，许多大陆商人将丝绸、茶叶、陶瓷、珠宝、金银饰品等物品运到台湾卖给欧美及日本商人。就是这一层商业利益及地理优势，使台湾变成欧亚新兴海上强权觊觎的瑰宝，他们无不想尽办法巧取豪夺。

　　早期欧美强权船只到台湾基本上都是暂时性的，欧美列强攻打台湾，也不是为永久占领台湾，而是为贸易及商业考量。他们只是向清廷施压，抢夺岛上资源，或为船只避难及补给等，都是属短暂性停留，从未想永久占领台湾，当然他们也不会致力建设台湾。

　　然而与台湾比邻而居的日本，对台湾的态度却非如此，这位恶邻居一天到晚觊觎咱家围墙内的甜美果实，对侵略台湾是有深远预谋的，甚早就积极布局，想有计划性地占领台湾，甚至全中国。很多人以为日本只有在 1895 年侵略台湾（客观来说其实台湾是被割让），事实上日本不止一次想侵略台湾，在历史上有多次计划性地侵略中国大陆及台湾的行动，整体而言日本对台湾的侵略可分三阶段：

第一阶段：趁火打劫阶段。在元代中期至明代中期；以乌合之众的海寇为主，后来一些日本诸侯也见猎心喜，组织正规海盗军加入。

第二阶段：偷鸡摸狗阶段。从明代末期到清代末期；以丰臣秀吉及德川家康为主，是有计划性地占领台湾，甚至中国大陆、朝鲜。

第三阶段：明目张胆阶段。从清末到民初，明仁天皇时期，直接发动侵略战争，如甲午战争及二次世界大战，这时日本野心更大，意图并吞全亚洲，与德国及意大利结合想并吞全世界，他们可能对中国小说《三国演义》看太多了，走火入魔，以为这世界就只能有三国。

趁火打劫：元明日寇四起

1271 年元世祖忽必烈建立大元后，1274 年及 1281 年两次发动战争，渡海攻打日本，但都铩羽而归。原本 1283 年忽必烈还想第三次攻日，但因内部众臣反对而作罢，加上前两次挫败，元世祖心里也毛毛的，心想元军打遍全欧洲无敌手，从来是无往不利，区区东海蛮夷，却让他连败两次，心中不免迟疑，加上打仗耗费金钱，国库闹穷，内政如麻，最后还是打消第三次攻日的念头。元世祖两次攻日，虽都失败，但也重创日本，日本认识到蒙古大军的可怕，知道忽必烈必有第三次的行动，而且规模会比前两次还强大，于是日本全国都处于抵抗元朝的高度压力下，将全部资源都投入在防元朝的工作上，日本幕府也失去控制国内的武士集团的能力，导致日本镰仓幕府于 14 世纪中叶时瓦解，此时日本群雄四起，诸侯割据，战乱不断，进入战国时期，即所谓的"南北朝时期"（1336—1392）。日本国内政治动乱，物资缺乏，许多武士集团、盗匪集团趁势而起，成群结党，借海上贸易之名，变成海上强盗，常常骚扰中国沿海及周边岛屿，如台湾、澎湖等，当时元朝施行海禁，禁止一切对外贸易，然而海禁政策适得其反，更促成中日"海盗贸易"的兴起，让日寇更为猖獗。

元朝中期，日本海寇的重点并非台湾，主要是中国大陆沿海省市；然而到元朝末期，中国内部民变四起，元朝已无力顾及海防，日本倭寇更是猖狂，借机趁火打劫。日本诸侯看有机可乘，也组织正规海盗军加入海上打劫的生意，当时元朝在澎湖地区设置澎湖巡检司，初期还能吓阻及阻挡一些倭寇的袭击；到元末时期，澎湖巡检司自顾不暇，毫无能力阻挡倭寇侵袭，许多大陆沿海居民纷纷渡海移居台湾避祸，台湾汉移民人口一时遽增，岛内经济也急速繁荣起来，但此一荣景却引来日本倭寇的觊觎，倭寇侵台次数就变多了。

　　根据《元史》记载，在公元 1353 年（至正十三年），有数千倭寇突袭澎湖列岛，这是史上有记载的倭寇第一次大规模侵略台湾及周边群岛，此后日本倭寇对台湾的侵袭有增无减，日益频繁。

　　到了明朝初期，倭寇侵犯问题更严重及复杂，元朝残部流落海外，摇身一变变成蒙古海盗，并与日本倭寇勾结，协助日本倭寇打劫中国大陆及台湾，作为日本倭寇的参谋、向导、马前卒。

　　明太祖朱元璋从登基以来（1368—1398），对倭寇骚扰头痛不已，遂采闭关自守的政策，施行海禁防堵日寇侵袭，可是日寇骚扰中国的情形比元朝还严重。明太祖对日寇不断骚扰的情形极为愤怒，多次下令备粮练兵准备发兵日本，但受群臣劝阻，并有鉴于元朝大军两次出兵日本皆惨败的纪录，以及国内战后百废待兴，需养精蓄锐，只好忍气吞声按兵不动。但姑息养奸，日寇侵袭沿海省份及台湾乃层出不穷，越演越烈。台湾及澎湖兵单势孤，大陆移民遽增，商业、贸易快速成长，人民生活富裕，却变成了日寇唾手可得的肥羊，成了海盗集团打劫的天堂。

　　海寇侵犯中国大陆及台湾的情形，根据明朝《明实录》记载摘要如下：

1370 年（洪武三年），日本倭寇窜犯台湾及福建。

1380 年（洪武十三年）、1382（洪武十五年）、1386（洪武十九年）日本倭寇连续三次大规模侵扰台湾。

1387年（洪武二十年），明裁撤澎湖巡检司，澎湖沦为日寇、盗匪的巢穴。

1419年（永乐十七年），明军在辽东大败日寇，歼灭日寇2000多人，日寇元气大伤才稍有收敛，此后极少有日寇窜犯。

1439年（明正统四年），日寇又趁机突袭大陆沿海，此时台湾成为日寇的休息站。

1581年（明万历九年），日倭侵袭澎湖列岛①。

1592年，日寇侵扰台湾基隆、淡水。

直到明朝再次施行开放海禁，日本倭寇才无机可乘，再加上日本政府也为海寇不胜其扰，终于开始管制、约束日本海盗活动，最后才让日本大部分海盗集团无法生存，最终销声匿迹。此阶段日寇侵犯台湾，主要是趁火打劫的海盗行为，也属短暂性停留台湾及澎湖，但第二阶段日本诸侯侵台的野心，却是想有计划地长久占领。

偷鸡摸狗：以丰臣秀吉及德川家康为代表

日本对中国大陆及台湾的肥沃领土及天然资源一直有强烈的企图及野心，到15世纪末，统一日本的军阀丰臣秀吉，对富饶的中国大陆及台湾野心勃勃。丰臣秀吉在统一日本后，意气风发、志得意满，像希特勒一样做起一统天下的白日梦，开始对海外扩张，他发现明朝及朝鲜内部正处于混乱和军事不振的时期，即意图以"假道入唐"（唐就是指中国，当时的明朝）名义，先征服朝鲜，再并吞整个中国。这一场"中朝日"战役历时7年，是16世纪世界上最大、历时最久的战争（史称"万历朝鲜之役"）。

丰臣秀吉的"入唐"计划行动共有两次，两次都采"先取朝鲜，后

---

① 《明实录》中提到：明万历九年（公元1581年）二月乙卯，"福建道御史安九域勘上倭犯彭湖等处功罪官兵……"。

攻大明"的战略。结果丰臣秀吉两次行动皆未打到中国国境,就宣告失败,无功而返,真是天佑中华。

1592 年(万历二十年),丰臣秀吉第一次出兵朝鲜,前后共动员 20 万大军,初期朝鲜节节溃败,日军势如破竹,在很短时间内就攻下朝鲜主要城市釜山、汉城、平壤等,眼看日军就兵临大明边境,朝鲜火速向宗主国明皇帝求救,明神宗朱翊钧紧急发兵 5 万驰援朝鲜,与朝鲜水师提督李舜臣合力抵御日军进攻,迫使丰臣秀吉和谈,丰臣秀吉勉强退出朝鲜半岛。丰臣秀吉第一次的"入唐"白日梦就此宣告破灭,但丰臣秀吉并未放弃他的侵华计划。

1597 年(万历二十五年)2 月,丰臣秀吉发动第二次"假道入唐",再次出兵攻打朝鲜,日军还是先盛后衰,明朝紧急调 8 万大军驰援朝鲜,最后一场战役双方持续了 5 个星期,日军大败,丰臣秀吉羞愧积郁,1598 年 8 月在日本京都伏见城内暴毙(这就是侵华下场)。在朝鲜作战的日军得知消息,怕影响军心秘不发丧,全军无心恋战,夹着尾巴仓皇撤出朝鲜逃回日本,但多数日军还是被中朝联军歼灭,丰臣秀吉的第二次"入唐"梦又破灭!

这两次战役,丰臣秀吉前后共动员了约 30 万大军,皆无功而返,反而让自己的政权不保,不久就被德川家康取而代之。有些日本学者甚至大言不惭地表示如丰臣秀吉晚几年死,"入唐"战役如果继续打下去,打垮明朝的人说不一定不是清太祖努尔哈赤而是丰臣秀吉。可见日本人对侵略中国的野心,做鬼都不会放弃,事实上丰臣下一代也还是天天在做侵华的白日梦,侵犯我中国的野心从未改变。这场战争也是历史上日本第一次大规模侵略中国及朝鲜的行为。

丰臣秀吉右攻朝鲜,左还不忘染指台湾

丰臣秀吉在"假道入唐"的同时,还不忘台湾这块肥沃岛屿,1593

年（万历二十一年）丰臣秀吉派遣使者原田孙七郎携带招谕令文书前往"高山国"（日本古代对台湾的称呼），要求"高山国"臣服及纳贡于日本。丰臣秀吉显然对台湾的情资不够，台湾当时既无国更无王，也不是他们想象中的统一的"高山国"，当时台湾少数民族部落分立而居，各自为政，互不隶属，只有许多部落酋长而已，并无统一的领导人，根本没有一个是所谓的一把手"国王"，丰臣秀吉的使者来台当然找不到可以呈递国书的"高山国"国王。结果原田孙七郎在不得要领下，无功而返，不但无法完成使命，还损失多人，遭台湾少数民族"出草"（杀害）。①

1609年（万历三十七年），德川家康任命有马晴信到台湾，欲霸占台湾港口，将台湾变成日本对中国的贸易基地，并要求台湾（国王）向日本称臣纳贡，可是仍然不得要领，还是找不到台湾的"国王"，结果反而与台湾少数民族冲突，有马晴信俘虏数名台湾少数民族人回日本。而且在侵略过程中，有马晴信与西班牙及葡萄牙人产生严重冲突，最后有马晴信不敌，狼狈地返回日本。

1616年（万历四十四年），日本德川家康命令长崎代官村山等安筹备侵台事宜，村山等安乃命令次子村山秋安率船舰13艘及三四千名士兵向台湾进攻，这是日本第一次大规模的侵台行动。当村山秋安舰队航行至琉球附近时，遭遇到台风，他们仅有一艘船顺利抵达台湾。抵台之日军登岸，结果却被台湾少数民族所歼灭。这是日本第一次有计划性的侵略台湾行动，结局还是铩羽而归。②

此时日本对台湾的侵略战略从乌合之众的打劫行为，演变成有计划的偷鸡摸狗行为。

此次德川家康侵台行动失败，使德川幕府侵台的计划转趋保守，但

---

① 《台湾历史图说（八）：野心勃勃的日本人（一）》，《海峡快讯》编辑部，1999年11月17日。

② 《明实录》记载："琉球国王中山尚宁遣蔡廛来言，迩间倭寇各岛造战船500余只，欲取鸡笼山，恐其流突中国，危害闽海，故特移咨奏报。"

其他日本人侵台活动仍十分活跃，犯台行动时而有之。1616 年，德川家康身亡，继任者德川秀忠原本也想侵略台湾，但都未成功。1633 年（崇祯六年），德川家光继任后，改行锁国政策，发布锁国令，禁止日本海上活动，日本在台湾的活动也就渐渐减少；到 1641 年，共发布 5 次锁国令，终完成锁国制度，对外交流逐渐减少，此阶段日本对台湾的侵略也暂告结束。

综观这段时期日本人占领台湾的意图，其最大目的除了领土外，就是想利用台湾作为对中国大陆贸易和南洋通商的中转站或休息站。在这方面日本人和远渡重洋来台的欧美人目的是没有太大区别的。[①]

牡丹社事件：日本占领台湾东部

1871 年（同治十年）10 月 18 日，一艘琉球国的贡船"山原号"（当时琉球同为清朝及日本的藩属国），从日本回航时，遭遇到飓风，漂流至台湾屏东满州附近，船上 69 名乘客，3 人溺死，66 人生还登陆台湾，54 人却被台湾屏东高士佛社少数民族杀害，其余 12 人逃走。1873 年日本向清朝总理衙门交涉，大臣毛昶熙竟无知地答复："（台湾）生番系我化外之民，问罪与否，听凭贵国办理。"日本逮到此次绝佳机会，便借毛昶熙所言台湾东部为"无主番界"为由，向台湾东部出兵。

1874 年 5 月 8 日，日本派遣 3000 多名士兵从台湾东部屏东车城乡射寮村附近登陆。5 月 18—21 日，日军与台湾少数民族发生零星战斗；5 月 22 日，日军进攻屏东石门村；6 月 1 日，日军分三路全面扫荡屏东牡丹社、高士佛社、女仍社等台湾少数民族部落，疯狂杀害台湾少数民族；6 月中，台湾少数民族战败投降；7 月日军占领屏东龟山（今车城乡），开始盖房修路，准备长期占领屏东龟山。

---

① 《海峡快讯》编辑部，1999 年 12 月 2 日。

石门古战场

石门古战场纪念碑

清廷获知后，立即任命在福建的船政大臣沈葆桢为钦差大臣，授予他处理此事件的军事外交大权，命其率兵火速前往台湾。沈葆桢立即征调唐定奎部队 6000 余人、张其光及吴光亮等洋枪队共 8000 余人先后抵台，积极备战。此时双方战力情势逆转，我强敌弱。当时台湾南部疟疾肆虐，侵台日军因疟疾疫情，病亡惨重，加上弹尽援绝，正处于相对劣势情形下，日本政府只好派内务卿大久保利通赴中国交涉，最后在英、美、法三国出面调停下，中日政府于 10 月 31 日签订了《中日北京专条》（又称《北京专约》），日军于 12 月 1 日撤出台湾。日军虽然退出台湾，但此专约内容等于清朝默认中国的藩属国琉球（冲绳）属于日本，然而日本还心有不甘，也并未放弃侵略台湾。

明目张胆：日本发动甲午战争，明着抢中国东北及台湾

日本对中国发动侵略战争是蓄谋已久的，早在 1867 年（清同治六年）日本明治天皇登基后，改变基本国策，施行军国主义，鼓吹以武力对外扩张国土时，就一心觊觎中国肥沃的领土及天然资源。日本政府为推行军国主义，施行军制改革，积极推动军事现代化，大量扩充军备、兵源，以备对外作战之需。到甲午战争爆发前，日本陆军已建成 6 个野战师、1 个近卫师，当时服役兵力高达 12—13 万人。于甲午战争之前，还不断派遣间谍、密探到中国大陆、台湾、朝鲜、东南亚等地搜集军事及民间情报，绘制详细的军用地图，但清朝上下却是浑然不知。

日本军国主义的侵略矛头首先就对准邻邦的朝鲜和中国大陆，1894 年 7 月 23 日，日本军从仁川登陆，闯入朝鲜王宫，逼迫朝鲜驱逐驻守牙山的清军；提督江自康率领 2200 名士兵搭乘"高升号"轮船浩浩荡荡赶赴牙山支援，在毫无警觉及戒备的情形下，被日舰突袭，不幸沉没。日军同时进攻驻守牙山的清军。同年 8 月，中日双方正式宣战，清军在平壤战役和黄海海战中受到重挫，日军开始借机侵略中国东北。次年 2 月，

日军攻占中国山东的威海卫港，清朝北洋舰队全军覆没，辽东半岛也全部沦陷。最后清政府派李鸿章赴日本马关港，于1895年4月17日与日本签订丧权辱国的《马关条约》，甲午战争结束，清朝割让台湾、澎湖及其附属岛屿予日本。原本清朝也割让辽东半岛，在俄罗斯、德国与法国三国干预下，清朝以赔款3000万两白银赎回辽东半岛。而台湾、澎湖及附属岛屿全部从中国分离开来，长达50年！这50年是两岸人民心中的痛。

当清钦差大臣李鸿章代表清廷割让台湾给日本的消息传回台湾时，全台湾民众义愤填膺、痛不欲生，"绅民奔走相告，聚哭于市"，希望清政府能改变初衷。名臣张之洞建议以台湾矿产利益授权英法诸国，希望他们为其利益出面干预，但皆无效。1895年5月25日，台湾人民成立台湾民主国，推举巡抚唐景崧为大总统、刘永福为大将军、李秉瑞为军务大臣，发表宣言，宣布脱离清朝，并非独立，反而是希望能不离开中国，并借此引起国际重视、干涉、调解，使台湾免于被日本统治。

然而此举还是无法改变割让台湾的事实，日本侵占台湾已是处心积虑的计划，岂会放弃。日军急迫地在5月29日于北台湾基隆澳底登陆，6月3日攻占基隆，唐景崧和丘逢甲等要员相继内渡大陆。台人辜显荣（辜振甫的爷爷）等人在6月11日打开台北城门，日军不费一枪一弹占领台北城。此后三个月，台湾义勇军、少数民族等和日军发生大小无数血战，例如苗栗之役、彰化八卦山之役等；同年10月下旬，刘永福在弹尽援绝下，只有弃守台湾内渡大陆，日军占领台湾南部，结束台湾民主国184天的寿命。

此时日本几乎已控制全台，但台湾各地抗日义举并未随之终止，如1907年的北埔事件，1912年的林圯埔事件，1913年的东势事件、苗栗事件，1915年的西来庵事件，1930年莫那·鲁道领导的雾社事件，在50年的日据时期台湾人的奋勇抗日行动不曾间断，直到1945年日本战败，台湾光复，回归祖国中国，才终止。只可惜当时中国政府没能一并要回琉球群岛（今日冲绳岛），实在令今日两岸人民遗憾。

二次大战期间，日本实行军国主义，不仅想永久统治台湾，甚至企图占领全中国，乃至于全亚洲。日本战败投降后，原本应安分一段时间，然为扩张其领土，日本仍时时对亚洲各国指手画脚，似乎还觊觎周边邻国的丰富资源。

第十二章
明明胜利在望却割地赔款：
清军在基隆重挫法军（基隆之役）

　　1884 年，中法发生一场大战，从安南（越南古名）、云南、福建，一路打到台湾。鸦片战争之后，中国在洋人眼里就是一个傻子土豪，钱多地多，赔钱割地豪气的楞子！每一个有小刀小枪的、又能耍几招花拳绣腿的，都想来中国弄点银子花花，搞块地卖鸦片什么的，就像现代的自动柜员机（ATM）似的，缺钱就来拿，多方便。这样的好事可不能私相授受，得由政府来坐庄，民间参与入股，真是军民一心，大家雨露均沾。

　　法国内阁总理茹力费理（Jules Ferry）曾说：

　　在所有的担保品中，台湾是最良好的。选择最适当的、最容易守的、守起来又是最不费钱的担保品。

　　1884 年中法战争，法国想向北京要好处，就想利用台湾做筹码，在此商业利益策略考量下，法国攻打及占领台湾只是被拿来当成了清法战争中与清廷谈判的棋子。今日美国以天价卖些不堪一击的武器及军备给台湾，目的与法国人一样。台湾还是个棋子。看看南海仲裁结果便知，台湾永远是被这些强权利用出卖的。

1881 年 7 月，法国在总理茹力费理主导下，国会通过提拔 240 万法郎的军费预算用于攻打霸占越南。其目的是效法当年日本军阀丰臣秀吉侵略中国模式，以"假道入唐"方式先占领越南后，再伺机侵略中国云南及西南地方。所以，在 1882 年 3 月，法国派遣海军占领越南河内。1883 年 3 月，法军占领南定（今越南南定省）。同年 5 月 19 日，清将刘永福率黑旗军在河内伏击法军获得胜利。哈哈，法国佬就等你入瓮，终于找到打你中国的理由了，像不像七七卢沟桥事变？法国举国欢腾，好像中了头彩，法国政府随即宣布要——

"为她光荣的孩子复仇"！

真是做贼的喊抓贼！

1883 年 6 月，法国政府拨款 350 万法郎给越南河内法军，法国成立北圻（今河内）远征队及北圻舰队，以波滑（Bouët）为北圻法军司令，孤拔（Anatole Courbet，1827—1885）担任北圻舰队统帅，表面上是为法国上校李威利（又称李维业）报仇（1883 年 5 月 19 日，在中法战争之纸桥之役，李威利上校率领的法军遭到刘永福的黑旗军偷袭，法军大败，35 名法军身亡。法国宣布"为她光荣的孩子复仇"），实际上是想借机侵略中国。1884 年 6 月 24 日中法又发生"观音桥事变"，这是中法战争第二阶段的引爆点。6 月 28 日，法国要求清军立即从越南撤兵；7 月 12 日，法国要求清撤兵及赔款两亿五千万法郎（约合 3800 万两银），清朝仅同意撤兵，但拒绝无理赔款要求。法军于 1884 年 8 月 23 日突然派舰队攻击福建马尾船厂，清朝被迫于 8 月 26 日对法宣战，中法战争的冠军决赛开锣。

当时一位在孤拔身边的法国小水手（Jean L.）以书信方式记述这场战役，小水手从法军的角度来记录这场战争的经过，编著一本法文书籍，译名为《孤拔元帅的小水手》或《一名法国小兵的手札（1884—1885）》（*Le mousse de l'amiral Courbet*），从这位小水手的书信可发现，法军真正的目标不只是占领台湾或澎湖。书中写道：

　　1884 年 9 月 24 日就这样决定了，我们将要征服一个名字很美的地方"福尔摩沙岛"。听说中国人的煤矿和煤炭场都在基隆，我们得手后，中国人的脸色就会不好看啦！得到煤矿后，我们就可以继续攻打北方的烟台、威海卫了。巴黎方面也希望我们打下基隆后，更可以增加对北京谈判的筹码。①

　　法军目的除占领基隆取煤，还想攻打烟台、威海卫，以增加对北京谈判的筹码，并向中国索讨巨额赔款、割地赔偿及贸易特权。

中法战争：基隆（鸡笼）之役，是一场不该输而输的战役

　　基隆之役攸关清末台湾一大悬案：基隆撤军之责任及清廷派系斗争（湘淮之争）、政治屠杀的真相。台湾道刘璈为基隆撤军参劾刘铭传，也为自己种下杀身之祸，差点被昏庸的清政府给斩了，命丧台湾，因此基隆之役格外精彩、曲折、悬疑，也最具争议性。

　　法军太轻敌，鸦片战争之后，列强把中国清朝看扁了，法国总理及国会本想派几千人，花 350 万法郎，就可以狠狠地赚一笔横财。1884 年 6 月 23 日，中法第一次谈判，法方要求清朝自越南撤出，并提出赔偿军费两亿五千万法郎（约合 3800 万两白银）的条件。同胞您知道是多少倍的投资报酬率吗？ 71.4 倍！②

---

　　① 《孤拔元帅的小水手》，页 7。
　　② 《清法战争中淡水、基隆之役的文学、史实与集体记忆》，页 36，许文堂，"中研院"，2006。

当时清政府里原本就有一群鸽派、怕死派、怯战派、土豪派及一群看到洋鬼子就腿软派。法国人轻敌，以为像鸦片战争一样，一下子就可逼清政府就范，割地赔款；但法国万万没想到，中国出现了一位左宗棠，一个大鹰派，湘军悍将。鸦片战争时，左宗棠在清朝还是个小小咖，窝在湖南省株洲醴陵渌江书院当私塾老师，还没入朝为官，没资格对时政说三道四，说了也没人在乎；到了1884年，左宗棠可成了一位大咖，说话很有分量，慈禧都要敬他几分。左宗棠战功彪炳，战无不胜，能战又狠，英俄军闻风丧胆，法国一听到清朝是他这位老师出征，心头不知是否凉了半截，冷汗不知流了多少！左宗棠认为打仗就是要这样子，先声夺人，你一开始就畏首畏尾，对手就吃死你。左宗棠不是不讲理的人，他很懂外交策略，也知道有时要用谈的，但他更谙兵法，他深知不敢打就没得谈。

中法战争（又称清法战争）发生在清光绪时期，是中法因为越南宗主权问题爆发的一场战争，双方伤亡惨重，互有输赢。从1883年12月打到1885年4月间（即光绪九年十一月至十一年二月间），冲突一开始是在越南本土，然后延伸到中国云南边界，一路打到中国东南沿海（广东、福建、浙江）、台湾、澎湖及马祖等地方，可算是台湾有史以来规模最大、历时最久、战斗最为激烈的抵御外强侵略的战争，法军还一度占领台湾基隆和澎湖。

中法战争过程中，法军先盛后衰，清军先衰后盛。尤其是在沪尾之役（今新北市淡水）湘军名将孙开华提督驱羊战狼、以弱胜强，重挫法国海军；在镇南关之役66岁老将冯子材大败法军，夺回谅山，清军士气大振，而法军信心尽失。法国国内民众愤怒抗议，总理茹力费理因此被迫下台。后在英国调停下，中法和谈签订《中法新约》，而英国人也是黄鼠狼给鸡拜年。

从史实来看，法国是项庄舞剑，最终目的就是意图侵略中国。法国输了面子赢了里子，清朝赢了面子却输了里子。中外史上从没看过这样一场侵略战争，强盗输了还可以要赔偿、拿礼品及奖金，就差没发奖状。事实上，在 1841 年英国侵略台湾时，也同样发生清朝守将姚莹战胜英军却遭革职情形；此战刘璈保住了台湾，却被革职，还差点被砍头，这种荒谬的事只会发生在清朝这批昏庸官员身上。

1858—1883 年法国在越南共发动三次侵略战争，目的就是全面占领越南，再取中国云南。1863 年，越南承认法国是柬埔寨的保护国；1874 年 3 月 15 日，双方签订了《第二次西贡条约》，越南承认法国为宗主国。1879 年 6 月，法国驻海防领事土尔克称："法国必须占领北圻……因为它是一个理想的军事基地，由于有了这个基地，一旦欧洲各强国企图瓜分清国时，我们将是一些最先在清国腹地的人。"

从土尔克的言论可见，法国真正的目的，就是假借越南之争，蚕食大清江山，进可借机占领一部分大清领土，退可要求大清巨额赔偿及贸易特权。

中法战争的会外赛：法国借机侵略越南（第三次侵越）

1883 年 6 月法国政府命令越南河内法军成立北圻远征军。

1883 年 12 月，米乐任法国越南河内法军统帅，次年 3 月 12 日率 16000 人进攻越南北宁省，北宁失守，随后越南太原省和兴化（今越南老街省）皆失守，清法战争自此爆发。慈禧震怒，罢免恭亲王奕䜣等五名军机大臣，并派李鸿章与法国议和。5 月 11 日中法双方在天津签订了《中法会议简明条约》（又称《李福协定》）（见附录）。6 月 6 日，法越订立《第二次顺化条约》，否定了清朝对越南的宗主权，从此中国藩属国越南变成法国殖民地。

6 月 22 日，法国将领杜森尼率约 700 名士兵抵越南北黎省的观音桥，声称前来接收越南谅山，要求驻守清军投降、撤军。清军守将广西提督王德榜由于未收到清朝廷撤守通知，自然不从。6 月 23 日，法军竟毫无预警地向中国守军发动攻击，双方发生战斗，法军反遭守军痛击，法军死 28 人、伤 46 人，清军则伤亡 300 人，法军仓皇败逃，此冲突事件史称"观音桥事变""谅山事件"或称"北黎事件"（观音桥古名北黎），这是中法战争第二阶段的引爆点。6 月 28 日，法国总理费理对李鸿章谴责中国违反诚信，并派法驻北京代表谢满禄向清廷提出抗议，要求清守军 7 日内撤兵及赔偿法国军费两亿五千万法郎，李鸿章同意撤兵，但并未同意赔偿。7 月 1 日，法新任驻华大使巴德诺上任，再次要求清廷自越南全面撤兵及赔偿，与两江总督曾国荃在上海谈判，曾国荃断然拒绝赔偿，直至 8 月 2 日双方并无共识，清法战事又启。

中法战争初赛："观音桥事变"拉开中法战争序幕

1884 年 8 月 3 日，孤拔率远东舰队突然转向台湾，原本想占领台湾府台南，但与刘璈（当时已 55 岁）面对面谈判后，知道刘璈的实力及胆识，并知刘璈已有万全准备，直攻台南势必与刘璈的精锐部队对决，胜算不大，且孤拔此次首要任务是占领台湾基隆，夺取煤燃料供给法军侵华，因此选择避开与刘璈在台南正面冲突，转向台湾北部的基隆。相传"刘孤会"原本是一场鸿门宴，刘璈部下都劝他别去，但刘璈执意要单刀赴会，表示如果不去反而会使法军认为怯战；原本孤拔想要当场软禁刘璈，但被刘璈的胆识及镇定所震慑，只好改变计划，避开台南直取基隆。[①]

中法战争准决赛：基隆之役

原本在越南打得很顺手的法军，到了台湾，首战基隆就踢到铁板，

---

① 《清法战争中淡水、基隆之役的文学、史实与集体记忆》，页 7，许文堂，"中研院"，2006。

遇到清军顽强抵抗，久战不下。

1884年6月26日（光绪十年闰五月四日），清廷诏令刘铭传以巡抚衔督办台湾事务，当时台湾无巡抚，由福建巡抚张少栋兼巡，重点是做好军事防务抵御法国侵略。刘铭传来台前，先去向北洋大臣李鸿章谢恩，并取得李的全力支援，再往上海购买新式枪炮及军备后，率淮军旧部于7月10日启程赶赴台湾，7月16日抵达台湾基隆，7月20日进驻台北，与诸将共筹防务。

当时驻守基隆的清军有8营：恪靖军（左宗棠嫡系湘军）6营，由福宁镇总兵曹志忠统领；武毅军（淮军）2营，由记名提督章高元统领。清基隆守军至少有3000人，加上台勇，共有四五千人。

基隆之役法国军舰

1884年8月3日，法舰直逼基隆，法军远东舰队司令孤拔命副司令列士皮（Lespes）率3艘军舰攻打基隆；次日，列士皮船舰抵达基隆外海，要求清基隆守军"于明日上午八时以前将炮台交出"，清军当然不理。5日，法舰向基隆炮台开火，摧毁了清军数处炮台及营房，清军向高地撤退。孤拔指挥法军400多人从现在基隆港西21码头附近登陆，占领基隆港，将港内各种设施和炮台破坏殆尽。8月6日下午，法军已占领整个基隆市区，开始攻击基隆附近的高地，总兵曹志忠与提督章高元率湘军及淮军突击法军，双方发生激战，法军伤亡百余人，不得已退回军舰，第一次攻占基隆的计划失败。巡抚刘铭传派擢胜营营官杨洪彪去拆基隆八斗子煤矿机器，将15000余吨存煤烧毁，目的应是避免资敌。法军首战基隆失败后，第二次向清政府提出议和及赔偿，清政府当然拒绝。8月23日法舰突然转向中国福建，对福州发动袭击，将福州马尾的南洋水师所有11艘战舰及19艘运输舰全部击沉。法军此举目的是想掌握台湾海峡的控制权，以利下阶段战略：封锁台湾。清朝被迫于8月26日对法宣战。

9月14日，孤拔请求挥军北上攻打旅顺及威海，法国会不愿扩大事端引起各国干涉，仅授权孤拔占领基隆作为补给站。

9月30日，法军增援军到了基隆，共14艘军舰，53位军官及1800名士兵；孤拔及列士皮分两路，孤拔率领11艘舰攻打基隆，列士皮率领3艘舰前往沪尾。

10月1日，孤拔率士兵再次犯基隆，基隆港及周围阵地尽失，法军受伤约18人，清军损失400多人，大基隆区恐将不保；而此时刘铭传亲信李彤恩却三次来信告急，谓法军即将对沪尾（今日淡水）发动突击，淡水状况危急。李彤恩对孙开华及湘军擢胜营极度没信心，认为湘军无战斗能力，所以不断要求刘铭传增援淡水。

10月2日早上，法军继续攻打基隆，登陆基隆；此时刘铭传连夜从基隆撤退，声称考虑到台北府城乃统帅部所在地，不可稍有疏虞，为保台北，淡水重于基隆，于是决定撤离基隆退防淡水，以免法军突破淡水而直入台北城，所以仅留三营兵力驻守基隆狮球岭，主力部队移师淡水。

刘铭传的决定非常有争议。法军对基隆久攻不下要求和谈，显然双方战力是势均力敌，而且法军要的是煤矿及施压清廷，这是刘铭传早就知道的，所以基隆实在没有撤退的理由。刘铭传却听信李彤恩的告急信，贸然撤守基隆，令所有守军及台民不解及愤怒。

台北诗人黄赞钧吟诗讽刺刘铭传弃守基隆[①]：

虏骑踩鸡笼（基隆），淮军荷戈倒。炎炎狮球岭，士兵死护保。如何夜持节，密陈竹城道（竹堑）？机警攀辕民，赖有艋父老。（竹堑为新竹、艋为艋舺。）

---

① 《刘璈评传》，页185，见于《台北市志》，台北文献会编，1962。

10月3日，法军再度攻陷基隆。10月4日，法军长驱直入基隆市街，占领东岸的小基隆山，而曹元忠部则死守月眉山与狮球岭，阻碍法军攻势，使其无法推进到台北城。

从结果来看，李彤恩的信息及判断都是错的，法军并未如李彤恩所说10月1日攻击淡水，主力部队还在基隆。在10月4日，法军还积极攻击基隆市区，意图占领小基隆山；直到11月2日，法军第二次进攻基隆港、月眉山、狮球岭，清军才退守，而法军登陆攻打淡水是10月8日的事，刘铭传及李彤恩的判断及资讯差很大。

由此可看出几点，一、李彤恩消息完全错误，法军10月8日才上岸攻击淡水，10月2日的炮击，还是清军主动的，法军反而是被动还击。二、清廷及刘铭传明知法军目的就是攻下基隆取其煤矿及占领基隆，而非淡水。打淡水根本是次要的，所以法军主力军1800名一直留在基隆，10月2日才调600名士兵支援淡水登陆战，尚留下主力军1200名士兵攻打基隆。三、李彤恩对孙开华及湘军擢胜营战备力的低估，也是错估或偏见。孙开华（鲍超的霆军）及曹志忠（恪靖军）属左宗棠的精锐部队，是湘军中最骁勇善战的部队。四、虽然刘铭传最后只留下三营兵力驻守狮球岭，主力部队全移师淡水，但从后来基隆港、月眉山等攻防来看，曹志忠仅以三营兵力足能抵挡法军，达到牵制法军的效果，证明基隆山区本就是易守难攻，当时如刘帅不放弃基隆，基隆是不会被攻陷的，那样，对基隆的伤害及战事的影响或许没这么大。

所以，由于上述错误资讯及研判，差点让台北甚至台湾北部沦陷，所幸有孙开华率领湘军、淮军、土勇（台勇）等奋勇阻挡及牵制，才没让法军得逞，否则后果不堪设想。可见当时左宗棠、刘璈参劾刘铭传，并无诬陷之情形。

刘铭传在两岸近代史上享有声望及地位，大多数台湾人和笔者一样对刘铭传在台湾现代化中的贡献是肯定的，对其人也是尊敬的，不过基隆之役的功过及两刘之争的是非，这些年来陆续有许多台湾学者提出不同思考方向；就如同两岸关系，以前相互诋毁，如今真相大白，一切都是误会。所以笔者一直希望以历史的事实提供两岸读者一个新的思考方向，以期还原真相及促进了解，无论解读为何，绝不影响湘军、淮军及其他族群对台湾牺牲奉献的价值。

基隆之役，时空背景复杂，这是台湾历史上的一个重大悬案，也攸关多位为台湾牺牲先人之名誉，希望借此能还原历史真相。笔者特引述台湾最高研究单位"中研院"著名学者许文堂教授的观点及研究，也就是基隆不该撤守！

刘铭传"不顾部将之反对，'舍基隆啖敌'，执意撤军两百里至新竹。不料，退至艋舺即为台民怒而围之，捉爵帅发，由轿中拽出肆殴，且诟之为汉奸、为懦夫，此事传出，亦为湘军所讪笑。所幸基隆法军为留守的曹志忠营及林朝栋率土勇三百人所阻……而淡水方面，则有孙开华等力战，逐退登陆法军。因此，尽管诏旨有'谤书盈箧'之语，但值用人之际，刘铭传尚能保全，主要是依仗李鸿章之力保"[1]。

当时守台湾清军，包含台北知府陈星聚、基隆通判梁纯夫、坐探委员李成瑞等都不苟同刘铭传的做法，甚至刘铭传嫡系部属铭军也都不愿意刘铭传从基隆撤军，铭军提督章高元等甚至跪求刘帅千万不要从基隆撤兵，但刘不为所动；台民更是气愤。刘帅原本是想撤退到新竹，而不是去支援淡水，此与他事后所上奏朝廷的情形又不一致，与他所言移防淡水差别也很大。如从基隆退至新竹，就涉嫌临阵脱逃。刘铭传似乎是知道法军援军到了，担心基隆、淡水甚至台北都将不保，于是想撤退到新竹？不过最后在艋舺龙山寺被台湾乡民阻挡，刘铭传是被迫留在台北城内，也未参与淡水之役。[2]

---

① 《清法战争中淡水、基隆之役的文学、史实及集体记忆》，页36，许文堂，"中研院"，2006。

② 资料来源：龙山寺官网。

英国茶商陶德记载，刘铭传带着 1000 名士兵从基隆败逃到艋舺，有意挟带珠宝、金银、细软、粮秣，再往南撤退到 30 里外的竹堑（新竹），但被艋舺民众发现，他们堵住刘铭传，把他软禁在龙山寺。

根据大清《法军侵台档》资料，淡水海关税务司法来格（E. Farrago）禀报：

> 刘爵帅退至板加（艋舺）地方，该地人民怒而围之；捉爵帅发，由轿中拽出肆殴，且诟之为汉奸、为懦夫。①

"中研院"许文堂教授认为，此役后刘铭传为自保及袒护自己的亲信，却嫁祸部属兵备道刘璈，在给朝廷的奏折中，多次严重隐瞒事实，涉嫌欺君之罪：

> ……基隆之战，刘铭传上折称：……我军伤亡才数人。

> ……实际上法军在此役中，一小时之内摧毁所有炮台，200 兵力上岸搜索，面对 2500 以上兵力守军的反击，仅阵亡两人……而清兵死亡在 200 人以上之谱，战况远非刘所自陈。②

> 1884 年 10 月 1 日战况也非刘所陈，严重有夸大不实，明明法军才死五人，却说成三百人。并袒护部属李彤恩，及掩饰自己基隆退兵之失，竟谎称淡水之战是十月一日开打……③

许文堂先生在论文《清法战争中淡水、基隆之役的文学、史实及集

---

① 《档案的故事第三集》，页 77—82，作者：陈政三，摘录自台北市档案管理局，2005。
② 《清法战争中淡水、基隆之役的文学、史实及集体记忆》，页 37，许文堂，"中研院"，2006。
③ 《清法战争中淡水、基隆之役的文学、史实及集体记忆》，页 36，许文堂，"中研院"，2006。

体记忆》第37页有一段非常重要的论述："……刘铭传却为回护李彤恩，并掩饰自基隆退兵之失，故意上奏同日双边开打，淡水告急不得不赴援。"

　　……孙（指孙开华）密函左宗棠以辩白刘铭传诬其防沪无能故舍基隆以救淡水之说，且言及刘欲逃往新竹之事……①

　　由上述史料及许文堂教授的分析可以看出，刘铭传报喜不报忧、夸大其词，多次谎报战绩及敌我伤亡数字，屡犯欺君之罪，理当斩头；尤其是严重歪曲淡水开战日期的重要资讯，目的就是为掩饰其撤军基隆之错误，如果他事后也认为是正确的，就无须甘犯欺君大罪谎报淡水战役开战日期。而基隆撤兵根本不是为淡水，可能诚如陶德、法来格等所言，刘帅根本是为撤退到新竹，因此刘铭传可能涉嫌临阵脱逃之罪，如属真实理当砍头。

　　事后来看，基隆撤守对大局的结果影响不大，但此事关系到清末名臣左宗棠、刘璈、孙开华等几位为台湾牺牲过的湘军将领之清誉及历史真相，笔者就必须说清楚讲明白，不能和稀泥。

　　从刘铭传在1884年8月6日就派营官杨洪彪去拆挖煤机器、毁损煤矿，就可确定刘铭传已准备弃守基隆了，只是不知何时撤退，撤到哪里。刘铭传基隆撤退论的逻辑是不通的，如为守台北，失去基隆，就算守住淡水，虽然基隆山多，最后法军顺着基隆河也会攻入台北城；到时再回防基隆，基隆已沦陷，基隆煤矿也被占领，那淡水又空虚了，只能回防台北，所以弃基隆移防淡水护台北之说，根本是假议题。基隆撤兵就是等于放弃台北、基隆、淡水，所以当时刘铭传是要撤到新竹，这才真的。当时台湾人民、留台洋人、守台官员，甚至朝廷都早有定见，只是朝廷碍于外患不断，正处用人之际，并为安抚朝中淮军势力的妥协之计，未

---

　　① 《中法越南交涉档》，第五册，页2946，"中研院"。

拿刘铭传开刀，否则台湾历史可能大不同。

如今还原历史，客观地说，刘铭传差点着了法军将领孤拔的道，孤拔攻打淡水，可能是以中国三十六计的"围魏救赵""声东击西""暗度陈仓"三计进行。试想：一、淡水之役仅短短 6 小时，之后为何孤拔就未曾再犯；二、法军主力部队一直是在基隆，未曾离开（主帅在哪，主战场就在哪）；三、攻打淡水的同时，法军主力部队还在抢攻基隆；四、基隆的战斗一路打到 1885 年 3 月在法政府要求下才暂停。

孤拔久攻不下基隆，心中于是萌生三计。于 10 月 1 日故意放出紧急攻打消息给淡水守军，就是希望刘铭传就近调动基隆部队救援淡水，如此孤拔便可轻取基隆（为"声东击西"之计）；于是 10 月 8 日发动侧翼（仅 600 人）登陆攻打淡水（乃"围魏救赵"）；孤拔策略是如能一举拿下淡水，就直攻台北，再从后方夹攻基隆，如此基隆清军在前后受敌情势下势必无法久守（此为"暗度陈仓"或是"一石两鸟"之策）。对法军而言，幸运的是刘铭传及李彤恩都中计了，只是淡水布满水雷且登陆战大败，无法暗度陈仓，最终功败垂成。如果法军得逞，非但基隆可能先失守，台北、淡水更不保，甚至危及新竹及全台。

10 月 8 日，法军进攻淡水受挫惨败。

10 月 11 日，法军失去斗志，法国只好拟定新的议和条件。清军淡水大捷，清政府断然拒绝和谈。法国自 10 月 23 日起封锁台湾海岸线。法军的封锁使台湾对外贸易、交通一时中断。然而，由于台湾海岸线太长，防守都不易，封锁更难。左宗棠命湘军王诗正（湘潭人）夜渡台湾南部，军民也皆采取夜航、偷渡或在东南部海岸登陆等方式，突破法军的封锁线，因此法军的封锁实质效益不大。

11 月 2 日，法军再次攻击基隆港，经过 5 小时的激战，清军退守。

1885 年 1 月 7 日，法国的非洲军团援军到基隆。

1 月 20 日，法军 100 多人进入大武仑，遭台勇击退。

1 月 24 日，法军集结约 1900 名士兵准备攻占基隆月眉山。

1月25日，第一次月眉战役，法军中校指挥约1900名士兵分四路进攻基隆，其中一路袭击深澳坑，另外三路主力进攻月眉山，月眉山一度失守。

1月28日，曹志忠率林朝栋等台勇奋战，逼退法军，夺回月眉山山头。

1月30日，曹志忠率林朝栋等反扑法军，夜袭法阵营，双方发生激战，持续至次日清晨，曹志忠等才撤退，清兵伤亡惨重，约高达700人。

2月4日，法军集结约400名士兵，计划再度攻占大武仑，失败。

3月4日，第二次月眉山战役，法军再次发动攻击。当日凌晨3点，法军几乎全军出动，派出约1280名法军自基隆八斗子登岸突击月眉山，和曹志忠部激战于深澳坑，最后法军夺下月眉山顶。

3月5日，曹志忠和左宗棠派来支援的王诗正恪靖军结合，发动突袭，反攻月眉山顶，王诗正统领年轻气盛，率军一马当先，试图仰攻夺回失地，双方伤亡累累；法军发现最难缠的就是湘军曹志忠，于是改变战略，以三路围攻曹志忠，另外派军深入深澳坑后方。后路受创，曹志忠、王诗正等只得撤守，法军攻下月眉山。此日，法军有20人死亡、50人受伤。

3月7日，清军撤退至基隆河南岸的暖暖，而法军因大雨不停，弹药有限，无法再战，部队无法越过基隆河北岸，不过法军已控制基隆、八堵、基隆河以北等大部分区域，有22名士兵死亡、71名士兵负伤。4天战役（3月4—7日），法军42人阵亡、121人负伤。

3月8日，连续大雨，不利法军进攻，清军开始全部撤退基隆。

法军多次发动攻击，占领台湾北部，并以基隆为主要战场，就是想长期占领基隆，取得基隆附近煤矿及开采权，以确保法国远东舰队在远东活动所需的燃料及补给。

3月14日，法军噩耗传来，法政府决定停止增援台湾战役，并命孤拔转占澎湖。

清政府与法国签订《中法新约》

　　3月29日，孤拔率领8艘战舰进攻妈宫城（今澎湖马公），清军将领梁景夫死守，与法舰相互炮击。

　　3月30日，法军在越南的战事不利，法军又在谅山吃了个大败仗，消息传到正在攻打澎湖的法军中，精疲力竭的法军更觉得前途茫茫，意志消沉，斗志尽失。

　　3月31日，法军顺利占领澎湖，镇守清军死伤惨重，法军死5人，伤12人。

　　4月3日，基隆法军撤至澎湖。

　　4月14日，中法开始和谈。

　　4月15日，法军正式解除台湾封锁。

　　5月15日，澎湖暴发瘟疫，孤拔也罹患了赤痢，澎湖法军因病死了千余人，久攻不下台湾和越南的法军士气倍受打击，进退维谷，而在家乡的法国人民也不谅解，极为愤怒；而小胜的清朝廷却是欣喜若狂。

6月9日，清朝代表李鸿章与法国公使巴德诺，在天津签订了《中法新约》，全称为《中法会订越南条约十款》，中法双方正式停战了。

6月11日，孤拔去世。

6月21日，法军撤离基隆。

7月22日，法军全部撤出澎湖。

停战协议签了，一切回到原点，皇帝还是皇帝，政客还是政客；牺牲的将士，躯体永远留在了异乡。法军如此，台湾清军亦然。

基隆中法战争纪念公园

法军官兵五六百人同葬在基隆法军墓园，澎湖还有一座孤拔墓，今日你到基隆及澎湖都还看得到这些历史遗迹，每年还会有许多法国人前来基隆向他们的先人致敬，可爱的台湾同胞，在农历七月（俗称鬼月），还会为这些法国兵烧炷香、敬杯酒呢！

诺贝尔文学奖得主朱利安·比奥德（笔名为皮耶·罗狄，名著有《冰岛渔夫》），当时是法军随团军官，为纪念法军将军孤拔，写了一篇真挚感人的《孤拔提督挽词》：

"我不曾看过水兵执着武器流泪，在此参加仪队的水兵却静静地哭泣着。这小小的礼堂非常朴素，这小小的黑色罩布也是非常朴素的，但当这位中将的遗骸运回法国时，毫无疑问，人家会准备一个比这里、这谪居的海湾辉煌万倍的丧仪。可是人家可以给他做出什么，能为他造出什么比这些眼泪更美的东西呢？"

孤拔作为一名侵略者，是否当得起这样的称誉？相信是非曲直自在人心。

附录：

《中法会议简明条约》条款内容

1. 清国同意法国与越南之间"所有已定与未定各条约"一概不加过问，亦即承认法国对越南的保护权；

2. 法国约明"应保全助护"清国与越南毗连的边界，清国约明"将所驻北圻各防营即行调回边界"；

3. 清国同意清越边界开放通商，并约明将来与法国议定有关的商约税则时，应使之"于法国商务极为有利"；

4. 本约签订后三个月内双方派代表会议详细条款。

第十三章
湘军在淡水大败法军（淡水大捷）

早知如此还打什么！打输要赔，打赢也要赔，那早点割地赔钱不就结了，害我们台勇、湘军、淮军、粤军等，死了一堆人之后，打了胜仗，还议和赔款！这些为保卫台湾壮烈牺牲的人不是很冤吗！要赔就不要打，要打就不要赔，像抗日战争一样，打到最后一兵一卒，也不投降，才会有最后的胜利及正义。

左宗棠批评这是一场不胜而胜、不败而败的战争。1884年中法战争淡水（古名沪尾）之役，我们屡屡击退法军，明明胜利在望，清朝却还要割地赔款。

1884年中法战役是自鸦片战争后，在晚清时期一片悲观主义迷漫下，毫无生气的中国清廷，难得迎来的一场振奋人心的漂亮胜仗，无疑让当时已经被打得抬不起头的中国人对国家又燃起了希望。但不知是清政府地多钱多，还是有钱就是任性，明明打胜仗，也照样赔款。岳飞地下有知，心也舒坦些，原来中国还有个比秦桧还糟的李鸿章。

中法战争过程中，法军先盛后衰，清军先衰后盛。尤其清军在淡水之役，湘军提督孙开华（湖南张家界人）重挫法军；老将冯子材（广西钦州人）浴血夺回谅山，清军士气大振，而法军信心尽失，法国人民极为愤怒，走上巴黎街头，向法国政府抗议，法国国会因此搁置援军预算，迫使法总理茹力费理引咎下台。

中法战争决赛下半场：淡水之役

法军这一次攻击行动，原本是胸有成竹的。孤拔事先用钱买通英籍领港人，取得他所提供的情报，已清楚掌握淡水清军的防御布局，手中还握有清军淡水驻防图，对淡水清军的炮台、水雷等数量、布置和点火哨等等都了如指掌，所以认为此役应是轻而易举就能攻下淡水。

淡水清军防卫部署，由湘军提督孙开华负责。孙将军的兵力部署如下：孙开华将军率领三营（湘军）守南，刘朝佑四营（淮军）守中，张李成一营（台勇）守北，共约2000人。孙提督的部队是以湘军（即淡水居民俗称的"湖南勇"）为主体的擢胜右营、中营、后营。

9月30日，孤拔先派副司令列士皮率领3艘战舰前往淡水。

10月2日，清军先发制人，主动炮击停在外海的法舰，法舰德斯丹号受创，但损伤不严重。三艘法舰立即反击，猛烈炮击清军淡水仅有的两座炮台，双方你来我往炮战一日，清军仅有的两座炮台皆被击毁，双方士兵并无重大伤亡。列士皮准备进行登陆战，向孤拔请调600名士兵支援淡水，主力军还是攻打基隆。

10月2日，从基隆撤守的章高元、苏得胜等率数百名淮军加入防卫淡水战役，章高元与刘朝佑共守中路，此时驻守淡水的清军已有2000多名士兵。

当时淡水鼻仔头的宝顺洋行老板英国茶商陶德（John Dodd）如此记述此场战役："孙将军在整个炮击中都与他的部属在一起。当炮弹时而从他的头上飕飕掠过，他仍坐在树下享受丰盛的午餐。孙将军颇中意法国口味，尤其偏好香槟酒。"[①]

---

① 《泡茶走西仔反：清法战争台湾外记》，陈政三译。

陶德号称"台湾乌龙茶之父",留下宝贵的日记,译名《北台封锁记》(*Journal of a Blockaded Resident in North Formosa*),从一个外国人的角度观察,对当时淡水战役、湘淮斗争、台湾官场、台湾茶叶产业、少数民族等皆有翔实及客观的记述,可说是极有参考价值的文献资料。

淡水海关税务使法来格(E. Farrago),也称誉孙开华将军带兵如神:"其兵久经训练,钱粮按月支领无亏,士饱马腾,且皆爱戴孙镇。"

淡水油车口村民则传说,孙开华提督的部队,几时开饭、几时出任务、甚至几时吃鸦片皆有纪律规定。

淡水战役的过程主要可参考前述法军小水手尚(Jean L.)的日记(书译名《孤拔元帅的小水手:沪尾之役》)及相关史料。从这位当时参与此次战役的小水手的角度来看这场淡水战役,更能看清楚当时法军在淡水之役的战略、战术,以及最后败阵的原因。[①]

10月3日,章高元率四营从基隆移防至淡水,但战事尚未爆发。

10月4日,法军军舰全面炮轰淡水,共发射了将近2000枚炮弹,但仅造成10多名清军受伤。

10月5日,法国增援军到达淡水。法军原本计划以军舰长驱直入台北,但因为淡水港河口已被孙开华派人以石块填港,并被布满的水雷所封锁,无法得逞的法军只得先派遣陆战队及水雷兵登陆,企图攻下淡水炮台取得制高点,再掩护水雷兵清除河口水雷及障碍,以便军舰驶入淡水河。因此决定10月6日登陆淡水沙仑,但因天候不佳而延期。

10月8日,法军再次准备登陆,淡水战役一触即发。清晨,法国舰队共7艘军舰排列成攻击队形,在淡水沙仑外海准备抢滩登陆。

8点左右,法军开始登陆行动,此次攻坚由雷诺堡号(Chatreu-Renaud)的舰长波林奴(Boulineau)担任指挥官。法军共600名官兵,各携带一日口粮、16包弹药和预备弹夹,准备登陆淡水,分为5路向前

推进。法军在舰炮掩护下向沙仑沙滩推进，准备抢滩登陆。

8点45分，600名法军官兵同时登上十几艘小艇，向淡水沙仑岸边推进。

9点30分，小艇已抵达淡水沙仑海滩，法军官兵陆续登上岸，指挥官波林奴立即召集整理队伍，准备进攻目标淡水油车口炮台。

9点55分登陆后，指挥官波林奴命令队伍向淡水油车口炮台推进，在沿海船舰炮火的掩护下，法军顺利进入淡水内陆，一路毫无阻挡。

只是机警的法国官兵立即发现有异：从沙仑海滩登陆后，法军从沙滩到陆地已向前推进好长的一段时间，却不见岸上有任何清兵，岸边是静悄悄的，陆上也是静悄悄的，寂静得让人不解，让人毛骨悚然，清军都不知去向。清军躲到哪儿去了？骄傲的法军笑称清军都被吓跑了。法军也太自信了，正所谓骄兵必败，这就是此役法军大败的主因之一。其实孙开华要所有的守军隐身岸边的防风墙密林（今日淡水天生小学，淡海路72巷26号）里严阵以待，准备对进入丛林的法军来个瓮中捉鳖，歼灭于密林。清兵藏身在土堤掩体处（今淡水沙仑的军营内），茂密的树丛提供给清军绝佳的藏身处所。淡水外海法军舰炮火虽然一直不断，十分猛烈，但未能破坏孙开华所设计的防御，大批清军躲在防风墙密林中

淡水之役法军登陆点，美丽的沙仑海水浴场

淡水沙仑丛林（淡水之役清军就是埋伏在此）

林投树（叶子带刺）

黄槿树（枝干多且密）

等待歼灭法军。

　　沙仑海边沿岸一带长满了林投树（一种叶缘带刺的植物，又称金针）及黄槿树（叶形像木耳，枝干多且密）两种滨海的原生植物，它们是防风护岸的最佳树种，茂盛的树林成为清军的天然屏障。孙开华的策略是利用茂密的林投树与黄槿树的丛林作为掩护，法军登陆攻打淡水势必要经过这密林，法军一旦进入这种密林，长枪施展不开，加上清军躲在林内及土堤处，敌明我暗，法军入林后各小队间无法联系、无法调度指挥，如此必能各个击破，歼灭法军于丛林内。

法军经过一个多小时的行军跋涉，见到一片林投树及黄槿树的密林阻挡前进的路线，不免有点犹豫，但骄傲自大的法军并未多做迟疑，准备迈开大步勇往直前，像小水手这些年轻较胆小的士兵，心中不免暗自担心，祷告法军舰的炮火能有效地驱除所有清军，希望密林里没有埋伏任何清兵，并加速步伐前进，希望能赶快通过这片令人不安的密林。

　　当时，孙开华将军命令龚占埋伏于假港口；李定明埋伏于油车口；章高元埋伏于八台山后；张李成率台勇埋伏于北路。

　　孙开华获悉法军进入密林，立即命令清军出击，亲自指挥擢胜中营、后营的湘勇正面狙击密林里的法军。

　　10点10分，法军开枪还击，一场密林里的激战展开。

　　10点25分，孙开华亲率擢胜后营湘勇，从新炮台前方土堤斜坡直冲而下，正面攻击法军。但遭到法军枪林弹雨的扫射，伤亡惨重，首当其冲的80名擢胜后营湘勇死伤多达70人。

　　此时章高元率淮军从北八台山出击迎敌，与擢胜后营的湘勇连成一条战线，清军的联合攻击已打乱法军队伍。

　　此时埋伏于油车口的营官李定明率领擢胜中营的湘勇，自炮台方向冲出，直接攻击密林里法军的右翼。

　　面对一波又一波不断冲过来的清军，法军只能拼命向四面八方开枪射击，双方枪战愈来愈激烈；法军指挥官波林奴认为法军射击过密，想要法军停止射击，但这根本无法暂停，因为枪战已进入了疯狂状态，清军就在他们四周，只要一停止射击就会没命。

　　法军攻势已完全被阻断，又消耗大量的弹药，战况似乎对法军相当不利。此时，埋伏在假港口的龚占率500名清兵，从高处丘陵冲下来，战况急转直下，法军显然已陷入被清军前后夹击的困境中。

　　双方激战已超过一个小时，法军所备的弹药也将消耗殆尽，伤兵的数目正迅速增加。第一中队、第二中队及第三中队的指挥官，全都因负伤而退出战斗，不断有被运送回去的伤兵，现场法军已乱了方寸，因无法联系而陷入极度恐慌，密林里的法军也逐渐失去斗志。

11 点 30 分，法军指挥官看情况不对，紧急下令尽速撤出密林，向原登陆沙滩撤退，法军一边撤退，一边还要担心后有追兵，逃跑时还须不断回头开枪阻挡清兵的追击。清兵在后追击，有些还忙于在密林中搜索尚未逃脱的法军，并立即将其格杀，取其首级换取犒赏（后因洋人抗议，孙开华下令禁止）。取得优势的清军士气大振，一路乘胜进击，一路追赶撤退的法军，并逐步缩小包抄范围。

12 点 30 分，法军小艇载上第一批撤退的法军，才刚离开淡水海边，追赶的清军就已经追到淡水沙滩附近，此时法国铁甲炮艇蝮蛇号（Vipere）向追兵方向炮击，阻挡清军的追击，否则登陆的法军可能全军被歼灭在淡水沙滩。在法舰炮火的掩护下，大部分法军登上小艇，逐渐撤离淡水海滩。

下午 1 点 30 分，所有法国残余官兵都撤回到法军舰上，一天的激战终于结束，短短的淡水之役就此落幕。

这场战役，双方死伤惨重，法军方面阵亡 17 人、负伤 49 人，清军方面阵亡约 80 人、负伤 200 多人。清军此役能取胜，归功于提督孙开华的战略及战术的成功，孙将军稳健沉着地应战，身先士卒的勇敢，带动清军士气，是此役战胜的关键，功不可没。

以上是淡水之役的实况，法军小水手尚以他的角度对当时两军对战情形进行了客观记述，并对法军的内心感受做了翔实记录。

法军经过此役挫败，已无意再战淡水，退守基隆外海，主攻基隆，此后法军就未曾再侵犯淡水。而整个中法战争，也因淡水一役整个情势逆转，清政府处理此事态度转趋强硬，法国政府及人民却都开始犹豫质疑是否应再战下去，在整个中法战争中，淡水之役是极具关键性的胜利。

法军在淡水战役登陆失败，加上 3 月 29 日 66 岁老将冯子材痛击法将赫本哲（Herbinger）夺回谅山（史称谅山大捷），法国舆论哗然，法国国会否决军费预算追加案，总理茹力费理被迫辞职下台，法国无钱打仗，而中方担心北方朝鲜动乱及日本虎视眈眈侵略朝鲜。6 月 9

淡水沙仑百姓公
墓（相传此处亦
埋葬许多清军战
士）

日，在中法双方都无力无心恋战的情况下，中法签订了《中法新约》，双方正式停战。

6月11日，孤拔因患传染病，死于澎湖马公。

6月21日，法军撤离基隆。

7月22日，法军全部撤出澎湖。

法国事后承认中法战役是法国有史以来"最严重的败战"，并将战败原因归为清军取得了先进的武器，以及其他列强私下的资助。此役法军死亡约五六百人，同葬在基隆法军墓园，在澎湖还有一座孤拔（衣冠）墓。

可笑的是，此战役打了一年多，从境外的越南打到福建、台湾、澎湖，牺牲了无数中国人生命，法军死了六七百人（四五百人是病死的），清军也大概是此数（基隆约400人、淡水约200人），结果中法两国折腾一年多，最后还是回到原点。正如

法军将领孤拔

"中研院"学者许文堂所述："北黎观音桥事件使中法两国徒劳虚耗一年，浪费两国无数人命、资源之后，又回到李福天津简约，万民膏血为李鸿章为朝廷所征'帝仪戴'而已。"[1] 清政府明明胜券在握，竟然最后还是选择割地赔款，让这些为抵抗法国侵略的中国牺牲者情何以堪，早知如此又何必打呢，就直接赔款不就完了，别拿百姓的生命不当回事。

当时左宗棠对李鸿章签订条约完全不能理解。

左宗棠不理解，笔者也不理解，相信所有中国人都不理解，明明法国打输了来求和，为何《中法新约》内容要确认《法安第二次顺化条约》，其中否定中国对越南的宗主权，改由法国全权管理越南，也就是胜的中国还要让出越南给法国当殖民地，还要清军撤出越南，从此越南脱离中国，成为法国属地，真是丧权辱国。人民可体谅朝鲜有危机，可议和，但不能出卖祖宗的家业啊！

事后，李鸿章为报复左宗棠的批评及湘淮宿怨，在左宗棠仙逝后立即要刘铭传、潘鼎新等攻讦湘军将领刘璈、孙开华等，许多湘军将领也因受到牵连遭受降职、革职、抄家，甚至差点丧命。刘铭传还多次向刑部施压及关说，一定要将刘璈抄家、判死刑，由于许多重臣看不下去，出面为刘璈求情，对刘铭传提出批评，最后刘璈才未被斩首。这些先人保卫台湾还遭到迫害，真令人不胜唏嘘。如果没有刘璈等前置的防御准备及练兵，曹志忠、王诗正、林朝栋等战士誓死抵抗，以及孙开华、章高元等智取法军，我等早已成亡国奴，所幸天佑中华，两岸同胞更应以此为戒，不团结岂有家园。希望中国人能为这些无私的清军先烈在台湾建造一座纪念馆，以表彰他们的英勇事迹，以慰忠烈英灵。

---

① 《清法战争中淡水、基隆之役的文学、史实及集体记忆》，页44，作者：许文堂，"中研院"，2006。

第十四章
真是美丽的误会：
葡萄牙人绝非善类，清末也曾想占领台湾

一般认为，"福尔摩沙"一词是 16 世纪葡萄牙船经过台湾海峡时，发现台湾岛，于是船员高呼"Ilha Formosa"而流传下来的，这在葡萄牙语是指"美丽"（Formosa）"岛"（Ilha）。当时葡萄牙人在亚洲的战略重心是与中国明朝的贸易，经过台湾是为了去日本进行海上贸易，所以葡萄牙人虽路过这美丽之岛，却未曾想要登陆或占领台湾。这一直是大家普遍的认知。

葡萄牙人看到台湾只会惊呼"福尔摩沙"，没想过占有它吗？

你以为葡萄牙人这么好、这么友善吗？事实并非如此！

葡萄牙虽是欧洲的小国，但葡萄牙人热衷航海、探险，在其他欧洲大国还未到过非洲好望角时，葡萄牙舰队已占领整个印度洋海域，驶向亚洲。葡萄牙船舰 1511 年就到了亚洲，1516 年葡人拉斐尔·佩雷斯特雷洛（Rafael Perestrello）抵达中国南方珠江口，这是第一个从海上到中国的欧洲人。1517 年托梅·皮莱资（Tomé Pires）获准进入广州，这是世界上第一位进入中国的欧洲使者，其船队停泊在位于今日广东省江门市台山外海的圣约翰岛（St. John's Island）。1521 年中国与葡萄牙发生屯门海战后，葡人被明朝赶出中国大陆，后他们又转往浙江盘踞，非法占领

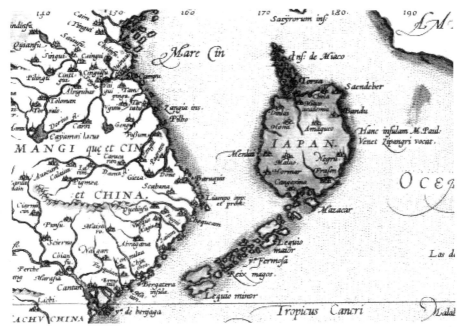

东印度群岛图，1570 年荷兰人 Abraham Ortelius 绘制，出自《世界舞台》，台湾艺术馆藏

浙江外海的双屿岛。1543 年航向日本寻求贸易机会，1544 年传说经过台湾海峡时看到台湾岛，1548 年又被明朝赶出浙江外海的双屿岛。1553 年葡萄牙人以"借地晾晒水浸货物"为由，通过向明朝官吏海道副使行贿，以"人道救助"获准在澳门半岛暂时居住，他们自此便赖着不走。1557 年还自行任命葡萄牙澳门官员，非但是非法占领，还将澳门当作葡萄牙殖民地。1571 年，葡萄牙人施展贿赂功力，再将"非法占据"变成了合法"租地"。1582 年一艘葡船在台湾海峡附近遇难，进入台湾北部海岸。

葡萄牙人难道不曾想占领其口中的"福尔摩沙"吗？这与他们到中国时，到处抢夺闹事、占地为王的行为似乎不太相符[1]。

在欧洲，葡萄牙是个小国，论国家实力及军力绝非什么强权国家，

---

[1] 《中国近代史》，第一卷，页 86，徐中约著。

无法与荷兰、西班牙、英国、法国等相提并论，其人力、物力、军力，无法支撑大规模的海上远征。但为何葡萄牙能在亚洲有一席地位，称霸印度洋，甚至能和欧洲大国平起平坐分一杯羹？这主要是葡萄牙的战略及战术上的成功：就是"脚勤""跑得快"，加上葡萄牙人为达目的，无所不用其极的手段。

第一，葡萄牙人知道他们在欧洲打不过英、法、西、荷等国，于是避开欧洲，先去印度，又最早来到中国，是最早骚扰中国的欧洲国家。第二，他们清楚自身实力，国小、人少、兵弱，所以不急于建立殖民地国，相反，他们的主要战略是先抢占商机，想办法取得贸易特许权。第三，他们通过挑拨及分化贸易国的各派势力，以挑起内部矛盾的方式来制造贸易国地方势力的冲突，再从中获取利益。我们对这样的行为似乎很眼熟，好像是今日美国人在海峡两岸、东海、南海区域的做法！当时在印度，葡人就介入印度内部纠纷，然后借卖枪、卖军火，支持当地各部族的仇杀，获取军火利益。尤其在日本，葡人介入日本"战国时代"的内战，卖给各方诸侯武器赚取暴利及获得特许贸易权。1543年，葡人到日本，日本正处于"战国时代"，诸侯分裂，内部战争不断，葡人趁机提油救火，跑来卖"铁炮"（指长枪）给丰臣秀吉和德川家康，德川就用这种葡萄牙人卖的"铁炮"夺取天下，1615年统一了日本，开启了德川家康时代。但1638年基督徒暴乱，日本认为葡萄牙传教士是幕后主谋，因此禁止葡人在日本经商，并将境内所有的葡萄牙人驱逐出去。

葡萄牙人另一个的成功秘诀就是他们动手比别人早（跑得快）。在明朝"郑和下西洋"之后的16世纪初期，葡人就率先转战中东，航越非洲到达阿拉伯半岛。1508年就占领索柯特拉（今日也门）；1509年（明朝正德四年）击败土耳其，成为阿拉伯海新霸主；1510年占领果阿（今日印度果阿邦）掌控印度香料贸易，继而在印度建立了他们的东方殖民总部；1511年（明朝正德六年），灭掉马来王国，彻底控制了马六甲

葡萄牙人的航海图，是目前所知最早绘出台湾的一张地图（1554 年制）

航线①。

　　葡萄牙人在 1511 年已打通印度洋到亚洲的通道，1513 年就到中国，想与中国明朝做生意却不得其门而入，主因是当时明朝施行锁国政策，禁止对外贸易、通商，葡人不得已只好在 1543 年转往日本②。1553 年从非法占领变成合法"租用"澳门后，他们的船只经常往返欧洲、澳门和日本之间，先将亚洲香料运回欧洲，向西班牙人换白银，再拿白银到中国换中国的麝香、大黄、锡、珍珠、生丝、丝绸、纺织品、瓷器和黄金等运到印度及欧洲高价出售获取暴利，再将生丝、丝绸、瓷器等运到日本交换日本的白银，这就是葡萄牙人创造的海洋贸易成功的模式③，这是

---

① 《欧洲与中国》，页 155—156，G.F. 赫德逊著，李申译，台湾古籍出版社。
② 《欧洲与中国》，页 155—156，G.F. 赫德逊著，李申译，台湾古籍出版社。
③ 《欧洲与中国》，页 156—158，G.F. 赫德逊著，李申译，台湾古籍出版社。

葡萄牙的黄金年代。为什么早到的葡萄牙人，在1544年见识到台湾的美丽之后，却并没有想在台湾建立殖民地呢？因为他们要更大的蛋糕：中国大陆市场。台湾当时人不多，没人就没商机，不符合他们一切为利益的胃口。

葡萄牙人来中国的主要目的是像在印度和日本那样，获得一个垄断贸易的特权，明正德皇帝给了葡人"贸易勘合"权（指当时明朝与日本的朝贡贸易），但明嘉靖帝即位后，对葡萄牙人的嚣张行径已有耳闻，随即下令禁止葡萄牙在中国沿海活动。1521年（明朝正德十六年），明朝发动了屯门海战，一举击败葡萄牙舰队；次年葡军试图反击，明朝还是大败葡军，葡军总司令别都卢及官兵全都被明军活捉，并立即斩头；葡人自此在中国不敢再越雷池一步。被明朝打败的葡人只好逃到浙江双屿岛，以此岛为基地，假冒南洋商人，与当地海商（实际上是华人海盗或是蒙古海盗，俗称二鬼子）勾结，建立新的走私贸易基地。

屯门海战后，葡人很务实，硬的不行就来软的，与中国海商合作，先到处行贿巴结明朝官员，让他们能盘踞浙江外海双屿岛。由于葡人非常精通海上贸易，借浙江靠海地利之便专干走私贸易，尤其在明朝官吏的放任下，双屿岛的海上贸易欣欣向荣、一飞冲天，双屿岛俨然成为当时国际的贸易中心。事实上，主要就是在中国进行走私生意，而每天出入双屿岛的商船超过上百艘，海上贸易利润惊人。此时盘踞双屿岛的葡人志得意满，俨然把双屿岛当成葡国的殖民地，竟在岛上建立自己的总督府、政府、教堂等，明显是想占地为王。葡人在该岛却又不好好管理，任由葡人为非作歹、打家劫舍、强掳妇孺、滥杀良民等，这些恶行传到明朝廷，明世宗大为光火，1548年（明嘉靖二十七年），命浙江巡抚朱纨派兵进攻双屿港，一把大火将整个城烧光，数百葡人也被杀，没被杀的葡人乘船逃离双屿港。葡人与中国海寇建立的国际走私中心一举被毁。被明朝扫荡逃走的葡人，还是赖在中国不走，转战福建诏安走马溪一带，还不死心，又和中国海寇合伙，继续从事走私贸易，但明朝是铁了心不让葡人在中国境内混，又派兵到福建走马溪大败葡人，把葡人新建立的走私贸易基地一举摧毁。

此时的葡萄牙人才终于觉悟，自己是自不量力，打不过明朝军，只好退而求其次，于是开始计划转往他地，并计划占领台湾。葡萄牙人调整他们的远东策略，葡萄牙在马六甲的司令部及印度果阿的总督府，都曾认真思考及计划过占领台湾。然而葡萄牙人就占领台湾一事询问中国海寇合伙人（就是华人海盗），不过这些中国海寇似乎曾在台湾吃过苦头，可能其同伙曾被台湾少数民族"出草"（杀害）过，见识过台湾少数民族的厉害，对去台湾心存畏惧，强烈警告葡萄牙人，台湾当地的土著非常凶残，到台湾的洋人，全都被杀，无一幸免，而且台湾岛资源贫瘠，是不毛之地，没有油水，实无须冒此生命风险占领台湾。葡人听到中国合伙人的描述，知道这些华人海盗主要是元朝残部，以凶狠残暴出名，连他们都怕去台湾，这点确实严重影响葡萄牙人的决策，最终放弃占领台湾的计划①。所以，葡萄牙终究未占领过台湾，非不想也，乃不敢也，不能也。1582 年，因为一场台风，一艘葡萄牙船搁浅在台湾北部外海，葡人才第一次登上台湾岛。

葡萄牙人初到中国时就处心积虑，想在中国享特权、占便宜，打家劫舍，搞走私等偏门，与我们认知的只惊叹台湾之美，却过门不入的葡萄牙人，反差实在太大，这真是一场美丽的误会！

唯一的证据，支持葡萄牙人惊叹美丽岛的论述，是 1554 年葡萄牙著名制图家罗伯·何蒙（Lopo Homem）绘制的一幅海图，在该图的北回归线上，有一岛屿标名为"I. Fremosa"。后被他的儿子迪欧哥（Diogo）改为"I. Fermosa"，这就是葡萄牙人称台湾"Formosa"的唯一文献及证据。根据何蒙的地图确认 1554 年之前已有人将台湾冠名为"I. Fremosa"，但是这也无法证明何蒙所绘制图上岛屿就是葡萄牙人所发现的。而他所绘

① 《明清经济史研究》，第一讲，中国与葡萄牙的交通与贸易，全汉昇，页 5—11。

的"I. Fremosa"就是今日台湾吗？当时欧洲人也称台湾为小琉球（Lequeo pequeno），"I. Fremosa"会不会是指小琉球？ ①

何蒙父子没有来过台湾或台湾海域附近，他们应该是参考了这些往来台湾的葡萄牙船航海日志及船员的记录，而将"Fermosa"标在他们绘制的地图上。而何蒙图上绘于北回归线以北的"Fermosa"岛，是否真的指台湾本岛恐怕还是个疑问。

事实上，这些都是间接证据，没有任何航海记录、史料或文献提到何蒙海图上的"Fermosa"就是指台湾。所以，葡萄牙的"福尔摩沙"之说还是个谜。

在当时荷兰籍船员林士登所收录的日本航海志中，可发现他们多半称呼台湾岛为"小琉球"，找不到葡萄牙船员惊叹台湾为"福尔摩沙"的资料。在这些船员航海日志及记录中，反而会发现约在16世纪80年代，以"福尔摩沙"来称呼台湾岛的却是西班牙人，而非葡萄牙人②。1582年7月的葡籍船难记录中，关于一艘由澳门航往日本的船，遭台风搁浅台湾的文献，更证实是西班牙人先记载"福尔摩沙"。

1582年7月6日，一艘从澳门前往日本的葡萄牙船，搭载约300多名船员及乘客，从澳门出发航行到台湾海峡附近，遭遇暴风侵袭，于7月16日漂流、搁浅在台湾北部海岸，大约是在台湾北部淡水河口附近，幸存的船员及乘客上岸后，与捡拾漂流货物的台湾少数民族发生多次冲突，相互攻击，互有伤亡；葡船船员及乘客由于担心台湾少数民族的攻击，小心防御而不敢离开海边避难，在台湾淡水附近将近75天，当船只修复好后，于9月30日立即驶离台湾，这是史料记载的葡船第一次登陆台湾的经历，他们是因为搁浅，在恐惧不安的情形下登上台湾岛，显然

①《"福尔摩沙"由来》，"中研院"台湾史研究所助理研究员翁佳音。
②《东印度旅程导览》，荷兰人林氏侯登（J. Linschoten，1563—1611）在航经台湾海峡时所写下的航海记录。

没有留下一个美好的回忆及印象。[①]

　　翁佳音教授指出，当时葡人的航海资料中，提到台湾本岛，大多是用"小琉球"名称。1584 年西班牙船长法兰西斯·加利（Francisco Gali）由中南美洲横渡太平洋，准备到南洋菲律宾，回程由澳门经台湾海峡到日本，再从太平洋返回美洲。加利在航海志中，称呼台湾为"美丽之岛"（As Ilha Fermosa），他可能是在文献中最早称呼台湾为"福尔摩沙"的人，他是西班牙人并非葡萄牙人。40 年中"视而不见""过门不入"的葡萄牙人，1582 年终于被迫登陆台湾，虽然比荷兰人还早 40 年，但留给台湾的却是一个美丽误会及未解开的谜[②]。

---

　　① 《"福尔摩沙"名称来源：并论 1582 年葡萄牙人在台船难》，翁佳音，翰林社会天地，5，4—13，2006。
　　② 《"福尔摩沙"由来》，翁佳音，"中研院"台湾史研究所研究员。

第十五章
清末台湾一场残酷的政治斗争

　　刘铭传研究的权威、"中研院"许雪姬教授对刘铭传在台的现代化建设非常肯定，只是在学术研究上认为刘璈的人品、施政建设、对台贡献、清廉、人民爱戴等方面确实比刘铭传更胜一筹，但遭遇却非常凄惨，以读书人的良知，常为刘璈申冤。

　　清末时期台湾外患已是不断，内忧更甚，1884 年，一场比大陆《甄嬛传》还精彩的宫廷派系大斗争——"二刘之争"在台轰动上演，湘淮两派在台湾打的是代理人之战，刘铭传代表李鸿章，刘璈代表左宗棠。原本左宗棠与李鸿章，因新疆议题早结下梁子，如今湘淮延长赛在台湾开打，英、美、法等人现场观赛，甚至英商陶德以日记做实况报道。此案最终株连多位优秀湘军官吏。清末湘淮之争是人尽皆知之事，此事千错万错，错在慈禧太后，不该让湘军刘璈驻台在前，还派淮军刘铭传去台担任巡抚于后，明知两人性格有矛盾，湘淮素有嫌隙，却硬要让"二刘"凑在一起，让"湘淮之争"活生生在台上演，殃及无辜。

　　刘铭传属淮军，安徽人，曾是绿林盗匪，他率领的铭军，是李鸿章淮军的一支强悍势力。刘璈属湘军，湖南人，秀才出身，曾为私塾教师、左宗棠幕僚。从两人背景就可知两人相处不易。二刘之争造成二人在台湾施政上彼此针锋相对，让台湾政局不稳，影响不可谓不深。

连横在《台湾通史》中，对刘铭传与刘璈都颇有好的评价，但两者不和，互不相容，就令人感到惋惜了！

刘铭传

刘璈

《台湾通史·刘璈列传》载：

连横曰：法人之役，刘铭传治军台北，而刘璈驻南，皆有经国之才。使璈不以罪去，辅佐巡抚，以经理台疆，南北俱举，必有可观。而铭传竟不能容之。非才之难，而所以用之者实难，有以哉！①

刘璈于 1881 年受左宗棠及沈葆桢荐举，来台任台湾兵备道。刘璈积极部署军队、招募湘勇、组织台勇、加强海防、补强军备、修复大炮及城垣等军事设施。台湾海岸线长，兵力部署须兼顾东南西北各区，任何一区都不能有缺口。1884 年刘璈奏请将台防分为五路，派五军统领如下：

---

① 《台湾通史·刘璈列传》。

南路（南部）：恒春至曾文溪，统军5000名。

中路（中部）：曾文溪至彰化大甲溪，统军3000名。

此两路临近首郡（台南府），为全台根本，归台湾镇、道分统。

北路（北部）：大甲溪至新竹、淡水、宜兰、苏澳，统军4000名，由提督曹志忠领之。

后路（东部）：后山至花莲港、水尾、埤南、凤山界，统军1500名，归副将张兆连领之。

前路：澎湖，统军3000名，归澎湖水师协将苏吉良领之。

刘璈在全台兵力部署、炮台设置、防御设施等应属合理，并无重北轻南之情形。一切在1884年中法战争前都已就绪，但不幸的事发生了，朝廷派一位湘军死对头淮军刘铭传来以巡抚衔督办台湾事务（因为湘军老将杨岳斌不愿来）。1884年6月26日刘铭传被任命，7月16日搭船到台湾北部的基隆，20日进驻台北府。对于台湾防务的部署，刘铭传曾召集各路统领在台北召开会议，刘璈与会；刘铭传下令将台湾部署分南北两部，北部直属刘铭传指挥，包含基隆曹志忠部湘军6营、章高元淮军2营；淡水孙开华擢胜营3营、祥左营4营、李志高土勇1营等，大营则设于台北，以基隆、沪尾为据点；其余防务交由刘璈负责调度。对刘璈原本的部署和防务策略，并未做重大的改变。事实上，等于还是依据刘璈的部署，只是北路改成由刘铭传直辖。换言之，他完全认同刘璈的布局。

不知何故，刘铭传最后还是选择自己坐镇台北，并未去台南，刘璈身为部属也无权干涉。事实上，刘铭传理应选择坐镇台湾府台南，派刘璈到台北，为何不呢？是否当时认为台北比较安全？不过最后没想到法军竟避开台南，直取基隆！刘铭传事后为卸基隆撤守之责，上折参劾刘璈军队布局不当，重南轻北以致失守基隆，此说法显与事实不合，有欠公允！刘铭传自己选择驻守台北，最后基隆失守也是他自己决定撤退所致，却将责任推给自己部属，实非君子之风。

在北部兵力部署上，驻守基隆有 8 营，曹志忠统领恪靖军（湘军）6营，章高元统领武毅军（淮军）2 营，共约 2000 人；淡水有孙开华率领3 营（湘军）守南、刘朝佑祥左营 4 营（淮军）守中、张李成 1 营（台勇）守北，共约 2000 人。加上刘璈要求林维源招募的 2500 名台勇驻防在基隆，台湾北部共有 6500 名士兵，已远超台南，而且还有杨金龙的机动策应部队，可见刘璈并无重南轻北。

8 月 28 日，刘铭传电李鸿章，自述"……不得基煤，万难用兵中国……"，[1] 所以刘铭传非常清楚，守住基隆至关重要。

经过 8 月 5—6 日对战，双方势均力敌，清军实无须惧怕法军，此时刘铭传理应重兵防守基隆，保护基隆煤矿才对！

10 月 1 日，在法军第二次进攻基隆时，刘铭传却弃守基隆，传言非为保护淡水，而是想撤退到新竹，因被万华乡民拦阻，被迫留守台北府内。

在中法战争前后，刘铭传为卸责及保护自己的亲信，将基隆战役之过失全推给刘璈、孙开华等湘军官员，先指控刘璈部署重南轻北、不愿支援北部战事等十几项罪名，刘璈被斗倒后又指控孙开华根本没有建树等等，这些有违事实的指控，让左宗棠、刘璈、孙开华等义愤填膺，使二刘斗争恶化。刘铭传对湘军素有畛域之见，从 1867 年湖北尹隆河之役，刘铭传就对湘军不满，当然不会信任驻守台湾的湘军，刚到任不久即上折参劾刘璈，请朝廷撤换刘璈，这也导致左宗棠、刘璈等也反击上折参劾刘铭传、李彤恩等在基隆之役撤守及煤矿处置失当、意图逃跑新竹等责任，湘淮之间进入撕毁战。中法战后纷争本应结束，刘铭传却又借机参劾孙开华，只因孙不愿配合做伪证为自己的亲信李彤恩卸责，此作为亦非光明磊落之举；孙开华为自保，上折反制，由于孙开华沪尾之役的卓越战功中外皆知，因此还能全身而退，

<hr />

[1] 《李文忠公（鸿章）全集三》，页 42。

否则下场应与刘璈一样悲惨！左宗棠病逝福州后，湘军诸将顿失靠山，而朝中李鸿章等淮军大权在握，湘军将领多被整肃、调职、贬官、入狱、斩首、抄家等，刘璈甚至被判斩监候（今日的"死缓"），最后病逝异乡黑龙江，一代名将落得如此结局，让人不胜唏嘘，也让人领教清末政治斗争的可怕及可悲。

孙开华的战功有目共睹，还好清光绪帝没有那么昏庸，并未尽信刘铭传的诬陷之词，反而擢升孙开华为仅次于刘铭传的台湾兵备道。对刘铭传，孙开华最终也忍无可忍，进行了反击，上奏朝廷刘铭传在中法之役时失职、弃逃等等实情，朝中大臣对刘铭传的行事诸多批评，以致台湾湘淮之争一时还无法落幕。

然而，中法战争的胜利，湘军刘璈、孙开华，淮军高章元等在其中确实扮演了关键性角色，其功劳早有定论，刘铭传对刘璈、孙开华等之批评、指控，显系出于畛域之见。所幸最后的结果还算差强人意，刘璈的冤情，虽未于当时立即平反，但台湾鹿港著名诗人朱启南、洪弃生等都以诗词赞扬刘璈及湘军保卫台湾的义行，如洪弃生在《湘军行》《楚军行》等诗中对刘璈等湘军多所称赞，而对淮军却颇有批评。

而且刘璈"最后遭判斩监候。值得一提的是公道自在人心，刘璈离台时，南部地方'市民走送，挥泪告别'、'台地番民自今有尸祝者'……台州一地乃刘璈在同治三年至十一年署理之处，时隔十余年，当地人民犹感其恩泽，在刘璈死后，仍祀之于东湖祠，可见其施政深入人心……台湾学者许雪姬为之白谤洗冤，有持平之论"[1]。

……就刘铭传列举的罪状，只有包营及浮报船价、口粮两罪可以成立。若刘璈所言属实：前者用于赏需，后者用于弥补亏空，亦无不可赦

_____

_____

① 《清法战争中淡水、基隆之役的文学、史实与集体记忆》，页38，许文堂，"中研院"，2006。

166 | **你不知道的台湾 ——两岸应知道的台湾历史故事**

之罪……①

当时朝廷派员至台湾调查，在刘璈无左宗棠为靠山，朝廷有李鸿章等淮军当道情形下，刘铭传告发的十八条罪状也仅有两条被认定属实。

而刘璈遭革职，抄家没收家产时，大臣发现刘璈家贫如洗，都为刘璈叫屈。后刑部尚书锡珍、江苏巡抚卫荣光到台查办，奏请"斩监候"。发监途中，锡珍知刘璈受诬陷，乘机救援刘璈，上奏为其减刑，皇上下旨减刑一等，免去死罪，最后改流放黑龙江效力赎罪，刘璈被将军穆图善延揽为幕客，忧郁寡欢，1889年不幸命丧异乡，幸由旧属苏有彪运回湖南故里安葬。

台湾"中研院"台湾近代史研究所研究员，也是台大历史系主任许雪姬教授的研究认为，即使以当时情形，钦差大人认定刘璈的两条罪也不应构成重罪，清朝廷显然有受制于淮军势力，并为安抚刘铭传等淮军势力，将刘璈诬陷入罪之嫌。

刘铭传因想消灭在台湘军势力，一再借机参劾刘璈、孙开华等湘军官员，对一位有功且有救命之恩的部属孙开华，只因门户之见及私人恩怨，竟能如此颠倒是非、恩将仇报地诬陷。当时朝中许多重臣都看不下去，大臣周德润、锡钧、汪鉴等人纷纷上表弹劾刘铭传轻易弃守基隆，且没真正军援淡水，是出于畛域之争，借机公报私仇，修理刘璈、孙开华等湘军。光绪皇帝虽然没有处分刘铭传，但已在批文中责备他"督师不力，谤书盈箧"，可见光绪帝对刘铭传所言并不认同，刘铭传最终觉得无法诬陷孙开华，这才停止对孙开华等湘军的追杀。

刘铭传铲除刘璈后，虽大权在握，但热衷于权斗，以致台湾政务推展缓慢，官员贪腐，引得民怨四起，最后导致民变。相较刘璈主政时期，

---

① 《二刘之争与晚清政局》，页17，许雪姬，"中研院"。

吏治清明，政通人和，不可同日而语。刘铭传在统御上还存有湘淮情结，最终因弊案被革职留任，情面尽失。他只好主动请辞，黯然下台，狼狈离台。"二刘之争"结局是两败俱伤。诚如连横所言，若当时刘铭传能与刘璈共同合作，将是台湾及人民之福！

第十六章
左宗棠在台湾：左宗棠与台湾命运

　　左将军已仙逝多年（1885 年 9 月 5 日，即光绪十一年农历七月二十八日去世），他岂能在台湾！他在世时也未曾来过台湾，他也不曾担任台湾官职，但台湾的命运却是与他息息相关。

　　如不是左宗棠，台湾人早沦为亡国奴；如不是左宗棠，台湾早期的建设及发展，也将成为南柯一梦；如不是左宗棠和沈葆桢，台湾也可能不会建省，就算建省也不会如此早；如不是左宗棠和沈葆桢的眼光及催生，也没有台湾第一任巡抚刘铭传。

　　《寻找左宗棠》是美国人制作拍摄的一部电影，内容讲述一道中国菜——"左宗棠鸡"的由来，记录了这道中国菜的历史及文化。"左宗棠鸡"也是全美最受欢迎的外卖中国名菜之一，在全美约有 5000 家中国餐馆，几乎每一家都有这道名菜。《寻找左宗棠》在 2015 年在台首映，"左宗棠鸡"的原创者彭长贵父子（湖南省长沙人）在首映当天，也现身说法，叙述创作这道菜的故事及烹饪窍门。

左宗棠像

左宗棠是一样的左宗棠，而电影是在讲述中国名菜，它源自台湾；而笔者这里叙述的是左宗棠这一位清末湘军名臣，如何关心台湾，如何照顾台湾这块土地及人民的历史与故事。

　　左宗棠，一位73岁的老人，在1884年为台湾土地及人民，一肩扛起抗法大旗。作为主战派，他认为尊严是靠实力打下来的，乞讨是没用的。他在弥留之际，用尽剩下的最后一口气，完成给朝廷的遗折：

　　方今西域初安，东洋思逞，欧洲各国，环视眈眈。若不并力补牢，先期求艾，再有衅隙，愈弱愈甚，振奋愈难，虽欲求之今日而不可得。伏愿皇太后、皇上于诸臣中海军之议，速赐干断。凡铁路、矿务、船炮各政，及早举行，以策富强之效。然居心为万事之本，臣犹愿皇上益勤典学，无怠万机；日近正人，广纳谠论；移不急之费以充军食，节有用之财以济时艰；上下一心，实事求是。臣虽死之日，犹生之年。

　　左宗棠一生未曾到过台湾。台湾很少有人知道左宗棠，但他与台湾命运却有着密切关系。左宗棠晚期无论奉派到何处任职，都非常关注、重视台湾问题，多次提供朝廷治台观念及方法，对晚清保卫、建设台湾做出了不可磨灭的贡献。

　　左文襄公战功彪炳，称为常胜将军；1884年8月中法战争，法国侵略中国，左宗棠以73岁高龄见危授命，指挥杨岳斌及刘璈驻守台湾，勇挫法军[①]。

　　左宗棠担任闽浙总督及福建船政大臣时，就非常关注台湾的发展及建设，更是巨细靡遗地勾勒出建设台湾的蓝图，并改"理番"为"抚番"的人道政策，"理"是管理，而"抚"是安抚，这一字之差，施政态度及方法可是差之千里。所以他提出台湾少数民族及汉人的族群融合政策，

---

　　① 《清法战争台湾外记》，陈政三译。

从人道及族群平等的基础切入，不同于以前以高压及管理的态度处理台湾少数民族问题。为提升台湾在军事上的地位，他多次上奏朝廷，对台湾的建设及军事提出多项建言，他的建议都极具前瞻性及开创性，日后沈葆桢、岑毓英、刘璈、刘铭传等都承袭左宗棠的治台理念及蓝图治理、建设及开发台湾。

然而左宗棠一生未到过台湾，或担任过任何台湾官职，他为何对台湾文化、舆情及核心问题如此了解呢？他在担任闽浙总督时，接触到许多台湾人，如林文察等人，因此了解到台湾的核心问题，他对台湾的关注可能远比当时许多负责台湾的官吏还深入，他的治台政策可能比现今台湾当局，更有远见、前瞻性及人性化！

话说 1875 年（光绪元年），清政府内部发生"海防"和"塞防"的争论。当时，日本与美国"合作"侵略台湾东部，中国西北边塞和东南沿海防务均告急，李鸿章等主张海防重于边防，放弃塞防新疆。左宗棠认为如果失去新疆，西北边防洞开，且西北"自撤藩篱，则我退寸而寇进尺"。尤其列强野心勃勃，招致英、俄渗透，国家将暴露于不可预测的危险之中，所以主张须先顾好西再防东。由于慈禧是西宫娘娘出身，情感上自然会偏向要"先顾好西后再顾东"。当时左宗棠的建议是否有此政治考量不得而知，最终左宗棠的主张确是被慈禧采纳及力挺。

当时，朝廷上下大都支持李鸿章，李派人多势众；支持左宗棠者却是寥寥无几，仅有大学士文祥和湖南巡抚王文韶两人。为什么慈禧最终却力排众议支持、采纳左宗棠的主张呢？

首先，慈禧认同左宗棠所述，是考量整个国家领土的完整神圣不可侵犯，是首要的；

其次，慈禧明白如新疆不稳，会导致其他地区的骨牌反应，家门口如先闹起来，问题才严重。

所以，慈禧在此问题上的决策也应是理性的判断。

在公元 1876 年，左宗棠率 6 万征西大军并扛着自己的棺材远赴新疆，仅在短短不到两年的时间，就收复新疆所有失地，并正式在新疆建省，保持了中国领土的完整。收复新疆，是晚清历史上最令人扬眉吐气及令人振奋的一件大事，左宗棠大将军功不可没，无人能及。

回溯前文左、李的"东西之争"，读者可能会误会左宗棠仅重视塞防而不重视海防，岂会重视台湾的问题呢。其实不然，左宗棠一直是力主"先塞防，后海防"，不是不重视海防及台湾，而是急迫性、先后次序的问题。

事实上，左宗棠非常重视台湾的建设及其海洋战略地位，他出征新疆临行前及在往新疆路途上，还多次上奏，希望清廷能加强台湾及东南沿海之布局，以防日寇蠢动。由此可见，他当时与李鸿章之争绝非出于门户之见，更不是政治考量。

一般认为清末台湾建设，主要是沈葆桢、丁日昌、刘铭传等人的功绩，事实上，丁日昌、刘铭传等是受沈葆桢之影响，而沈葆桢的治台理念却是源自左宗棠。简而言之，沈葆桢是左宗棠治理台湾的推手、实践者，而丁日昌、刘铭传是沈葆桢治台理念的追随者[①]。

左宗棠何时开始关注台湾问题？

1862年，台湾阿罩雾（台中雾峰）台籍将领林文察带领6000名台勇协助左宗棠平定浙江太平军李侍郎时，左宗棠从林文察那里开始接触及认识台湾。1863年他给福建巡抚徐宗干的一封信，可以证实他对台湾的问题已很清楚，对台湾地形、乱贼势力、吏治腐败、官员情形、泉漳之争等关键问题都了若指掌。对台湾文武官员的庸碌怠惰、民风剽悍、少数民族习性、汉人间争斗等心中也已有定见，这些都成为左宗棠未来治理台湾理念的基础。

为了治理及建设台湾，改革台湾官制，他挑选优秀嫡系湘军，陆续派遣他们去台湾，有些还是平调任职。当时清朝官员多不愿到台湾任职，

---

① 《郭廷以先生百岁冥诞纪念史学论文集》，《左宗棠与台湾》，页173，李国祁，2007。

所以平调已是极委屈的选择。当时有刘明灯、吴大庭、吴光亮、夏献纶、张其光、刘璈、孙开华、曹志忠、罗大春等优秀湘军离乡背井渡海任职。其中刘明灯去台湾任总兵之前在福建已是总兵，福建生活条件远比台湾好，却因为左宗棠的关系，牺牲个人利益平调屈就。

1866 年（同治五年）9 月 25 日，左宗棠调任陕甘总督。临行前，他还亲自遴选最优秀的亲信福建盐法道吴大廷、原福宁镇总兵刘明灯，分任台湾道员和台湾镇总兵。吴大廷"守洁才长、兼通方略"，是一位廉洁而有魄力的人物；刘明灯"谋通兼资，廉干而善拊循，质朴而通方略"，长期追随左宗棠作战，吃苦耐劳，战功卓著，是一位出色的武将。在这两人的戮力治理下，台湾的军政环境一时大有起色。1867 年刘明灯等率湘军弁勇赴台为湘军赴台之开端，从此一直到刘铭传就任台湾巡抚之前，保卫台湾的重责一直就是以湘军为主力。在中法战争时，驻台湘军将近有 40 营之多，约 20000 人①，加上滞留未返大陆者，也应有好几万人。

左宗棠与沈葆桢两人，为改善台湾吏治，共同建立一套惯例，先是将人调到福州船政局任职，对表现不错的，再派任到台湾，从台湾退下后，再回任福州船政局。

1866 年左宗棠原本想要东渡至台湾，实际考察台湾，只因调令已到，他只好遗憾作罢。离职临行前，他寄望于两位台湾官员"绸缪未雨，为东南奠此岩疆"②。这说明了左宗棠对台湾重要战略地位的充分认识。

左宗棠对无法去台湾深感遗憾，觉得有愧士民之期望，所以他一再为台湾的建设及改革提出箴言，以下就是他为解决台湾的问题开出的整合性药方：

1. 恢复班兵制度：他认为台湾兵力应不再依靠当地招募的土勇，应恢复内地标营轮流戍台的旧制。

2. 加强台湾道之职权，恢复道标，明确规定总兵受道员管制及监督：

---

① 《郭廷以先生百岁冥诞纪念史学论文集》，《左宗棠与台湾》，页 180，李国祁，2007。
② 《左宗棠年谱》，页 137，罗正钧，岳麓书社，1983。

他认为这是为前项班兵制搭配的，以钳制握有兵权的总兵。

3. 整顿水师，充实船械，使员弁能战：他认为台湾水师有师而无一艘军舰，如何能战，乃需重建水师。

4. 杜绝贪污，整治政风，革除规费，樟脑、盐等课税应全数归公：他认为吏治败坏，主因是贪污私收规费，中饱私囊，如不杜绝，难以服民。并选派清廉干练的官员前往彻底整顿，要求官员以身作则，以消除民众对官府的对立情绪。

5. 凡归化生番，比照汉人对待，一视同仁：他认为官员如能平等对待台湾少数民族，保护他们的利益，台湾少数民族自然会归顺。

6. 宜松绑汉人来台禁令，以杜绝洋人觊觎：他认为禁止不如开放并规范；官府应以积极态度，强化对内山的治理；洋人虎视眈眈，我如弃之，将给外国侵略者以可乘之机。

7. 台地产米，当广立社仓，蓄积米粮，以益民生：他认为稳定台湾社会，必要建立官仓义仓，多储粮食。

从他所提出的治台建议，不难发现他对台湾海洋地位的重要性、强权势力的觊觎、内政弊端及纷乱等已有非常清楚的掌握，而且是在牡丹社事件及沈葆桢、夏献纶等赴台之前就提出，所有建议一针见血，直指当时台湾军事、政治及社会问题之要害。

左宗棠为建设台湾，多次上奏朝廷重视台湾地位及军事。

同治二年（1863年）四月，左宗棠任闽浙总督时，他在《复陈裁汰闽军并台湾等处军情片》（"片"指清朝臣子由下至上的谏言）中说：

台湾一郡为闽省外郭，譬犹锁钥，台郡为锁，澎湖、厦门为钥，而鹿耳门、鹿仔港则通钥之窍也。鹿耳、鹿港两处无事则有所恃以无恐[1]。

---

[1] 《左文襄公全集》，"奏稿"卷五。

左宗棠指出只有维持台湾的安全，才能让"省郡之气常通"。①

1875 年左宗棠作为一位内地总督，在阐述塞防重要性的同时，也十分重视海防，他强调"东则海防，西则塞防，二者并重"②。

1863 年 10 月 5 日，左宗棠上奏《筹办台湾吏事请责成新调镇、道经理折》，这个奏折，全面陈述了当时台湾政治、军事、吏治等各方面状况，提出了整治的办法，为左宗棠治理台湾的蓝图。

1881 年（光绪七年）2 月，他奏请清廷派任政声卓著、勇于任事、敢于革新的刘璈任台湾道，以开创台湾的新局面，获清廷的批准。同年 7 月，刘璈即率湘军岳营赴任。刘璈在任台湾道 4 年多时间，积极整顿营务，充实兵员，整饬政风，开山抚番，奖励教育，整理煤务，并开源节流，推进台湾各项建设，划定防区，制定防御战略，使台湾政治、军事、防务等皆突飞猛进。

中法战争，左宗棠临危受命，召集旧部保卫台湾：

首先派其旧部杨在元（湖南长沙人）赴厦门协助福建水师提督彭楚汉（湖南湘潭人）征调民船，组织兵员赴台。

征调旧部王诗正（湖南湘潭人）率恪靖亲军三营从厦门渡海赴台湾，令杨在元从厦门"驰往该处准备渔船多只，俟王诗正兵勇取齐，扮作渔人黑夜偷渡"③。

12 月底，王诗正统率恪靖亲军分批抵达台湾南部。恪靖亲军属左宗棠嫡系部队，为久经沙场、训练有素的湘军，恪靖亲军抵台后，加强了台湾的防御能力，台湾驻军士气大振。王诗正亲率恪靖亲军奋勇杀敌，在基隆月眉山与法军正面血战，痛击法军，阻挡法军于基隆。

在左宗棠的运筹帷幄及指挥调度之下，抗法清军士气大振，法军在台屡攻受挫，士气低落。最后只好放弃侵台计划，与清朝议和收场。

---

① 《左宗棠与台湾》，张振文，2004 年 12 月 6 日。
② 《复陈海防塞防及关外剿抚粮运情形折》，《左文襄公全集》（奏稿），第 6 册，页 192。
③ 《派员援台并会筹一切情形折》，页 43—44。

左宗棠为台湾建省尽了最后一分力，在弥留之际，还不忘为台湾建省努力，上奏慈禧太后及光绪皇帝，希望台湾能尽速建省，以建设保卫台湾。

6月，左宗棠病重，多次奏请退休。他仍连上两折，对加强台湾海防提出了极具远见的建议：

今日之事势，以海防为要地，而闽省之筹防，以台湾为重地。

台湾孤峙大洋，为七省门户，关系全域，请移福建巡抚驻台湾，以资震慑①。

1885年（光绪十一年）7月，左宗棠上奏清廷，建议台湾建省。

1885年9月5日（光绪十一年七月二十七日），为中国东南海防耗尽心力的左宗棠病逝于福州。临终之前，他口授遗折：

此次越南和战，实中国强弱一大关键。臣督师南下，迄未伸挞伐，张我国威，遗恨平生，不能瞑目！

1885年10月12日，清政府终于采纳左宗棠遗折意见，准台湾单独设立行省，命刘铭传为首任巡抚；同一天，朝廷下令设立海军事务衙门。左宗棠生前的两个遗愿终于实现。

左宗棠在生命的最后20多年中，尽自己所能为保卫台湾和建设台湾做出了卓越的贡献，应为台湾人民所景仰。

---

① 《左宗棠年谱》，页403，罗正钧，岳麓书社，1983。

第十七章
台湾建设之父——沈葆桢："中日在东洋终须一战"

  2006 年 12 月 12 日，为了纪念清末名臣沈葆桢，台北市市长马英九将台北市府一楼大厅定为"沈葆桢厅"，并与沈葆桢第五代子孙沈冬共同揭牌。

  台湾为何要纪念沈葆桢？

  因为他是"台湾近代化之父""台湾建设之父"！

  一般认为刘铭传才是"台湾近代化之父"，为何又说是沈葆桢呢？

  没错，严格说沈葆桢才是开启台湾建设的第一人，他以宏观视野、绘制出台湾现代化的蓝图，准备将台湾打造成当时中国最先进的一省，他的规划包含洋务、开山、抚番、开路、造桥、军事、吏治、改制、设府（台北府）、解禁（解除大陆禁行）、尊郑（郑成功）等等。沈葆桢促使大陆与台湾浑然成为一体，可说是继国姓爷郑成功之后，建设台湾的第一人，绝对称得上为"台湾近代化之父""台湾建设之父"。沈葆桢的治台理念乃承袭左宗棠的治台观。

  遗憾的是，沈葆桢英年早逝，在他有生之年，并未能将他所有的台湾治理计划实现，后来福建巡抚丁日昌、台湾兵备道刘璈、首任台湾巡抚刘铭传，大致皆依循左宗棠、沈葆桢两人的治台理念逐一落实。

  沈葆桢虽非湖南人，但他深受曾国藩与左宗棠两人赏识、保荐，在

沈葆桢

台北市政府大厅

清朝廷属主战派，与左宗棠意气相投，事业上相互奥援，也算是湘军成员。左宗棠一生未曾来台，而沈葆桢来台两次仅停留约一年半，刘璈在台四年多，刘铭传在台五年多，邵友濂在台三年多。虽然左宗棠未曾来台，而沈葆桢来台时间最短，他们对台湾的贡献却不亚于其他人，甚至有过之。最难得的是左、沈两人革新、创新的治台观念，如今台湾当局的理念还都无法比拟。举例来说，近年来，台湾一直在搞狭隘的台湾"本土意识"，不准域外人士来担任执政机关公职，而当时左、沈时期，就大量聘雇洋人参与兴建船舰、船务、海防等重要军事工作，主要目的就是学习洋人的船坚炮利之专业及技术。清政府能改变心态开放心胸，左、沈两位战功彪炳的大鹰派功不可没。沈葆桢以非凡的毅力及魄力在台湾开创了一个全新的局面，为日后台湾正式建省奠定了良好的基础。

　　1874年之前日本已处心积虑地准备侵台，1874年5月8日倭将西乡从道（西乡隆盛之弟）率3600名日军侵犯台湾屏东，与当地少数民族发生激战，清政府对此却毫无警觉。西乡从道准备出兵前，日本曾透过李仙得向英、法租借船舰，但英、法等国皆不愿出借，亦反对出兵台湾，西乡从道不顾英、法反对而执意出兵。英使威妥玛即于1874年4月18日致函清廷，告知日本即将出兵台湾屏东一事，并于函中询问"生番居住之地，是否隶属清国版图"以提醒清廷，清廷才惊觉日本侵略台湾屏东的严重性。英政府为何如此好心主动通知清廷？因为台湾也是他们觊觎的肥羊，岂能让你日本小咖给捷足先登？标准的黄鼠狼给鸡拜年，没

安好心，只是不知当时清廷是否觉悟此点。（见附录1）

5月14日，清廷谕令在福建担任船政大臣的沈葆桢"带领轮船兵弁，以巡阅为名，前往台湾生番一带察看，不动声色，相机筹办"。

同月29日，紧急任命沈葆桢为"钦差办理台湾等处海防兼理各国事务大臣"，"所有福建镇、道等官均归节制，江苏、广东等沿海各口轮船准其调遣，俾得与日本及各国按约辩论"。

1874年6月17日，沈葆桢临危受命抵台后，原希望以外交、和平方式解决，派福建布政使潘霨、台湾道夏献纶赴琅峤与倭将西乡从道商议退兵之事。西乡从道不肯撤兵，并推诿要清廷与柳原前光（第一任日本驻华公使）交涉。

沈葆桢深知日本窃占台湾之心昭然若揭，中日终须一战。所以他一边与日方协商撤兵，一边积极部署，调兵遣将，加强防务：

南路：由台湾总兵张其光负责，原有一营，再增五营；

北路：由台湾道夏献纶负责，原有一营，再增一营；

中路：由营务处黎兆棠募兵勇驻扎水沙连至秀姑峦山。

沈葆桢又调拨提督唐定奎所部徐州武毅军13营共6500名洋枪兵，命前南澳镇总兵吴光亮率2000余名士兵增援。另令前署镇曾元福在台招募500名台勇训练成洋枪队。

援军部队先后抵台，进驻屏东枋寮、东港等地，积极备战。

此时，台湾军队人数已达15000余人，日军号称5000人，实际仅3600人，扣除病亡及阵亡者所剩仅2000多人，而且后援不济，中日双方兵力悬殊。

为巩固南部防卫，沈葆桢在台南安平（亿载金城）设置西洋巨炮，在旗后（旗津）等地建设先进炮台，并筹设厦门、福州到台湾的电缆线。

双方最后并未开战，在英、美、法三国出面调停下，清日政府于10月31日签订了《中日北京专条》（或称《北京专约》）（见附录2），日军于12月1日撤出台湾。不幸的是，原为清朝藩属国的琉球，莫名其妙地落入日本手中，因为日本以合约第一条中"保民义举"文字认为双方认定琉球是日本的属地，简直像极了 1884 年中法战争的荒谬结局。讽刺的是，在沈葆桢逝世那年（1879 年），日本将"琉球"改名为今日的名称"冲绳"。清朝也以合约条文第三条中"至于该处生番，中国自宜设法妥为约束"认为，双方承认台湾为中国一省，以及清政府主张拥有台湾全岛的合法性。

事实上，当时沈葆桢反对和谈，因为当时台湾南部疟疾肆虐，侵台日军因气候炎热，水土不服，疫情蔓延，每日日军病亡者多达 10 名。加上日军弹尽粮绝，援军、补给又迟迟未到，日军士气低落，正处于进退维谷、内外交困的形势下，根本是不堪一击。日本知道快玩不下去了，才会主动寻求外交解决的途径。沈葆桢也早已识破日本人的诡计及困境，在交涉中，沈葆桢坚持不同意朝廷给日本赔偿，他奏称：

……愿坚持定见，力为拒却。

沈葆桢又致书李鸿章：

我既以逸待劳，以主待客，自不必急于行成。①

日本侵犯台湾是对中国在台湾的主权和领土完整的一次挑战；对中国来说，这是一次严重的边疆危机。经过此事，沈葆桢感觉东南沿海危机及日本军国主义兴起，他提出"倭炽可忧""东洋则终须一战"的警语。

经历此次日本侵台事件，沈葆桢深觉如不积极建设及开发台湾，将后患无穷。为消除外患、调和台湾内部，沈葆桢奏请开山抚番，改善前山（西部）与后山（东部）的阻隔，其目的是避免列强再以"化外之地"

① 《大清的角落：那些鲜为人知的历史碎片》，王伟，2010。

为由，效法日本占地为王。沈葆桢为促进台湾东部繁荣，促进番汉族群融合，改善台湾少数民族生活，造桥修路，有计划地使台湾少数民族汉化，普设汉学等。为开发台湾北部，增设台北府，此后因刘铭传担任台湾巡抚及日本占据台湾后，台湾政经中心逐渐由台南移转至台北，这是沈葆桢及刘璈始料未及的。

沈葆桢两次来台，虽停留仅约一年半时间，但他的治台策略动见观瞻，他掌握时代脉动（积极推动洋务、学习西方技术），开放旧制（废除劣制、建立良制），开明务实（番汉平等、族群融合），勇于革新（近代化、科技化），积极建设（造桥修路、兴学招商），全岛开发（三路开山、贯穿东西），对清末台湾的发展与繁荣具有重大影响。如未有《马关条约》将台湾割让给日本，在沈葆桢的蓝图下，台湾势必成为中国的模范省。

牡丹社事件落幕后，沈葆桢立即向清朝廷提出他治台的九支箭：[①]

第一箭，行政体制改革：福建巡抚驻台及行政区域重新划分。首先要求福建巡抚须春冬驻台，夏秋驻闽，以利推动台湾建设，否则台湾群龙无首；将行政区域重新划分，原来的一府四县三厅调整为二府（台北府、台湾府）八县四厅。形成了台北府（北）与台湾府（南）平等的法律地位，以利推动北部建设。新设的台北府（大甲溪以北地区）下增设淡水、新竹、宜兰三县及基隆厅。在琅𤩝地区设置恒春县，隶属于台湾府，台湾府下辖彰化、嘉义、台湾、凤山、恒春（五县）及埔里、卑南、澎湖（三厅）。

第二箭，开山修路：为打通台湾东西分隔状态，开山建设三条横贯山路，将东西贯通。开山修路分北路、中路、南路三路，同时进行开垦。北路由噶玛兰厅苏澳至花莲奇莱，共计 205 里；中路由彰化林圯埔至花莲璞石阁，共计 265 里；南路由屏东社寮至台东卑南，共计 214 里。

---

① 《沈葆桢对台湾的开发建设——兼论台湾近代化的由来》，谢纪康。

第三箭，族群融合：打破自古以汉为尊的不平权政策及法律，实行族群平等、少数民族汉化计划，包括番汉权利平等、开放番汉通婚、开放番区出入、招商开发、教耕种、设学校、通语言、修道路等等，所有有利于番汉族群融合之政策。

第四箭，奖励投资，政策扶持：废除清初"三不"政策，解除大陆人来台禁令，开放汉人自由进入、开垦番区。在福建厦门、广东汕头和香港设立招垦局（即今日的招商局），负责招商引资，奖励大陆人来台投资、经商、移民等，提供奖励政策，如提供船票、种子、房屋及一年半的口粮，提供每人水田 1 甲、旱地 1 甲，每 10 人耕牛 4 头、农具 4 副，租税减免政策（三年免租）等等。

第五箭，表彰忠节（郑成功）：化解族群仇恨，激励团结民心。在台湾府建郑成功专祠，并奏请朝廷追谥"忠节"，以祭祀南明诸臣。沈葆桢并亲书对联：

开万古得未曾有之奇，洪荒留此山川，作遗民世界；
极一生无可如何之遇，缺憾还诸天地，是创格完人。

第六箭，推动军事改革，加强海防：推行新政、洋务，学习西方军事技术，引进洋人协助建设台湾，新建炮台，加强台湾海防。在台南安平（今日的亿载金城），聘法国工程师伯尔陀（Berthaud）设计建造一座西洋巨炮台（二鲲鯓炮台），在炮台城门两侧，他亲题"万流砥柱"与"亿载金城"两匾额。

为保护屏东人民安全，兴建恒春城，至今为台湾保存最完整的古城之一。购买先进军事设备，如洋炮、军械、铁甲舰、水雷等等。

第七箭，发展民营工业：鼓励采矿业，引进先进开采技术，减轻煤矿出口税率，促进台湾经济发展；设置轮船航行闽台，方便闽台航运。

第八箭，解除一切劣禁：解除汉人入台、禁止汉人进入山地、禁止汉

台南安平炮台（二鲲鯓炮台）城门内侧门匾

台南安平炮台（二鲲鯓炮台）城门外侧"亿载金城"门匾

台南安平炮台

沈葆桢铜像，位于台南市亿载金城公园内

人娶少数民族为妻等禁令，并于 1875 年 2 月奏准解除对台湾的一切禁令。

第九箭，现代化台湾：建闽台水陆电线、电报机、电灯等当时现代化的设施，此举正是台湾近代化的滥觞。①

牡丹社事件刚落幕，日军一撤，沈葆桢立刻上奏清朝廷，在奏折中提到台湾对于中国疆域的重要性，外族虎视眈眈侵略台湾的野心，警示清政府如再不积极改革、建设台湾，台湾终将再次落入列强之手。虽然最后还是不幸被他言中，但毕竟他与左宗棠的努力给了清末台湾人民一个美好梦想，他在奏折中说：

> 台地向称饶沃，久为他族所垂涎。今虽外患渐平，旁人仍眈眈相视，未雨绸缪之计正在斯时。……况年来洋务日密，偏重在于东南，台湾海外孤悬，七省以为门户，其关系非轻。欲固地险，在得民心；欲得民心，先修吏治；……为台民计，为闽省计，为沿海等防计，有不得不出于此者。②

牡丹社事件后，190 多年以来一向不重视台湾的清政府，在左宗棠、沈葆桢等的不断建言下，终于醒了，体认到这是一次严重的国家分裂危机，于是采纳左宗棠及沈葆桢等人的建议，从 1875 年 11 月起规定福建巡抚冬春驻台，夏秋守福建，此一小小的改变对台湾有极重要的意义，一直是群龙无首的台湾，如今有了大家长，也确立了台湾为中国"七省门户"之重要地位。

不过对奄奄一息、苟延残喘的清朝而言，一切似乎为时已晚，由于失败主义、保守主义、享乐主义仍弥漫朝廷，清廷改革速度太慢、动作太小，内部的权斗更削减了原本微弱的改革力量，清廷改革无法符合人

① 《晚清台湾的开山"抚番"政策》，丘子铭，硕士论文，2006 年。
② 《晚清治台政策演变与台湾政经社会发展（1874—1895）》，黄晓玲，佛光大学政治研究所，硕士论文，2006 年。

民的期待，最后还是被列强蚕食，20年后台湾终究还是落入日本人手里。

然而沈葆桢虽在台仅一年多，却成绩斐然，他的新政、洋务、建设台湾的蓝图及行动，把台湾打造成为现代化省份，曾带给台湾人民一股朝气、一段美好时光、一个梦想及强盛的生命力，让人们对回光返照的腐败清政府抱有一丝希望，但最后一切还是成为泡影，台湾人最后竟成为腐败清朝的牺牲品、亡国奴。

沈葆桢把一生奉献给国家，临终前仍不忘日本窃占台湾之贼心，他提醒清廷：

> ……倭人夷我属国，虎视眈眈，凡有血气者，咸思灭此朝食……臣所每饭不忘者……倭人万不可轻视，伏望皇太后圣断施行……

就在沈葆桢去世的那年（1879年），琉球不幸被日本正式吞并，日本将"琉球藩"改为"冲绳县"。看到如此的结局，心中不禁要问：有志节的中国人何以饭食也！

沈葆桢生平

沈葆桢（1820—1879），福建侯官人，字翰宇，又字幼丹，谥文肃。沈葆桢是晚清重臣之一，虽非湖南籍，但由于受曾国藩提携并与左宗棠交好，也算是广义湘军的一员；曾任总理船政大臣及南洋通商大臣，对台湾史有重要影响。沈葆桢妻林普晴是清朝著名大臣林则徐的次女。

沈葆桢于清道光二十七年（1847年）考中进士，选庶起士，散馆后授翰林院编修。咸丰四年（1854年）改任御史。

咸丰六年（1856年）改派江西，任九江知府，追随曾国藩与太平天国作战。咸丰十一年（1861年），沈葆桢升任江西巡抚。同治三年（1864年），清军攻破太平天国首都天京（今江苏南京），因功授沈葆桢轻车都尉，加头品顶戴。

同治五年（1866 年），左宗棠于福建福州设立马尾造船厂，在该厂筹备中即被调任陕甘。左宗棠荐沈葆桢代其事，沈于次年被任命为船政总理大臣，任内对中国的现代航海事业及洋务运动皆贡献甚大。沈葆桢在马尾兴建船坞，制造现代船舰以装备福建水师；建立了中国首家海军学校福建船政学堂，训练之人才中不少成为日后北洋水师与洋务实业的中坚。

1874 年 5 月 8 日，牡丹社事件爆发，5 月 14 日清廷派遣沈葆桢紧急前往台湾筹办防务。清廷获知日军已登陆台湾，5 月 29 日因此改授沈葆桢为钦差大臣，称"钦差办理台湾等处海防兼理各国事务大臣"，将福建所有总兵、道尹归其节制，江苏、广东沿海各口轮船准其调遣，以便与日本及各国按约交涉。

6 月 17 日，沈葆桢与福建布政使潘霨一同至台。沈葆桢以军备刻不容缓，台南市府城为根本之地，遂于安平兴建炮台，置放西洋巨炮以为防御（即亿载金城），同时派兵分驻枋寮、东港等地，也在旗后（今日的旗津区）设立炮台，并奏请调拨徐州武毅营军 13 营唐定奎所部 6000 余人，以及总兵张其光、吴光亮等洋枪队及粤勇 2000 余人先后抵台，积极备战。

虽然此时台湾情势一触即发，但清廷本身海防空虚，新疆之乱未平，不希望与日本发生正面冲突，日本也饱受台湾南部瘴疠之苦，同时并未具备大规模对外征战能力，双方遂签订《中日北京专条》，日军撤离台湾，而合约第一条中"保民义举"文字等同认定琉球是日本的属地。1875 年（光绪元年），沈葆桢回到大陆，被任命为两江总督兼南洋大臣，负责督办南洋水师。

1875 年，沈葆桢以大清帝国钦差大臣身份再度来台，尽管他在台湾仅停留不足一年时间，却对台湾基础建设、现代化、族群融合多有建树。1879 年（光绪五年），沈葆桢病逝于江宁任上，谥文肃，朝廷追赠太子太保衔。①

附录：

1. 牡丹社事件

1871 年，一艘琉球船在海上遭遇飓风，漂流到台湾南部八瑶湾（今屏东满州），船上人员上岸后误入少数民族部落而遭到杀害。日本以此船难为借口，于 1874 年 5 月 8 日，派 3600 名日军在台湾屏东社寮登陆。5 月 18 日到 5 月 21 日，日军与台湾少数民族有小规模战斗，互有伤亡。5 月 22 日，日军进攻石门，遭到少数民族强烈抵抗。6 月 1 日，日军分三路扫荡牡丹社、高士佛社、女仍社等少数民族部落，台湾少数民族奋勇抵抗，日军对少数民族疯狂烧杀抢掠。6 月中，台湾少数民族投降。7 月，日军占领龟山，修筑营房、道路，准备长期占领龟山。此事件称为牡丹社事件。

2.《北京专约》（又名《中日北京专条》，中日两国在 1874 年 10 月 31 日签订）内容摘录

1. 日本国此次所办，原为保民义举起见，中国不指以为不是。

2. 前次所有遇害难民之家，中国定给抚恤银两，日本所有在该处修道、建房等件，中国愿留自用，先行议定筹补银两，另有议办之据。

3. 所有此事两国一切来往公文，彼此撤回注销，永为罢论。至于该处生番，中国自宜设法妥为约束，不能再受凶害。

---

① 资料来源：维基百科。

第十八章
神奇的 13 度奠定台北城的繁荣：
台北凯旋门风华再现

　　台湾兵备道刘璈在设计及建造台北城时考虑过风水，他属于堪舆学的"峦头学派"，所以将台北城原本是以北极星为定位点的正北方，改向顺时针方向转了 13 度，他认为如此台北城才有屏靠，台北城才能永世繁荣昌盛，台北市民才能安居乐业。台北城自建城后，台湾重心就从南转北，台湾政经中心逐渐从台南移转至台北，逐步变成重北轻南，是否与风水有关，无法科学证明，读者自己解读。

　　不过，台北城自 1884 年 11 月建城以来，经历中法战争、乙未战争、二次大战等，在这些战争烽火下，台北城却一直是屹立不摇，毫发无伤。为什么呢？

　　台北建城时，当时台湾巡抚府还在今日台南，也是政经中心。可是刘铭传从 1884 年 7 月 16 日到台湾后及 1885 年担任台湾首任巡抚时，却都选择长住在台北城，后来并奏请将台湾巡抚衙门转到彰化，再从彰化移至台北城，从此台湾政经中心开始由台南移转至台北，改变如此之快，相信是刘璈所始料未及的；台北城 132 年的灿烂风华，是否与刘璈调整的 13 度有关？

"台北凯旋门"风华重现

2016 年 2 月 8 日，台北市政府将台北市北门附近的高架桥全拆除，黯然失色多年的台北北门，一时之间重见光明，预示台北城的昔日绝色风华即将再现。

如果你有张台北城古地图，可看出台北城垣与城内街道并非呈现棋盘状，也就是街道与城垣是歪的、不对称的。为什么呢？

清末台北城北门

今日台北城北门

台北城位置示意图

　　台北城基本上是以大屯山为背，淡水河为水的风水观设计的；因为城廓东北有高山主凶，整座城廓乃向东旋 13 度，用以"避凶"。东西两墙延伸线相交于七星山，而城府的中轴，仍不偏不倚地对准"玉皇大帝、北极星君"①。这是风水之说，也呼应刘璈当时设计台北城时的风水考量，以大屯山群的七星山为靠山，所以才会造成城垣与街道不对称的情形。德国学者 Alfred Schinz 是外国人中少数懂中国风水的专家，他认为这就是台北城街道与城墙方向不同之原因。

　　台北城的诞生，归功于沈葆桢的眼光及积极建言，沈葆桢两度来台，第一次为牡丹社事件，另一次是为南部狮头社番民之乱。1875 年（光绪元年）沈葆桢北巡时，看到台湾北部的繁荣，大陆移民、外商剧增，茶叶、樟脑等贸易活动兴旺，加上 1841 年以来英舰多次犯台，列强频频侵犯基隆及淡水。基于军事、海防及经济发展等因素考量，台湾北部战略地位已逐渐提升，并为保护艋舺、大稻埕等社区人民，他即上奏朝廷请将台湾府分设台湾、台北两府，以大甲溪以北之地设台北府，在台湾北

---

① 《台北老街》，庄永明。

部设一府三县（参见《台北拟建一府三县折》）。他曾两次向朝廷建议设置"台北府"；后清廷奏准设置台北府，辖淡水、新竹、宜兰三县及基隆厅。

清朝廷核准设置台北府之初仍以淡水厅署（在新竹）为府署，直至1880年3月淡水、新竹二县分治，台北知府陈星聚才移府至台北城，原淡水厅署改为新竹县署，过程可谓迂回曲折。因此台北府诞生，也确定了台北府的地位。奇怪的是台北城自1884年建城以来，即成为台湾的政经中心，从刘铭传主政时期、日本占据时期到国民党播迁来台后的今日，台北市一直为台湾政经中心。

绝色风华的台北城，历经沈葆桢、林达泉、陈星聚、岑毓英等的建议及规划，最后在刘璈主导下于1884年建设完成，费时6年。

1878年林达泉任首任台北知府，选定的台北城址位于艋舺与大稻埕之间的平原。

1879年3月继任者陈星聚正式开府，但由于经费不足，且选定的台北城址土质松软等因素，迟迟无法开工。但知府陈星聚还是积极招商，鼓励台湾北部绅商在台北城内投资、兴建房产，并向绅耆们筹款，板桥林家林维源、士林潘成清、大龙峒王廷理、大稻埕陈霞林等12人共同筹集建城经费。

1881年福建巡抚岑毓英来台时，再次确定台北城址设在艋舺与大稻埕之间。从此艋舺、大稻埕与台北城成为北部（台北盆地）的铁三角。

在岑毓英的观念中，台北城应以北极星作为定点，形成方形城池，城开四门，这是很一般及符合常理的规划。

1882年1月，台北城正式动工兴建，巡抚岑毓英任内完成一些基本公共设施、街道，但城门及城墙都尚未兴建。同年5月，岑毓英奉调云贵总督，台北建城之事遂交由当时台湾兵备道刘璈督办，由于刘璈有兴建屏东恒春城之经验，建城进度推展迅速。

刘璈精通堪舆学，认为台北城如以正北定位，将是"后无祖山可凭，一路空虚，相书属凶"。所以刘璈将台北城垣方位顺时针方向转了 13 度，轴线对准大屯火山群的第一高峰七星山，如此台北城背面就有七星山为靠山；改朝向七星山，台北城方有屏靠①。

在刘璈推动下，台北府城于 1884 年 11 月竣工，成为台湾史上最精致的城堡。台北城共有五个城门，城门楼采封闭碉堡式，有防御火炮功用；台北府城周长约有 4.6 公里，城内面积约 1.6 平方公里，壁高丈五，雉堞（女儿墙）高三尺，城墙上路宽丈二，可容两马并辔而行。五个城门分别为东门（景福）、西门（宝成）、南门（丽正）、北门（承恩）、小南门（重熙）。东门景福门取自《诗经·大雅·既醉》诗句："既醉以酒，既饱以德。君子万年，介尔景福。"西门丽正门之名源自《易经·离卦》："日月丽于天，重光以丽乎正。"小南门重熙门，取"盛世兴隆，光辉普照"之意。北门为承恩门乃承接天恩之意，为台北城的正门。

岑毓英任内兴建台北城主要街道及设施如文庙（今北一女）、武庙（今司法大厦）、城隍庙、台北府衙、考棚等，街道与刘璈向右调整的城墙不协调对称，所以形成台北市城墙与城内街道方位不平行一致的情形，这也是台北独特的地方。日本要拆除这五座城门，理由是台北城市建设之需，但实际上是"去中国化""去中华文化"，由于遭受台湾人民群起抗议，最后保留下五座城门，如今仅有北门承恩门是当时刘璈所造。刘璈也是因为一些"莫须有"的罪名差点被斩，最后幸运保住性命流放东北，刘璈的命运似乎与他所兴建的五座城门类似。

1884 年台北建城时已经完成了文庙、武庙、城隍庙等宗教建筑物，台北府衙、考棚等官署，以及城内主要街道，于是台北盆地的宗教与政

---

① 有人说刘璈属于"峦头学派"的风水观拥护者。他着重于山川大地的形势与环境的选择，认为岑毓英的规划使得台北后无祖山可凭，一路空虚，相书属"凶"，于是修改城墙的走向，参照台北盆地的自然风水，将北门与西门间的城墙线遥对最高峰的七星山尖，与北斗七星中的天璇、天玑两星形成东北西南座向，使北城墙后方有七星山可以倚靠。连带使得原本方正格局的台北城向东 13 度偏移，其城府的中轴，对准北极星（代表北极星君、玉皇大帝）。

经中心逐渐移入台北城内。之后历经多次战争的摧残及破坏，台北城总是屹立不摇，132年的兴盛及繁荣也不曾被影响或中断。从1885年前的田野蜕变成今日台湾政经中心，这是否与刘璈这13度右转弯有密切的关系？刘璈的命运是否也与此相连结？

这神秘的13度或许改变了台北的命运，却改变不了大清帝国的命运。十年后，处心积虑占领台湾的日本终于如愿以偿，从垂死中的清政府手中抢夺下台湾。

1894年中日甲午战争爆发，1895年4月17日双方在日本马关签订《马关条约》，清朝将台湾割让给日本。1895年6月，日本军占领台湾，遭受台湾人民激烈的抵抗，当时湘军（又称新楚军）为主力，结合黑旗军、台勇、淮军、台湾少数民族等共同起义抗日，对日本占领台湾，造成极大阻力并使其付出惨重代价。然而辜显荣（辜振甫的爷爷）打开台北城门，日本军大摇大摆从刘璈所建的北门承恩门下骑马进入台北城，整个台北城至此落入日本手中。笔者在想刘璈如在天有灵，也会郁闷而亡；讽刺的是刘璈原来为保护台湾人民设计的城墙，却变成保卫日本军阻止台湾抗日军的屏障。日本军靠着刘璈所建坚固的城池保护，轻易阻挡了抗日义军的进攻。

日本窃据台湾时期，借各种理由"去中国化"，以台北市区建设之需为由，将台北城内的巡抚衙门、布政使衙门、文庙、武庙、天后宫、城隍庙等中国文化建筑全都拆除。连台北城门及城墙都想拆除，1905年将台北城垣及台北西门拆除，其余城门由于台湾人民抗议及日本总督府图书馆长山中樵的呼吁得以保存，城墙则在1911年全拆完；日本用拆下来的部分墙砖再砌成台北署、台北监狱等建筑物的围墙。台北监狱围墙遗迹位于台北市大安区爱国东路底、金山南路交叉口附近（即金山南路二段44巷）。

然而这被保留下来的四座城门，在1966年被国民党当局以美化市容为由，将城门上层改建为北方宫殿式的建筑，仅有底座维持原样，这四

原台北监狱围墙

原台北城墙石块，位于今日北门

座 81 年历史的旧城楼被拆毁；北门得以幸运保存，因为当时台北市政府都市计划是将在北门附近兴建高架道路，原本拟将北门夷平，没必要再花钱改建，北门因此逃过一劫，成为唯一保留完整的台北城门，现为一级古迹。

在北门承恩门现址仅留下几块刻意寻找回来的古城墙石块，供台湾人及游客缅怀历史。不过近日因拆除周边高架桥又不知去向，希望还保留着。

那块原本位于外廓北面门洞上方的"岩疆锁钥"横额，正对七星山，是台北城的精神标志，日本人借城市建设之名义将其拆除，放置在日本总督府官邸（今日台北宾馆）后花园凉亭的础石上。在日据时期，天天遭日本总督、官员、军人践踏，可恶的日本人是故意羞辱我们台湾人。台湾光复后，国民政府将"岩疆锁钥"横额移至台北新公园（今日二二八和平公园）的碑林区陈列，直到 1998 年 2 月才重新移回北门前方空地，最近因台北市政府在拆周边高架桥，也不知去向，经查应是台北市府怕工程作业时损伤石碑，暂存于官署内。希望能早日物归原址[1]。

如今台北建城已 132 年，当年日本人兴高采烈地穿过我们的"台北凯旋门"（北门），原应保护台湾人民的城墙却变成保护日本人的堡垒。今日我们两岸人民应当记取当时"两刘之争"的教训，记取陶醉在颐和

---

① 资料来源：网络，《北门：二刘之争》，Tony。

清末台北城小南门

台北北门及"岩疆锁钥"横额

园假山假水假象下的腐败清政府之教训。我们应当同舟共济励精图治，否则今日"台北凯旋门"虽风华重现，可能不知哪天又将成为哪一个贪婪强权手下的护城堡垒。笔者伫立在"台北凯旋门"下，仿佛又看到那些日本人的一双双臭脚践踏在我们的脸上（"岩疆锁钥"），希望两岸人民莫忘国耻。

湖南秀才刘璈设计、兴建了"台北凯旋门"，这位为保卫及建设台湾而牺牲、最后竟沦落到被判"斩候监"的湘军名将，当他流放黑龙江时如听到这首《台北的天空》不知做何感想？一首台湾现代歌曲，描述了离乡游子对家乡台北尤其是繁华的台北的思念。

> 风好像倦了，云好像累了，这世界再没有属于自己的梦想。
> 我走过青春，我失落年少，如今我又再回到思念的地方。
> 台北的天空，有我年轻的笑容，还有我们休息和共享的角落。
> 台北的天空，常在你我的心中，多少风雨的岁月我只愿和你度过。
> 风也曾温暖，雨也曾轻柔，这世界又好像充满熟悉的阳光。
> 我走过异乡，我走过沧桑，如今我又再回到自己的地方。

王芷蕾可以唱《台北的天空》抒发心情，但刘璈当时只能以写《巡台退思录》来抒发他的冤情，以及思念台湾的心情与不舍。

但是 132 年后《台北的天空》的歌词意境或许更能安慰刘璈的心情，表达他对台湾的思念，"留有他的笑容，也常在你我心中"。

第十九章
台湾从何时重北轻南

　　台湾巡抚刘铭传从1884年7月抵台，到1891年5月离台，都是在台北办公，台湾巡抚机关实质上已从台南迁至台北；1895年日本人占据台湾也以台北为台湾政经中心；很明显台湾重心由南转北是清末和日据时期开始的。

　　刘铭传于1884年7月16日抵达台湾基隆，7月20日进驻台北城，10月29日任福建巡抚常驻台湾，1885年10月12日（农历九月五日）懿旨命其担任台湾第一任巡抚（全衔为"福建台湾巡抚"），至1886年2月22日才接巡抚关防，台湾建省行政程序拖延到1887年（光绪十三年）才完成，一般人误认为台湾是光绪十三年才建省。台湾建省后，省会设在彰化县桥孜图（今日台中市附近），但是由于建城的工作迟迟未启动，刘铭传又一直在台北办公，台北逐渐形成实质上的省会、政经中心。台湾一部本土电影《艋舺》，描述了台北旧社区的故事。电影中的"艋舺"就是今日台北万华古名，以前在台北城外。清朝时期台湾有"一府二鹿三艋舺"的说法，"府"是台南府，"鹿"指是鹿港，"艋舺"是今日台北万华。由此来看，清末时台湾的重心台南是排名第一，而"艋舺"还只是老三地位。

　　因此台湾这些年有些人常常批评台湾当局是重北轻南，不重视南部

台北大稻埕河岸（资料来源：国家图书馆——台湾记忆）

人民，尤其在选举期间特别喜欢指责当局者重北轻南。可悲的是当局者对此却毫无作为，也无心研究"重北轻南"的真正原因及由来，只是一味地"吹台青"，结果使用的一些人却是金玉其外、败絮其中，引发更大民怨，却还是搞不清楚"重北轻南"是如何造成的。

在清光绪初期之前，台湾政经重心一直是在南部，台湾知府、巡抚及主要机关也在台南。直到1884年刘铭传抵台后，政经重心才开始逐渐转移到台北。在1874年牡丹社事件之前，还没有台北府，台湾只有一个府，即台湾府，在台南。1875年沈葆桢奏请朝廷增设台北府，1876年1月，清朝廷考量到西方列强的觊觎及台湾北部缺乏建设与发展，准奏增设台北府。

台北府第一任知府林达泉上任后，选定当时艋舺与大稻埕之间的平原为台北城址，先后由岑毓英巡抚、陈星聚知府等人接手建造，最后到1884年在台湾兵备道刘璈手中完成。当时台北城还只是个空城，城内仅有少数的公共设施，如文武庙等，台北城须与大稻埕及艋舺竞争，当时台北城在台湾的地位还很模糊、薄弱。

1895年台北西城门——宝城门（资料来源：台北市文献会）

台北城法定地位的确认

台北府的法定地位是由沈葆桢确定的。1874年（同治十三年）沈葆桢因日军侵台，爆发牡丹社事件后，受命来台负责与日本协商。日军撤退后，沈葆桢巡视台湾北部时，目睹台湾北部（今日的艋舺及大稻埕）的繁荣及区位优势，也认识到台湾北部的发展潜力、经济实力及战略地位等日趋成熟、重要。台湾北部的茶叶、樟脑等贸易活动格外兴盛，中国大陆及外商如英、美、荷、西等各国商人不断涌入，外来人口不断增加；从军事上来看，台湾北部也将是西方列强势力觊觎的下一个目标。此地区的军事、经济、人口成长等因素，让沈葆桢决定上奏朝廷，尽速在台湾北部设府，筹设台北府城。一方面可发展经济，繁荣台湾；另一方面得以建立军队，加强北部海防，保卫台湾北部的疆土及人民，防止列强效法日本侵略台湾北部。

1876 年 1 月 16 日（光绪元年十二月二十日）清朝廷同意沈葆桢的奏请，台北城自此诞生。台北府下辖三县一厅，即宜兰县、新竹县、淡水县及基隆厅，若以今日台湾行政区域来看，包含了台北市、新北市、桃园县、新竹县、苗栗县、宜兰县、基隆市等县市。

台湾政经中心由南转移至北是从清末开始

1884 年 7 月 16 日刘铭传抵台，是以巡抚衔（巡抚级别）来台督军；1884 年 10 月 29 日担任福建巡抚驻台督军；直到 1885 年 10 月 12 日（光绪十一年九月五日），清廷任命刘铭传为台湾第一任巡抚（职衔为福建台湾巡抚）。刘铭传 1886 年 2 月 22 日接关防，建省工作直到 1887 年才完成。

台湾建省前的政经中心一直在台南，刘铭传抵台督办政务后，实际的政经中心却是在台北。中法战争时，刘铭传抵台后，理应到台湾兵备道（刘璈）、总兵（杨在元）所在地台南会合，听取他们的简报及商讨抗法对策，他却直接入驻台北城。刘铭传不进驻台南，固然可说是担心基隆情况危急，但这也不需主帅亲站第一线，可能造成事权不一的情形；刘铭传应是有畛域之见，不愿与刘璈、左宗棠嫡系部队相处，选择与非左宗棠嫡系霆军为伍[1]。1886 年刘铭传决定将台湾省巡抚衙门设址在台湾彰化县桥孜图（今日台中市），认为此处位置适中，又有良港（鹿港），但夸张的是彰化的省城实质建设工作却迟迟未见开工，而刘铭传一直留在台北办公，办公室称之为"巡抚行署"，地址在今日台北延平南路及武昌街口，现设有纪念石碑"清台湾巡抚衙门旧址"。因此当时台北已为实质上的省会，之后台湾巡抚就直接从台南移到了台北。

台湾著名历史学家，"中央研究院"台湾史研究所所长许雪姬研究后

---

[1] 《刘璈与刘铭传在台施政之研究》，页 68，郭志君，台湾清华大学历史研究所。

认为：

> ……台湾北部自刘铭传时代起，已成为新的台湾政治中心……①

诚如许雪姬教授所言，设置台北府后，原本台湾省巡抚机关还在台湾府，也就是台南，但是刘铭传存有湘淮矛盾的地域心态，从1884年7月16日到台湾后就不愿与湘军将领台湾兵备道刘璈同处，于是一直驻守在台北府，相关抗法会议也都是在台北召开。在中法战役开打后，基隆失守造成两刘相互攻讦，水火不容。因此在战后，刘铭传更不愿去台南与刘璈为邻，先将台湾省巡抚机关迁至彰化，再逐渐迁移至台北城，台北的政经地位就此确立。

10年后日本据台，出于对日交通及贸易的考量，更加重视台北城的政经地位，所有对外的贸易大都从台湾北部出口，而主要的日本政府机构、学校、军营、商社、工厂等也都设置在台北城，因此更加速台北城的繁荣及政经地位中心的巩固，减弱了台南府、南部及其他城市的竞争力及资源分配。

如果我们能真正深入了解台湾的历史便知，在明清两朝，台湾政经中心一直是在台湾南部。

从1625年（明熹宗天启五年）荷人在赤崁楼筑普罗民遮街起，一直到1887年（光绪十三年）台湾建省为止，台南一直是明清两朝的军政、文化和经济的重心。

1683年清康熙收服郑克塽，原本要放弃台湾，施琅一再谏言，才保住台湾。但在初期清朝并不积极建设台湾，政策上采防堵、放任的态度；对外施行"三不"（或称"三禁"）政策：一、不准任意来台；二、不准携眷来台；三、不准粤人来台。

---

① 《二刘之争与晚清政局》，页35，许雪姬，"中央研究院"。

清朝康熙的"三不"政策严重危害台湾的繁荣，延误了台湾的建设及发展。当全世界及全中国都在快速进步发展的时候，台湾却长期停滞不前，清康熙帝要负最大的责任。

在清收复台湾初期，采消极治台政策，仅容许台南鹿耳门与厦门单点通航，"一府"之地位乃逐渐形成，也是拜清朝政策所赐。直到1784年（乾隆四十九年），台湾才开放鹿港为通商港埠，1788年（乾隆五十三年）再开放淡水八里为通商口岸。至此，台南才丧失台湾对外贸易的独家地位，但台南市街的繁荣，仍冠全台，才有"一府二鹿三艋舺"之称。虽后来又开放打狗（今日高雄）及基隆加入港口竞争，但台南仍居台湾的政经中心。

从荷兰时期、郑氏王朝到清朝末期，台湾当时的政经重心都在台南。当刘铭传舍南居北时，台湾的政经地位从此逐渐由台南移转到台北，奠定台北成为台湾的政经重心地位的基础，让今日台湾南部人有重北轻南的感觉。

第二十章
神秘的恒春城：三门朝正方，
西门却朝北北西的秘密

　　在台湾电影《海角七号》中，日本女星田中千惠饰演的一位日本姑娘来到台湾屏东，带出一段异国恋。影片记录一段日据时代日本人与台湾姑娘的恋情及悲剧。刘璈乃恒春城的设计者及建造者，是湖南岳阳人，他的生命中原本与台湾毫无任何交集，却因为日本打台湾屏东才与台湾联结上了。1874年牡丹社事件落幕后，刘璈受命到台湾总理营务处协助建造屏东鹅銮鼻灯塔，这是他第一次与台湾的约会。灯塔未及建造，却又被指派负责设计及建造屏东恒春城。刘璈第二次赴台是1881年8月7日，当时他已是兵备道（台湾二把手）。因为左宗棠希望整顿台湾吏治、建设台湾，需要征调一些有为的官员赴台，刘璈原本在浙江任台州知府，生活舒适悠哉，却被左宗棠征召到台湾，离乡背井，只为建设台湾。由于刘璈在台为官深得民心，被台湾民众尊称为"刘青天"，遗憾的是最后因与刘铭传的湘淮之争，差点命丧台湾。

　　一部台湾本土小制作的电影《海角七号》带动恒春的观光及旅游。这些游客尤其是大陆同胞到屏东恒春时不知是否留意，原来这座美丽的恒春城是因为日本侵台，湘军为保卫屏东居民而建造的。日本串联三个时空：晚清、日据、现代的恒春。恒春不但有异国恋，还有更多"湘台"

恋、"浙台"恋。由于当时清朝也有"三不"政策，其中一条就是不准驻军携家带眷来台，所有湘军官兵来台时，都是单超（指单身汉）一个，许多人因此在台湾娶妻生子，成家立业，落地生根，所以这种未完的恋情或是妻离子散的悲情故事，在当时湘军眼中已司空见惯。

美丽温暖的恒春城，正如其名，是今日台湾保存最完整的一座古城池。但是恒春城也是一个设计非常特别的城市，它有四个城门，东南北三门都是朝正东正南正北，而唯独西门却不是朝正西方向，而是朝北北西，为什么？为什么西门不是朝西？当时设计者及建造者刘璈并未交代，也没人找到答案，至今还是个谜。

有人说是测量错误，有人说西门不朝正西是因为风水考量，有人说是为向北京朝圣，而北京方位，从恒春位置看就当然不是正北方。有人说刘璈是属风水峦头学派，这神秘现象是与峦头学派有关。

当时设计者及建造者刘璈生前未透露真相，也未交代只字片语，更没有任何文献资料显示他的目的，但一定有原因，至今这神秘的谜还是恒春人茶余饭后的热门话题。笔者经多方研究，终于找到恒春城"西门不朝西"的神秘原因及刘璈心中不可告人之秘密，笔者要为恒春乡亲解开这百年来心中的谜团！

恒春原是台湾南部一个安静纯朴的小镇，却因电影《海角七号》一炮而红。恒春的西门现在在假日更是人潮不断，人满为患，不但台湾游客多，大陆同胞也慕名而来，到了晚上，恒春夜市可说是人山人海。

《海角七号》的卖座，成功带动了恒春小镇旅游业的繁荣。剧中的人物及拍片景点：阿嘉、友子的家，皆成为游客拍照的热门景点；由于片中有琉璃珠及小米酒，如今相关厂商订单更是接不完；电影散场了，游客热潮未散，古城尚在，但血泪历史却被遗忘。两岸人民如能寻访先贤遗迹思古鉴今，也算是对这些为保卫及建设台湾牺牲生命的先贤表达一种尊敬、一点感恩之情。

恒春像是一朵娇艳的兰花，恒春小镇古名为"琅峤"，"琅峤"发

音同"狼叫"，是台湾少
数民族排湾人语"兰花"
的意思。清同治年间，恒
春半岛接连发生美船罗发
号事件（Rover，1867 年）
及日本侵台的牡丹社事件
（1874 年），清朝紧急命
沈葆桢赴台处理，沈葆桢
赶走日军后，为保护台湾

恒春城西门

屏东地区的少数民族及汉人免于再受日本的侵略，避免牡丹社事件一
类的事再次发生，奏请清廷在屏东琅峤筑城，由当时浙江候补道刘璈
负责设计及建造，并改变台湾行政体制，在琅峤设恒春县。由于琅峤
气候温暖，四季如春，沈葆桢将其改名为"恒春"，取其"恒久春天"
之意。①

　　恒春城在朝廷奏准后，由台湾道夏献纶及熟悉堪舆的刘璈等人积极
建设完成，现存的 4 座古城门是台湾地区保留最完整的城门古迹。如从
1875 年（清光绪元年）正式立县算起，迄今已有 141 年历史。

　　1875 年（光绪元年正月十二日），清朝廷同意沈葆桢奏请，将枋寮
以南由凤山县境划出一地（拆分凤山县率芒溪以南之地）设恒春县，建
恒春县城于琅峤社所在地。于是沈葆桢任命刘璈负责实际的设计、测
量、筑城等工作。首任恒春知县周有基在 1875 年 7 月上任，恒春县署在
1876 年 4 月落成，恒春城池在 1879 年 7 月 15 日完工。全城周长 880 丈，
城垣厚 2 丈，设 4 门，垣外有护城河。

　　由于刘璈专精堪舆学，规划设计恒春城时必定考虑过风水。刘璈设
计风格一向不拘泥于形式，不是非得要正正方方的，以他设计的台北城

---

①　资料来源：恒春镇官网。

就可看出，原本巡抚岑毓英以北极星定位，一切皆属正方位，但是刘璈一接手就向右转 13 度，以七星山为靠背。

风水堪舆之说系由中国人发明，是从古至今，从皇亲贵族至平民百姓都极为重视的习俗；在封建时代设县建城是何等大事，一般而言一定是经堪舆专家论述一番，慎重选择风水宝地，才能选定城址及施工。恒春城设计者刘璈，当然不会不考虑风水。依照恒春县志城署图，恒春城是坐三台山朝西屏山，三台山为城之主山、为玄武（北），西屏山为台地，看起来像一张桌子，为朱雀（南），右有虎头山（西），左有龙銮山（东），城内猴洞山为龙脉跃出，虽城之西北方有空隙，则以远处的龟山作屏障，如此青龙、朱雀、白虎、玄武等四灵皆具的龙脉，完全符合"左青龙右白虎；后玄武前朱雀"之说，恒春城可谓坐落在龙穴上，这应是刘璈选址时深思熟虑过的，也与易经中"四灵"之说相吻合，"四灵"为青龙、朱雀、白虎及玄武，代表四方位，也就是"左青龙右白虎；后玄武前朱雀"，青龙为东，白虎为西，玄武为南，朱雀为北。

官方《恒春县志》中亦有记载：

恒春县城的四周有山，分别为三台山、龙銮山、虎头山与西屏山，在风水上被视为玄武、青龙、白虎与朱雀，而三台山为主山。又城内的猴洞山为龙脉所在，为庙宇集中地。

此点也呼应了刘璈设计有考虑风水的论述。[①]

因此恒春城址就选定在认为是"龙脉"的猴洞山附近，东有龙銮山（青龙）、西有虎头山（白虎）、南有西屏山（朱雀）、北有三台山（玄武），恒春县城有了这四座灵山的屏障，据信就能保佑恒春城人民出入平安、丰衣足食。

---

① 资料来源：《恒春城的建城与风水》，许耀天整理提供。

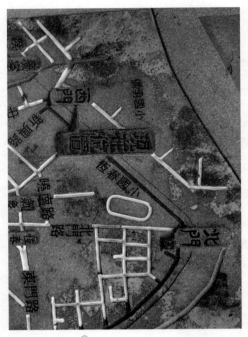
恒春城方位图①

然而刘璈设计的恒春城有四门，三门皆朝正方位，唯独西门却朝北北西方位，这是百年来一直为恒春人所疑惑的，刘璈也没交代，为何不交代清楚？因为他有难言之隐。

传说1875年（光绪元年），屏东榔林庄出生了一位奇人陈春连，他孔武有力，幼儿时就可扛起一袋稻谷，风水师认为唯有把西门设计改向，才能化解陈春连未来反清的"劫"，于是西门就改朝北北西的位置（约330度）。

另一传说：屏东榔林庄福兴庙的中军元帅透过乩童表示，榔林庄好比是"黄蜂出巢"，一旦恒春建城后，会阻碍黄蜂到猴洞山采蜜。清廷方面亦有高人指点，破解的方法，就是把西门设计改到今天的位置，就可压住榔林庄的气势②。

以上传说皆属怪力乱神之说，不足采信，然而在《再添西门不向西新揣测》文中，作者李昭宗对西门的分析较有可信度，他认为有两种可能，一是：

堪舆师设计县城时……为了迁就山的位置，所以风水的四方不一定等同于实际方位，也有见解城门是位于猴洞山与周遭的四座山为四灵，虎头山、龙銮山、三台山、西屏山连接上，所以西门不向西。

① 资料来源：《台湾的城门与炮台》，戴震宇，2001。
② 《恒春镇志》，初稿卷10，《轶闻传说志》，林右崇、刘启瑞，1997年11月。

李昭宗先生此点论述是从堪舆学的角度来看此问题，似乎也透露了一些思考方向。二是：

……以谷歌地球（Google Earth）测量西门城门面向方位是330度，从恒春县城中心测起349度方位即为北京紫禁城，两者差有19度……当时大地测量技术谈不上精确，所以可以假设刘璈如有心将西门面向北京紫禁城，以清廷光绪元年当时大地测量技术……方位测量有19度的误差是可能的。

李昭宗又言："封建社会能够为官，都是认为皇恩浩瀚，人不在京城，也会朝北参拜，刘璈及沈葆桢在南疆建城，是不是特意将西门朝向皇都，隐含着参拜之政治含意……西门不向西却向北北西，是有着隐藏参拜皇都之政治含意。"①

李昭宗先生论述的基本方向是对的，因为刘璈当时只是总理营务处行走的小官，为表示对朝廷，对西宫慈禧太后的感恩之意，以"西门"来代表西宫太后（左宗棠也曾如此），将恒春城西门转朝向北京，隐喻刘璈人在台湾却还日日面朝北京向西宫慈禧太后请安之意。

李昭宗质疑："……若有此用意，那为何是让西门朝向京城，为何不让北门朝向京城……"诚如笔者前面所言，"西门"代表西宫太后，其他门就无法代表了，所以一定是西门，刘璈在建台北城时也有同样手法。

李昭宗又质疑："……倘若是有朝拜皇都之意，规划者刘璈怎么未留下只字半语，致使后人无从考据。对朝廷表示效忠，朝廷一定乐见此事，大臣也趁此宣示忠诚，岂有不大书特书之理，规划者是不是有难言之隐？果真是西门朝向皇都，那为何是选西门不是北门，再大胆揣测为

---

① 《再添西门不向西新揣测》，李昭宗，"内政部营建署垦管处"。

何是选择西门朝向皇都。"①

李昭宗先生是研究此问题的专家，他的质疑是有道理的，他几乎找到答案，解答也呼之欲出。因为答案就是在他的质疑中，可惜，他没有在最后关键地方转个弯！

刘璈选西门而非北门，是以西门暗指慈禧太后，向北北西表示对北京清廷致意。综合来说，就是对北京西太后表示感恩及尊敬之意。但要注意慈安太后（又称"东宫太后"）当时还健在；而慈禧太后（又称"西宫太后"）才刚垂帘听政。恒春城是于1875年（光绪元年）动工兴建，至1879年（光绪五年）5月2日竣工。当时东（宫）太后还在，刘璈能说将"西门朝北北西"是为对西（宫）太后表示尊敬之意吗？你刘璈不尊敬东太后吗？清制东太后还在西太后之上呢！让慈安太后或任何大臣知道，不把你小小的刘璈给抓出去斩头才怪。所以刘璈当然不能言、不敢说，因为会有杀身灭门之祸。不过自1861年慈禧太后在恭亲王奕䜣支持下，以同治皇帝亲生母垂帘听政，在1875年时已是清朝实际的掌权者。1875年，当时刘璈为表态效忠慈禧太后，所以以恒春"西门"隐喻为西宫慈禧太后，将西门向着皇都北京，借此表示对皇太后及皇上的尊敬，在封建时代是再平常不过的。

如此，西门代表西太后，西门朝北北西，是代表刘璈等对北京西太后尊敬之意；为何不大声说出，是不能也不敢说，是因为当时东太后还健在，说了可能会有杀身之祸。

1884年刘璈在建造台北城时，将北门命名为"承恩门"，以北门面朝北京方向，代表对北京清朝皇室的感恩及尊敬。这个做法呼应刘璈以恒春城西门的隐喻，也解开这百年来恒春人的迷惑吧！刘璈属于堪舆学的峦头学派，规划建造恒春城时，要让西门在一线上不是难事，城门舍正西而向北北西，必有其原因，如今，更增添恒春人茶余饭后闲聊历史

---

① 《再添西门不向西新揣测》，李昭宗，"内政部营建署垦管处"。

故事的话题。

    恒春城自 1875 年建城迄今已有 140 多年，古城之南历经无数天灾，如台风、地震等，至今还屹立不摇。刘璈的恒春城的四个城门完好如初，这或许也是刘璈设计对台湾的另一贡献。读者有机会来台时，可以一探先贤之巧夺天工的设计及质量水准，也算是对这些先贤的告慰。

第二十一章
台湾著名的屏东鹅銮鼻灯塔是湘军建造的

鹅銮鼻灯塔，台湾南部一座知名灯塔，今日大陆及国外游客必去之地。这座灯塔并不是台湾人盖的，而是清末一群来自湖南及浙江的湘军所建造的。

1881年（光绪七年）台湾兵备道刘璈来台前招募一群浙江台州的泥木工师傅及湖南籍兵勇，共同打造了这座知名灯塔。

台湾东部海岸，暗礁密布，暗流汹涌，许多外国船只不谙水流及礁岩，常常触礁发生船难，侥幸生还上岸后又常与当地少数民族发生冲突遭"出草"（杀害）。外国政府与清朝交涉，清朝又多消极处理，导致外国列强借此多次兴兵侵犯台湾。牡丹社事件后，清朝认为建灯塔以减少船难是当务之急。1875年在日军撤出屏东后，清廷责令刘璈积极进行兴建灯塔工作。刘璈受命后，即着手规划、设计及兴建工作。不过刘对兴建灯楼有不同意见，他认为：

恒属建造灯楼一案，论其事则为善举，迹其心则怀叵测。台地物产饶沃，久为彼族垂涎。

今彼族建楼于台之极南，左顾山后（指今日屏东），右盼山前（指今日宜兰），前后交通，出没自便。非若台北之前后路梗，呼应尚难。此山后之未可疏防也。……彼素所垂涎者，不几在掌握中也？

刘璈洞悉李仙得积极游说施压清廷速建灯楼必有诈，看出老美又是假借人道立场，暗藏掠夺大清江山之贼心（这是美国至今的一贯做法），所以态度上较为消极，多次谏言，但朝廷大臣无法理解，最后刘璈也不再多言。后因服丧，刘璈匆匆返乡，建灯楼一事遂搁置未动，直到他奉诏二次赴台时，亦身负建造鹅銮鼻灯塔之责，来台前招募台州工匠及岳阳兵勇数百名，随之赴台，抵台后全编入"岳字营"，属刘璈嫡系部队。鹅銮鼻灯塔终于在光绪七年十一月开始建造，于光绪九年二月完成。[①]

台湾《中国时报》主编陈怡真，在《鹅銮鼻灯塔》文中指出，她的曾祖父为浙江台州人，就是在1881年追随刘璈来台的浙江台州人之一（刘璈在1864年署理浙江台州知府，将近十年，官声甚佳）。她指出当时来台的台州泥木匠共有100多人，都编入刘璈嫡系部队"岳字营"，协助刘璈建造鹅銮鼻灯塔，她叙述[②]：

……光绪七年派任台湾兵备道，上任前，且于台州招募泥木匠勇一百名随带赴台。

台湾兵备道驻守台南，我太爷爷极可能在安平登陆。一抵台，他即与同伴被编入岳营，岳营的兵来自刘璈的家乡岳阳州，是刘璈军营的心腹军。这批勇丁又拨归镇海左营，驻扎在狮头社军工厂等处。在营小作，暇则操练；操练的项目包括"刀矛枪炮以及兵阵"。所以太爷爷在台湾，还接受了军事训练。

---

① 《刘璈与刘铭传在台施政之研究》，页14—17，郭志君，台湾清华大学历史研究所。
② 《鹅銮鼻灯塔》，陈怡真，2012年7月8日。

刘璈并饬令起造鹅銮鼻、旗后、东港、扑仔脚、郡城内外演武厅各公所，那么除了在高雄屏东一带起造各式公家建筑，太爷爷还是当年建造鹅銮鼻灯塔的工匠之一。

陈怡真女士所述她太爷爷来台故事与史料记载是相吻合的。1881年（光绪七年）当时任职兰州道的刘璈受命来台担任台湾兵备道一职，为台湾实质的一把手，因为台湾巡抚为福建巡抚兼任的。刘璈知道此行须负责建造鹅銮鼻灯塔及台北城，来台前从浙江台州招募一批泥木工匠有100多人从台州搭船到台湾，当时唯一开放与大陆通航的港口只有台南安平，所以这些台州工匠确实是从安平港登陆，也都被编入"岳字营"，这是刘璈的嫡系部队，因为刘璈是岳阳人。"岳字营"先是驻守在台南，后又调防到高雄镇海左营，这些浙江泥木工匠除平时须做工程外，还须习武参与台湾平乱及防御工作。由于"岳字营"并未参与基隆或沪尾战役，她太爷爷可能参与屏东平乱或者是修护炮台工作，立有军功，后也应参与鹅銮鼻灯塔实际建造工作。

另一位台湾名作家公孙策在《刘铭传与我的曾祖父》文中也指出：

刘璈当年受命出任台湾兵备道时……出发赴任前，在绍兴招募了一批工匠。他此举是有远见的，这一批工匠在南台湾完成了很多基础建设，包括鹅銮鼻灯塔在内。我的曾祖父是做木匠的，他就是那一批军工之一，然而，我的曾祖父曾经对建设台湾做出贡献，那是一件令我非常骄傲的事情。

笔者不知陈怡真女士的太爷爷及公孙策先生的曾祖父是否是亲戚。这些浙江人、湖南人回到他们当时建造的灯塔，想到灯塔是指点外国人回家的明灯，却没法提供自己归乡的路，睹物思情，欣赏灯塔，西望故里，无尽的大海，隔绝回家的路，心中不免有无限感慨。这些由浙江台州来台的泥木工匠及湖南岳阳来的湘军，许多并未回到自己的故乡，最后可能都选择留在台湾，落地生根。

当时鹅銮鼻灯塔建造者的后裔，如陈怡真、公孙策等人纷纷发表文章，缅怀他们先人为台湾的建设及防卫无私奉献的情怀；无论你是从大陆哪一省份来的，就像陈怡真、公孙策等人的曾祖父对台湾无私的奉献，才铸成了今日台湾的富庶与繁荣，这些人才是道道地地受人尊敬的台湾人，而不是那些嘴上说爱台湾，却一天到晚专干撕裂族群、危害台湾的政客。

鹅銮鼻灯塔是台湾八景之一，是代表性之景观建筑，为著名地标之一。可是绝大部分大陆同胞甚至许多台湾同胞却不知道这著名地标是湘军刘璈率湖南勇、浙江泥木工匠们齐心建造的成果。

鹅銮鼻灯塔位于台湾的最南端（屏东县恒春镇灯塔路 90 号），地势东陡西缓，沿岸布满珊瑚礁。"鹅銮"一词为排湾语，有"帆船"之意；鹅銮鼻的地标为鹅銮鼻灯塔，它也是台湾尾的象征。

屏东鹅銮鼻灯塔

鹅銮鼻灯塔建造过程

鹅銮鼻灯塔于 1881 年（清光绪七年）11 月终于开始建造，还是由台湾兵备道刘璈、台湾总兵吴光亮等督造，恒春营游击刘兆瑚、恒春县知县蔡麟祥、恒春县前知县周有基等监造，终于在 1883 年（光绪九年）2 月 24 日落成。

此塔是清廷在台湾兴建的第一座灯塔，也为世界上少有的具备武装功能的西式灯塔。塔楼建筑成炮垒型，以塔楼基座为炮台，围墙上设有枪眼，墙外四周设壕沟，并派有武装士兵驻守。此塔一共花费了 200 多万元建造。1883 年（光绪九年）鹅銮鼻灯塔开灯启用后，对于航行于巴士海峡及台湾海峡的船只有莫大帮助，之后 10 年间仅有 3 次船难，更未再有遇难船员与台湾少数民族冲突事件发生。鹅銮鼻灯塔对台湾南部及东部海上航行安全充分发挥了功效①。

鹅銮鼻灯塔建筑特色及相关设施②

1. 塔身：以生铁铸造，高 21.4 米，共有 6 层，1—4 层为楼梯，第 5 层是控制室，第 6 层为灯室。

2. 枪眼：围墙每隔 3.25 米设置一射击枪眼。

3. 壕沟：位于围墙外圈，深 1.8 米。

---

① 资料来源：鹅銮鼻灯塔官方网站资料。
② 资料来源：鹅銮鼻灯塔官方网站资料。

第二十二章
"开荒于前，造福于后"：
台湾三条横贯山路的开辟

台湾三条知名横贯山路全都是湘军所开辟的，真是"开荒于前，造福于后"。

近年来台湾旅游的游客超过千万，约400万人来自中国大陆，当大陆同胞来到台湾风光明媚的屏东海岸、苏花公路、中横公路等地，惊叹壮丽美景时，可曾知道有多少清末湘军不分族群地来台为开辟这些古道而牺牲生命；今日游览时，我们后辈是否也应缅怀这些筚路蓝缕、以启山林的前人、先贤？台湾人在受惠于这些前人先贤牺牲生命、徒手开凿出来的古道时，可曾想过这些先民都是来自中国大陆各省离乡背井、横渡惊涛骇浪的黑水沟，来台协助沈葆桢开山抚番的湘军。没有他们当时的牺牲，就没有今日的台湾。

1874年牡丹社事件后，清廷在沈葆桢积极建议之下，终于决定建设台湾。依据左宗棠的治台理念，沈葆桢的台湾建设蓝图，首要的就是开山、开路、抚番。因此决定在台湾开凿北中南三条东西向山路，开山的军队主要为湘军，由罗大春、夏献纶、张其光、吴光亮等几位主要负责，虽非湖南籍将领但都属左宗棠麾下的湘军成员。罗大春（江西人），原本出身绿林，由于协防杭州时，城陷入罪，左宗棠为其开释，纳入湘军，

今日苏花公路

与夏献纶共同负责苏花公路古道开辟，他以提督身份统领十三营。张其光（广东新会人），为左宗棠麾下总兵，负责台湾南路开路。吴光亮（广东英德人）是左宗棠部下，以南澳镇总兵来台开辟最长一段的中路，265公里，曾任台湾挂印总兵；与孙开华、袁闻柝共同平番乱，后又参与台湾八卦山抗日战役。

清末湘军开路过程千辛万苦。由于少数民族的反弹，清军须冒着生命危险开路，许多湘勇因此死在台湾的深山乡野无法归乡。所以山路开凿完一段后，各路将领都会立碑、碣等，纪念这些辛劳付出的湘勇们，感谢各路神明的护佑。此处笔者也要感恩这些先贤的付出，将相关开山、开路的碑、碣、匾、庙、像、墓等一一寻找出来，以缅怀湘军先贤的牺牲付出，并告慰这些湘军在天之灵。碑墓是死的，故事是活的，恩情是永恒不灭的。

沈葆桢来台后推动"开山抚番"政策，为使台湾西部与东部连成一体，一面教化台湾少数民族，促进台湾番汉族群和谐，一面进行移民，开发台湾东部，改善东部生活。当时整个开山、开路计划在台湾全岛分北、中、南三路进行，以打通台湾中央山脉，连接台湾东西部乡镇。

中路："八通关古道"

吴光亮负责开拓中路，自今日南投县竹山经八通关横贯中央山脉而抵达花莲玉里，俗称"八通关古道""八童关"或"八通关"（Bantounkoa），都是台湾邹人对台湾最高峰玉山的称呼。吴光亮完成开路后，便以"八通关古道"命名这条中路古道，取其四通八达之含意。

吴光亮率二营湘军，于1875年10月15日进驻南投县集集埔（今日集集镇，俗称"吴大人营盘"），启动开山抚番事宜，并亲题"开辟鸿荒"于集集埔草岭脚浊水溪畔巨石上，于1875年（光绪元年）开辟了"八通关古道"，此碑如今被定为一级古迹。

"八通关古道"，西起南投竹山，东至花莲玉里，全长152.64公里。1875年正月开凿，至同年11月完工，吴光亮为纪念此一贯穿中部山脉通道，于古道沿途，勒碣题迹，计有：

1. "开辟鸿荒"石碣；
2. "化及蛮貊"石碣；
3. "万年亨衢"石碣；
4. "山通大海"石碣（已佚）；
5. "圣迹亭"（鹿谷乡新寮段）；
6. "德遍山陬"碑；
7. "过化存神"碑（已佚）；
8. "私入番境撤禁告示"碑。

土地公庙旁竖立了两块清光绪初年的古迹："私入番境撤禁告示"碑、"德遍山陬"碑。

老土地公庙

"私入番境撤禁告示"碑

吴光亮铜像

石碣说明碑

"佑我开山"匾（吴光忠副将题）

凤凰山寺位于今南投县鹿谷乡凤凰村庙口巷 12 号，为清朝副将吴光忠于光绪二年所创建，吴光忠题"佑我开山"匾，如今仍留庙内。而"万年亨衢"碣现仍在凤凰谷内，而"山通大海"碑已遗失。凤凰山寺将此二碑碣的墨宝悬挂寺庙两侧，供信众瞻仰。

"万年亨衢"碣

此碣位于鹿谷乡凤凰山麓，刻于大石上，距地面 140 厘米，行书，边框高 150 厘米、宽 223 厘米，"万年亨衢"意谓"道路开通，商旅往来便捷，世代受惠无穷"。

"万年亨衢"碣

"开辟鸿荒"石碣

位于南投县集集大桥"思源亭"左侧下，字长 35 厘米、高 1 米，行书横写，现定为一级古迹。巨石上方建有"思源亭"。"开辟鸿荒"石碑无落款，无法确认是否为吴光亮所题。不过根据诸多专家考证，此碑应是吴光亮所题，因为他是"八通关古道"的第一位开辟者，而他的"万年亨衢""山通大海"等石碣，也都没有落款，所以大都认为应是他的

"开辟鸿荒"碣

"开辟洪荒"碣说明

手笔。

"化及蛮貊"石碣

此碣乃 1887 年（清光绪十三年）云林抚垦局委员陈世烈所题，该石碣旁之小径，为昔日通往水里之古道。由"特有生物研究保育中心"门口延"台 16 甲省道"往水里方向行驶，一路可达"化及蛮貊"碣的入口，再往乡间小路下行，大约 1 公里可抵石碣处。

"化及蛮貊"石碣在昔日"八通关古道"洞角路边，为记述抚番开垦有功而设，碣上另有"钦命布政使衔署台澎兵备道陈方伯抚番开垦处"字样，现为一级古迹。

"化及蛮貊"石碣

"山通大海"碣

吴光亮曾题"万年亨衢""山通大海""过化存神"三碣，仅有"万年亨衢"还在，"山通大海"与"过化存神"碣都毁于山洪。1988年南投县政府复刻"山通大海"于陈有兰溪桥旁巨石上，以缅怀前人筚路蓝缕、以启山林的精神。

中路上最早的忠烈祠——昭忠祠

"昭忠祠"位于花东纵谷中路拔仔庄，今蝴蝶谷入口，为纵谷中路重要地标。开拓中路时，吴光亮、张兆连所率大多是来自湖南、广东的湘军，千里迢迢离乡背井来此，历经瘟疫瘴疠、水土不服等，许多老乡病故于

花莲昭忠祠

斯，均葬于富源附近。在花莲富源拔仔庄的开垦及富源小学校舍兴建时，发现许多湘军先人古墓、遗骸，经善众发心为这些湘勇、粤勇拾骨聚冢建庙修祠，起初以"有应公"或"义民庙"称之，台湾光复后改为"昭忠祠"，这些湘军才得有善终之处，"昭忠祠"今是花东纵谷三大忠烈祠之一，而祠旁同时设有金炉与银炉，此现象为全台湾少见，如今每逢农历七月中元节，多见当地居民前往祭拜，以感念湘军对拔仔庄开拓的贡献，并慰孤魂。[①]

---

① 《民众日报》，宜花新闻，记者俞易辰、余福盛、黄秀华、魏培琳，2009年11月17日。

南路："昆仑坳古道"

总兵张其光、同知袁闻柝负责"昆仑坳古道"。"昆仑坳古道"兴建最早，为台湾第一条开山抚番道路。当时路经番社之地，频遭少数民族袭击。1875年2月（光绪元年）沈葆桢上奏："管带福靖、左营游击王开俊等入剿台湾内山狮头社番，遇伏阵亡；守备周占魁、杨举秀、千总杨占魁及勇丁93名随同战殁。"

事变之后，沈葆桢1875年（光绪元年）2月18日为此再度来台督导战事，3月

敕建凤山昭忠祠碑（现置于台北二二八和平公园碑林区）

以提督唐定奎所率淮军三路进剿狮头社，历经血战，5月终于使各番社归顺，改其社名为"永平""永福""永安"及"永化"。此役清军战殁及瘴疫病亡者，近2000名。于是皇帝敕建凤山昭忠祠，以祀开山殉难之提督王德成、张其光、李常孚，总兵胡国恒、福建候补道田勤生等官兵，1877年（光绪三年）凤山昭忠祠完工。

《台湾文献丛刊》指出，清末负责开垦南部道路时许多清军因故逝世，共有清官兵265名合葬于枋寮白军营（如下图），光绪二年八月白军营合窆、建祠竣工，春秋由地方官致祭。

白军营   白军营内湘军牌位（祖籍湖南湘阴）

北路：苏花古道

    "苏花古道"北起苏澳，南至花莲港北岸，长约 200 里。1874 年 6 月夏献纶先负责从南澳开始开路，同年 7 月开至东澳后，罗大春接任续建，从东澳起开辟，同年 11 月，已开抵花莲港北岸，半年之后便已开通苏花古道，宽约 3 尺。苏花古道，后来陆续改称为"沿岸理番道路""东海徒步道""临海道路"等，以至今日的"苏花公路"。当年"开山抚

苏花公路开路英雄世代永生纪念碑   开路先锋爷庙

第二十二章　"开荒于前，造福于后"：台湾三条横贯山路的开辟　｜　225

番""苏花段"的清军，付出了惨重的代价，由于山路两侧都是悬崖峭壁，一不小心就坠落悬崖命丧大海。因此，后人为感念这些牺牲者设立纪念碑及庙，以告慰他们之英灵。苏花公路"开路英雄世代永生纪念园"及"开路先锋爷庙"都是纪念开通苏花古道时殉难的英雄。

苏花古道建成距今130余年，许多路段已荒废，后来台湾当局将三段古道整建为步道，如今日的"苏花古

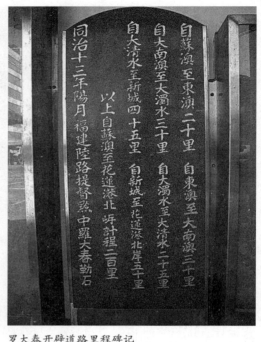
罗大春开辟道路里程碑记

道大南澳越岭段"其中一段就是罗大春等开发之苏花古道。

苏花古道完工后，1874年（同治十三年）10月，罗大春勒石纪念，纪念碑现存于苏澳晋安宫，就位于火车站附近，晋安宫的"里程碑"详记苏澳至花莲港的里程，碑文如下：

自苏澳至东澳二十里自东澳至大南澳三十里
自大南澳至大浊水三十里 自大浊水至大清水二十五里
自大清水至新城四十五里 自新城至花莲港北岸五十里
以上自苏澳至花莲港北岸计程二百里
同治十三年阳月福建陆路提督黔中罗大春勒石

罗大春开路期间，为提倡东部教育文风，并曾捐银500元设立义学，当地乡民感念罗大春义举，特立碑纪念，称此碑为"罗提督兴学碑"。

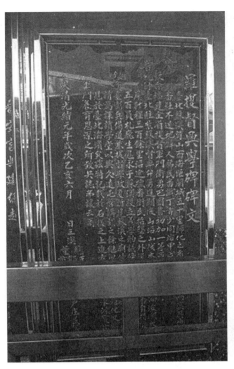

罗提督兴学碑　　　　　　　　　　　罗大春开路纪念碑

"罗大春开路纪念碑"现在东部苏澳南澳镇晋安宫旁的碑亭内。

1965年有位修行者在苏澳金面山兴建日月宫，整地时发现附近许多清兵的古墓，后来在日月宫旁建造一座七层高的"忠灵塔"，收纳了这些清兵骸骨，并保存一些古墓碑。根据相关文献所载，这些古墓的主人应大多是来自湖南的湘军。

北路：淡基横断古道

此古道，于1892年（光绪十八年）所建，可说是台湾在清末时的最后一条官道或清末最后一条军道。此道是淡水、基隆之间横向的一条古道，在台北阳明山公园范围内。古道上处处留有1884年中法战争中湘军

日月宫内湘军墓碑

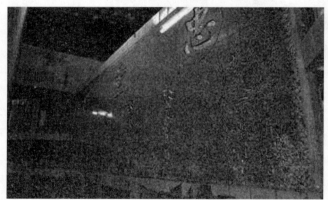

日月宫忠灵塔

日月宫外湘军墓碑

的遗迹，这些被早年闽南音误念为"河南勇"的"湖南军"[1]，不是移防调回中国大陆，就是客死台湾，即使留下坟茔亦被视为无主坟墓，无人照料[2]。河南营遗址在台北阳明山上擎天岗西侧约600米的鸡心仑附近。

荷兰古道（误植荷兰古道，应为湖南）

南路：高雄甲仙镇海军墓

镇海军墓位于高雄市甲仙区小林里五里埔58号附近，1886年（光绪十二年）间，驻防台湾府城（即今台南市）的镇海军提督杨金龙、台湾镇总兵章高元，奉巡抚刘铭传之命率领所属军队，以嘉义大埔为起点，向东开辟经甲仙埔、荖浓、宝来、关山，越八潼关（约今哑口）后，通抵大陂（今台东池上）的横贯道路（约今南横公路路线）。是年3月，杨金龙、章高元分别率领镇海中军的前营和正副两营等展开拓建工程，在今甲仙区小林里五里埔设置营垒驻防，兼作工寮。后因夏季炎热，内山瘴气过重，军兵多数水土不服，病殁者百余人，后葬于营垒东侧，现存

---

① "河南"二字指的是什么？比较完备的说法是，1684年（康熙二十三年）清廷收复台湾之后，因为戒慎郑成功的势力再起，以及后来朱一贵、林爽文事件之骚动，也为防止台民拥兵叛变，所以台湾的防务不用台兵，而是由大陆各省抽调军队，轮流防守。到了清朝中叶，兵员的主力是湘军，"湘"是湖南的简称，因"湖南"的闽南语发音近似"河南"，因此"湖南"念来念去遂变成"河南"了。这就像今日称呼大陆来台的老兵为"老芋仔"一般自然，官方文书不见记载，但民间的口语相传倒是极为普遍。而这些湖南军队，有的是因移防台湾，就客死在此，后人在淡水附近盖了一间有应公庙，祭祀这些孤魂。

河南营遗址位于鸡心仑，昔日中央有着宽阔的平地，现芒草丛生，并有牛群出没，很难想象这里曾是清兵行军的中继站。依据残存的石墙脚，测得河南营遗址大致长30米，宽24米，是一个长方形的范围。据山猪湖耆老表示，南面的石墙设有窗户及枪孔，1951年仍有及肩高的规模，但后来这些石块，都被擎天岗的驻军拿去充作建设碉堡的基础材料。

② 《淡基横断古道自然及人文资源调查研究》，页11，计划主持人：李瑞宗，2004年。

镇海军墓

镇海军墓湘军墓碑

者有 85 座之多，即为镇海军墓。镇海军墓的墓碑有铭文书写者不多，仅 27 座，书写方式各异，且铭文由尖物刻出，简朴有力。由铭文可知这群官兵非同姓之家族兵，并且大多来自于湖南，多为镇海中军前营之官兵，立碑时间多为 1886 年 5 月至 9 月[①]。

---

① 资料来源：高雄甲仙镇海军墓官网。

第二十三章
湘军刘明灯留在台湾的神秘密码

台湾新北市汐止区瑞芳有一条街名为"明灯路"，贡寮有一座桥称为"明灯桥"，据台湾新北市政府官员说，"明灯路"及"明灯桥"都是为了纪念清末湘军将领刘明灯。为何要纪念这位湘军总兵呢？

新北市瑞芳区公所官员表示，1866年刘明灯受左宗棠命来台处理罗发号（Rover）事件，剿捕戴潮春余党，在台为官三年，政绩卓著，颇受人民爱戴。相传新北市汐止乡民为感恩湘军刘明灯的政绩，特以"明灯路""明灯桥"纪念他，从清末沿用至今已百余年；瑞芳区公所官员又指出"明灯路"所在地段又称"龙潭堵段"，形容此处是地灵人杰的地方，风水宝地。"明灯路"是瑞芳的政经商业文化中心，这或许就是风水说的"龙穴"。

刘明灯，湖南张家界人，为湘军一员，1866年12月奉左宗棠指派，由福宁镇总兵转调台湾总兵，与另一位湘军大将吴大廷（任职台

新北市瑞芳明灯路

湾道）一同到台湾，左宗棠此项人事布局主要是为整顿台湾吏治及建设台湾打基础，选拔一些优秀湘军赴台任职，对台湾未来至关重要。刘、吴二人赴台之目的有二，首先是为平乱，处理台湾发生的"戴潮春之乱"；另一任务是处理美国商船罗发号事件。

"戴潮春之乱"为台湾三大民变之一，且历时最久。1862年戴潮春起事，1865年被初步平定，但此次民变延续到1867年才结束。1866年底，刘明灯赴台主要就是负责搜捕戴潮春的余党。

戴潮春（福建漳州人），台湾彰化四张犁庄地主，不愿接受台湾官员索贿，乃成立"八卦会"抵抗，吸收天地会人士，短短数月戴潮春党羽已达10余万人。1863年（同治二年）秋，时任闽浙总督左宗棠，派福建陆路提督林文察（台湾雾峰人，祖籍福建泉州）、台湾兵备道丁曰健共领数千清军渡台镇压，戴军节节溃败。1863年底，戴潮春见大势已去，解散"八卦会"，主动投降，"戴潮春之乱"终在1865年平息。"八卦会"余党还在作乱，1866年左宗棠派刘明灯来台负责铲除余党，至1867年全部清除。

罗发号事件是1867年美国商船船难事件，船难发生后，清政府借故拒绝处理，美国则派军舰出兵台湾屏东，却遭当地少数民族击败，美军撤出台湾。美国政府驻厦门代表李仙得扬言将请美国政府征调大军来华报复。清政府受李仙得的恫吓及外交施压，担心事态扩大，立即派台湾镇总兵刘明灯于1867年8月13日率领500名湘勇前往台湾屏东琅𤩺（今屏东恒春）处理此事，刘明灯于8月18日抵屏东枋寮。刘明灯与吴大廷原本无意攻打屏东少数民族，但龟仔角社却组织17个番社准备攻打刘明灯部队。9月15日刘明灯决定进驻屏东龟鼻山，准备围剿屏东少数民族部落。屏东附近汉人与少数民族等得知此消息，皆认为战事一旦展开，大家的生命财产必遭波及，遂劝少数民族认错和谈，希望换得清军撤兵。刘明灯得知后，随即与美方代表李仙得商讨善后事宜，李仙得认为如生番真的认罪悔过，他愿有条件地将此案了结。同时间毕麒麟（英商）、王文棨也与少数民族代表磋商，安排李仙得与琅峤排湾人大头目卓杞笃（Tauketok）在保力（今屏东县车城乡保力村）会面，然而李仙得以尚未接到清政府回复为由，不愿见面。当刘明灯拟再安排双方见面会谈时，李仙得等竟跳过刘明灯，自己与卓杞笃谈判，并达成协议。9月17日李仙得提出清军撤兵之要求，刘明灯也同意，并随即传唤恒春乡民及少数民族头目等共同立具切结，1867年底美船罗发号事件终于和平落幕。

刘明灯于1869年12月卸职离台，在台任职3年，歼灭戴潮春余党，处理美船罗发号事件，修护台湾城池炮台，招募兵勇，改善台湾军备，整顿台湾吏治等功不可没。

湖南《永定县志》记载："时台湾兵事废弛，有册无兵，战船无一存者而修费不减……"明灯上任后，"恢复班兵旧章，三年更戍。移修船之费以制船巡洋，募练水兵。革除索要节寿礼和洋药、樟脑、规费等陋规。剿除盗匪。一时竟土匪敛迹，兵事、吏事有所改进……"。

刘明灯在台期间戮力政务，全台走透透，在台湾留下许多足迹。由于他能文能武，虽为武举人出身，亦精通书法，在台湾也留下不少珍贵墨宝，尤其是他的三碑。

然而依据《虎字传奇》一书作者温海涛所述，刘明灯在台共留下五碑（碣）、两匾额，"虎"字碑还分公母，新北市坪林茶博馆的"虎"字碑为公，新北市草岭古道的"虎"字碑为母。

车城福安宫碑在现屏东车城；金字碑在新北市淡兰古道上；雄镇蛮烟碑在新北市淡兰古道；另两匾额在宜兰协天庙、新竹县新埔镇刘家祠。

湘军刘明灯这三座碑有何意义？为何要书写这三碑？这"虎"字碑两侧留下令人不解的图案、线条、古文，像是一串密码。刘明灯的神秘密码是什么？刘明灯是在给谁传递什么信号？笔者追查多年终于找到一丝线索，现在来介绍刘总兵的三块碑：

雄镇蛮烟碑

　　此碑事实上是块巨石，在台湾新北市东北角贡寮乡穗玉村远望坑口的草岭古道山径步道旁，碑宽 3.5 米，高 1.1 米，以卷草纹及四蝙蝠边框，横幅阴刻行书，由右至左，一气贯通，雄浑豪迈。在巨石上，刘明灯书"雄镇蛮烟"四个大字，右上角落款"同治六年冬"，下款为"钦命提督军门镇守台澎挂印总镇斐凌阿巴图鲁刘明灯书"。

　　相传在 1867 年（同治六年）冬季，台湾总兵刘明灯巡视全台，率军北巡时，在距今日新北市贡寮乡草岭顶附近，突遇天下瘴雨，浓雾弥漫，无法前进。刘明灯当即挥毫，写下"雄镇蛮烟"四个大字，并命部属立即刻于巨石上，瞬间雾散雨停[1]。

金字碑

　　位于台湾新北市瑞芳顶双溪三貂岭上，同次北巡时，刘明灯率部队巡视噶玛兰（宜兰），行至三貂岭古道附近，乍见此处景色气势磅礴，感念先民披荆斩棘的艰辛，一时诗兴起，挥毫直书，摹刻于石壁，漆以金色，体为汉篆，看过的人皆赞为"金字碑"。刘明灯的七律诗为：

　　双旌遥向淡兰来，此日登临眼界开。大小鸡笼明积雪，高低雉堞挟奔雷。

　　穿云十里连稠陇，夹道千章荫古槐。海上鲸鲵今息浪，勤修武备拔良才。

---

　　① 草岭古道为清乾隆年间当地人所开辟的古道，是一条连接台湾新北市贡寮区与宜兰县头城镇的步道，属古代淡兰古道的一部分，亦为目前仅存的路段之一（淡兰古道是台北到宜兰的道路）。

"海上鲸鲵今息浪"，指他此番来台的任务，负责处理美国商船罗发号事件。

"勤修武备拔良才"，意喻他的抱负、志向。

碑文也反映三貂岭的气势，除可饱览鸡笼山头美丽白雪（基隆极少下雪，据史料记载，当时基隆山气候确实很冷），也可俯瞰一望无际的阡陌良田，连绵不绝的古树深荫。

刘明灯的金字碑

"虎"字碑（刘明灯的密码）

"虎"字碑也是块巨石，位于新北市贡寮乡穗玉村草岭古道上垭口附近。也是刘明灯同一次出巡噶玛兰时，途经草岭古道垭口附近，为妖风所阻，刘明灯乃取易经"风从虎、云从龙、圣人作而万物睹"之意，便以芒花为笔，书此"虎"字，命部属刻于巨石上，以镇妖魔。"虎"字碑，碑长 126 厘米、宽 75 厘米；"虎"字高 100 厘米、宽 40 厘米，为草体字，雄劲生动，一气呵成，如跃石上，现为三级古迹。碑右上题"同治六年冬"，下款为"台镇使者刘明灯书"，下有二印，分别为"提督军门"及"刘"。

"虎"字碑的两侧刻有文字、符号，有人说右边图案像是甲骨文，而左侧的图腾、图案或符号为何，众说纷纭，也有人说是甲骨文的虎字，有人说只是当时的施工图，也有人说是火星文。《虎字传奇》作者温海涛认为这些可能都是刘明灯留的密码及讯息，密码是什么意思或是什么信

草岭古道"虎"字碑

号呢？温海涛先生认为可能是易经卦象图，也可能是一种古地图或是方位的指示图。

"虎"字右侧图案表面上应是甲骨文，文字意思为：

登此嵯峨，西望我乡，哀哉我乡，赤炎为祸。

"虎"字碑左侧的几何图形（刘明灯的密码）　　　"虎"字碑右侧的甲骨文

这段文字非刘所刻。文字内容是表面显示的意思，还是另有含义，须以类似摩斯密码的解码方式才能解开其中奥秘，虽有人提供一些答案，但也未必是真相。

温海涛先生在《虎字传奇》一书中指出，"虎"字碑左边的图案为天，右边的甲骨文为地，"虎"字碑代表人，天地人曰三才，人法地，地法天，天法道，道法自然，一切自有定律。所以碑、文、图三合一体，缺一不可[①]。温海涛又提到"虎"字有阴阳，阴阳合璧像一把钥匙，"虎"字左边图案像是一张方位地图；右边的图案一说是甲骨文，又像钟鼎文，虽是一首诗，但可能藏有加密过的一组讯息。如果阴阳合璧的钥匙、一张方位地图及一串密码讯息，三者合体会引导我们去什么地方？开启什么样的秘密？温海涛先生并未明示，但影射这

---

① 《虎字传奇》，页243，温海涛，2010。

其中必有玄机，而且指出此方位图非任何时间都能看到，必须在特定时间，透过右边那张图，经过太阳的照射所产生的影像，方能找到一半答案，他认为显然刘明灯留下一个非常重要的讯息，但他说至今还未悟透。

坪林"虎"字碑

此碑原立于新北市北宜公路最高点石牌附近的古道上，在 1868 年（同治七年）9 月刘明灯再次巡视北台湾，在淡兰古道时所题，以镇邪止煞。约在 1960 年部队开辟山区战备道路时，将此碑移至台北市博爱路"国防部后备司令部"保存，直到 2005 年，当时台北县（今新北市）文化局鉴于"虎"字碑为新北市重要文化资产，乃促请有关部门将古碑归还新北市坪林区，现存放在坪林区茶业博物馆内展示。同时另复制两座"虎"字碑，一座放置于"国防部后备司令部"，另一座放置于坪林北宜公路石牌原址。

"虎"字碑，存于坪林区茶业博物馆

车城福安宫碑

碑全名为"刘明灯统帅过福安村题名碑"，又称"刘提督碑"，存于屏东县车城乡福安宫庙门左侧墙堵上，碑高 108 厘米，宽 56 厘米。福安宫于 1987 年改建时，庙方将此碑镶嵌于庙门左侧之墙堵上。1867 年（同治六年）台湾发生美船罗发号事件后，刘明灯受命来台处理此事，至此勒石纪念。

勒石碑文如下：

奉君命，讨强梁；统貔貅，驻绣房。

道涂僻，弓矢张；小丑服，威武扬。

增弁兵，设汛塘，严斥堠，卫民商；

柔远国，便梯航。功何有，颂维皇！

同治丁卯秋，提督军门台澎水陆挂印总镇裴凌阿巴图鲁刘明灯统师过此题。

车城福安宫碑

本支百世匾额

此匾位于新竹县新埔镇刘家祠，而刘家祠位于新竹县新埔镇和平街230号。刘家祠枋梁上另悬有"本支百世"匾。"本支百世"匾为台湾总兵刘明灯所手书，题年为同治六年（1867年）。

此匾现挂于协天庙中门之上。协天庙位于宜兰礁溪，由火车站前的中山路往南走约一公里左右即可到达。1867年刘明灯巡察噶玛兰厅时，奉请皇帝颁敕建协天庙匾，改建协天庙。

本支百世匾

敕建协天庙匾

第二十四章
台湾基隆战役与淡水大捷的古迹巡礼

基隆战役古迹

1. 二沙湾炮台：于 1841 年所建，是基隆唯一的一级古迹。此炮台是鸦片战争中英国侵略台湾时，台湾兵备道姚莹为抵御英军，所建传统中国式炮台。今日建筑乃中法战争后刘铭传所重建，城楼门头上的牌匾"海门天险"却无落款，应是台湾兵

二沙湾炮台

备道姚莹所题，而城门额"北门锁钥"题字，落款处有"合肥刘铭传题"字样。二沙湾炮台分东、北两个炮台，分守外海及内海口门，建于较高

的临海山头。[①]

东炮台区后方山坡处有三座古墓，为当时清兵的坟墓。墓碑上的字迹斑驳难辨，但依稀可见"河南""光绪"等字，然而光绪年间驻防台湾的清兵主力，以从大陆调派来的湘军为主，湘军以"湖南勇""粤勇"为主，甚少有河南籍清兵，是否也如同阳明山"河南勇"一样，将闽南语的"湖南"误称"河南"？

河南勇（或是湖南勇）墓

2. 狮球岭炮台：狮球岭炮台建于1884年（光绪十年），位于台湾基隆市中山高速公路大业隧道上。在炮台东西两侧的山丘上，另建两座炮台作为辅翼，最西方的是"狮球岭西炮台"，

狮球岭炮台

在东南方有一座"狮球岭东炮台"，西南方的是"八堵炮台"，三座炮台连成一气。在中法战争时，称这座炮台为"鹰巢炮台"，除能扼守基隆港口，还可作为台北盆地的屏障。狮球岭炮台在中法战争、乙未战争中，皆发挥了御敌功能。[②]

3. 白米瓮炮台：位在基隆港西侧的太白社区山麓，海拔约70米。传说白米瓮炮台源自于荷据时代，300多年前荷兰人曾在此地设堡垒，附近的区域又被称为"荷兰城"。清朝光绪年间也曾在这附近修筑炮台，

---

① 资料来源：维基百科。

② 资料来源：维基百科。

今日的建筑物则是日据时代修建的。白米瓮炮台能守护基隆，亦可阻挡敌军进入台北盆地。1840 年鸦片战争、1884 年中法战争，甚至 1895 年乙未战争，姚莹、刘璈、刘铭传等无不在此分别兴建炮台与要塞以加强基隆港的防务。①

白米瓮炮台

4. 大武仑炮台：位于台湾基隆市安乐区，大武仑山内，海拔 231 米，乃控制基隆与淡水间交通孔道。一方面是防御淡水经金山进入基隆这条陆路，另一方面炮台制高点可俯视马𫠊溪跟大武仑澳方面海域，兼陆防、海防双重任务。1884 年中法战争时，刘铭传派兵驻扎大武仑附近设防以堵敌军入侵。今日炮台是日据时期的西式炮台。

5. 杠子寮炮台：位于基隆市信义区杠子寮山上，基隆港东侧，为中法战争时所建造的炮台，今日的炮台却是日据时期建造的新式炮台。②

6. 社寮岛炮台：社寮岛（和平岛）炮台原名为社寮东炮台，主要是与社寮西炮台区分。社寮东炮台位于和平岛渔港后方的山上，社寮东炮台历史悠久，荷兰时期、西班牙时期、明郑时期、清末时期、日据时期等都在此设炮台或堡垒，经历过荷西战争、清法战争、抗日战争等。社寮岛炮台始建于 1626 年。1884 年 8 月 5 日中法战争时，社寮岛炮台率先击中来犯法舰，但也被法舰击毁，1886 年刘铭传再度建造社寮炮台；日本于 1901 年改建。③

7. 四脚亭炮台：四脚亭炮台旧称"深澳堡垒"或"深澳坑炮台"，

---

① 资料来源：维基百科。
② 资料来源：维基百科。
③ 资料来源：维基百科。

位于基隆市与瑞芳的交界处，约在光绪年间建造。四脚亭炮台主要是为了防御基隆的右后翼基隆港湾。四脚亭炮台是基隆唯一的内陆型炮台，也是台湾面积最大的内陆型炮台。①

8. 红淡山炮台：炮台是 1884 年清军在红淡山创建，中法战争中被法军摧毁。1884 年中法战争时，红淡山曾是清军主要防线，中法战争的主战场，虽历百余年，历史遗迹还剩一些蛛丝马迹可寻。1885 年 1 月 10 日，法军攻打红淡山，被湘军曹志忠部击退。3 月 4 日，第二次月眉山大战，中法两军在月眉山、红淡山等一带激战，最后清军死伤惨重，败退至基隆河南岸。后人为了纪念牺牲的清兵，在现今的观景塔后方立了

湘军古墓（红淡山）

湘军古墓（墓主人为湖南湘乡人）

一座清军"湖南古墓"，缅怀
先人。

9. 月眉山（桌山）炮台：
位于月眉山基石边，是 1884
年到 1885 年之间的清军兴建
的临时性炮台。中法战争中，
法军自 1884 年 8 月 5 日开始
进攻及占领基隆港后，多次在

月眉山炮台遗址

月眉山与清军曹元忠部激战，清军搭建炮台死守月眉山，阻挡法军向台
北推进，战后炮台失去功能，如今炮台一片废墟杂草，淹没在荒烟蔓草
中，已看不到当时的英姿。

10.法国公墓：位于基隆
二沙湾中正路上，建于 1885
年（清光绪十一年）。主要是
为了纪念中法战争时法军阵亡
者所建。墓园中共有 4 座古墓，
是园内最重要的文物。中法战
争期间，法军占领基隆，安葬

基隆法国公墓

佛（法）国陆海军人战死者纪念碑

1954 年重修法军公墓纪念碑

战殁的法军官兵于二沙湾海滩。今日的法军公墓园内有两座纪念碑，一是 1902 年所立之"佛国陆海军人战死者纪念碑"，"佛国"是当时日本人对法国的译名；另一座是 1954 年立的纪念碑。

11.民族英雄墓：位于基隆市中正路海门公园内，1884年中法战争后，阵亡的清兵原葬于二沙湾附近山麓，因都市建设迁移，基隆士绅池清祥将清兵骨骸集于一冢安置于今日海门公园内，碑正面刻"清国人墓"，背刻"勋在邦家"。1957 年基隆市政府再次重建墓冢，更名为"民族英雄墓"。①

民族英雄墓

12.中法战争阵亡战士纪念碑：位于基隆仙洞岩附近太白街的"慈恩祠"，又称爱国将军庙，同时供奉着刘铭传和法国的孤拔，供后人追思凭吊。刘铭传将军又名"清国公"。1884 年法军进攻基隆，清兵奋勇抵抗，阻挡法军向台北推进，清军伤亡惨重，后人为纪念牺牲之先民烈士，于今太白街附近立一石碑，上刻"清国人之墓"。后市长陈正雄在修

阵亡战士纪念碑（中法战争）

---

① 资料来源：基隆市文化局官网。

建"慈恩祠"时，集中供奉，并在庙上方另立一石碑，刻有"中法战争阵亡战士纪念碑"，正下方供奉刘铭传将军，又名"清国公"。

淡水（沪尾）大捷古迹

1. 淡水湖南勇古墓群

位于台北县淡水镇中正东路与竿蓁一街交叉口淡水公墓的前方小丘，是一个古墓群，也有一些私人墓，占地面积约218.22坪，新北市政府已规划为湖南勇纪念公园。

淡水湖南勇古墓群共有6座湖南勇古墓，全为孙开华部擢胜左营湘勇，其姓名如下：

故勇李有章，湖南善化县人；

故勇袁致和，湖南善化县人；

故勇张月升，湖南善化县人；

淡水湖南勇古墓群

湘军古墓碑之一

故勇胡芳之，湖南善化县人；

故勇严洪胜，湖南善化县人；

故勇李佑佺，湖南永定县人。

1876年（光绪二年）孙开华率擢胜营湘勇初次赴台驻防；1879年（光绪五年）第二次率擢胜营湘勇来台驻防基隆与淡水；1880年（光绪六年）孙开华奉命回湖南招募湘勇，编组"擢胜"中、左两营，三度来台驻防基隆、沪尾两地。今日淡水的这6座湖南勇古墓，就是孙开华"擢胜营左营"部属。1884年（光绪十年）2月，孙开华第四度率湘军擢胜营三营抵淡水与法军作战，大败法军，皇上恩赏"骑都尉"世职，并赏白玉翎管等物，慈禧太后还赏给有功将士白银一万两。

虽然这些古墓已残破，但这些古墓提供了清末台湾在开山抚番、建设台湾、抵御外族侵略等方面的重要史料。沪尾湖南勇古墓说明台湾先民皆来自大陆各省，为保卫台湾客死他乡、埋骨异域，古墓群虽不具建筑特色，但墓碑碑文却反映出湘军在保护台湾土地及人民方面所做的贡献[1]。笔者期望这些湘勇后裔，能与笔者联系，将先人的墓迁往未来筹设的"台湾湘军纪念馆"中，以慰这些为台湾牺牲的湘籍先烈。

2. 沪尾万善堂

"万善堂"（旁有"地源宫"）位于淡水新民街一段 80 号对面，安奉许多战殁清军及其他英灵，现还保存着两块完整的湘勇墓碑。1979 年淡水高尔夫球场在扩建之时，破坏了许多清军的坟墓，清出了千人冢及达 200 多座的古坟，其中有 31 座为清军坟墓，有的墓里埋着数百位烈士的遗骸，其中可确认身份的湘勇有 29 人；许多墓碑上都刻着时间为光绪年间，也就是中法战争沪尾战役时期。这些挖出的无主骨骸最后都被移奉于万善堂。这些湘勇来台为保卫台湾，客死异乡，淡水高球场开辟新球道时，未将这些清军遗骸及墓碑妥善安置，如此对待为台湾牺牲生命的先人实在令人痛心，所幸当时球场副经理黄德利有善心，认为应妥善对

湘军古墓碑（位于万善堂旁）

---

① 资料来源：淡水维基馆。

待这些保卫台湾牺牲生命的湘军英灵，商请球场杆弟谢富田先生负责筹建万善堂以安置湘军骨骸。现存的两个湘军墓碑还是黄德利先生及谢先生当时抢救下来的，否则连这两个湖南勇古墓都没了。①

沪尾炮台

3. 沪尾炮台

1884 年中法战争时此炮台尚未完工即为法舰所毁。现有的沪尾炮台是中法战后刘铭传在原炮台西南侧重建，于1899 年竣工。现在的炮台室内有完整的中法沪尾战争的攻防路线立体模型。

4. 苏府王爷庙

"威灵赫濯" 匾额

苏府王爷庙位于淡水油车口附近海边，是 1853 年（咸丰三年）建造的，是台湾第一座苏府王爷庙。相传中法血战时，苏府王爷也显灵助阵，击退法军。当时中法战争沪尾之役，孙开华将军在此处斩怯战的士兵，把首级悬挂示众。战后淡水炮台守军会定期来庙祭拜，提督章高元也于 1885 年（光绪十一年）献"威灵赫濯" 匾额，今仍悬于庙内。②

---

① 《清法战争古战场巡礼》，东吴大学历史学系。
② 《清法战争古战场巡礼》，东吴大学历史学系。

台南二鲲鯓炮台

台南古迹

"二鲲鯓炮台"，又称"亿载金城"，位于台南市。1874年牡丹社事件时，沈葆桢奏请建造仿西洋式炮台一座，于光绪二年（1876年）完工；刘璈于中法战争之前修护，在中法战争时，法国舰队曾经侵扰安平外海，被刘璈以亿载金城的大炮驱离。

孤拔的衣冠冢

法军千人冢纪念碑片

澎湖古迹

1. 孤拔墓与法军千人冢纪念碑：法军占领澎湖时发生传染病，数百名法军病死，法将孤拔也于 1885 年 6 月 11 日病死澎湖，遗体原安葬于马公市民生路中正小学旁。1885 年 8 月法国政府将其遗体迁葬法国，并为其举行国葬典礼。仅有他的遗物与法军主计长戴尔、中尉若罕合葬于马祖马公市，1954 年将戴尔及若罕的遗骨迁往基隆法国公墓。现址还保存孤拔的衣冠冢，而千人冢纪念碑位于蛇头山。①

2. 风柜尾荷兰城堡：位于澎湖马公蛇头山，1622 年由荷兰人所建，是台湾最早的西式城堡。1884 年初中法战争前，兵备道刘璈紧急整修此炮台及西屿炮台。法军攻打淡水失利后，将舰队调往攻占澎湖，法舰队攻打澎湖湾时，此炮台曾发挥功效阻挡法军登陆。②

---

① 资料来源：维基百科。
② 资料来源：维基百科。

第二十五章
中法战争的神迹：保佑我中华民族的台湾三间庙

鸦片战争之后，清廷是气若游丝，面对外强侵略，毫无抵抗的信心、决心、实力及胆量，对外战争也都是被打趴、打怕了。

中法战争时，朝廷充斥着鸽派、投降派、和谈派、惧战派等大臣，像左宗棠这种鹰派、主战派大臣少之又少。百姓、清军及法军都万万没想到已 73 岁高龄的左宗棠，会接下这艰巨的抗法任务，清军士气为之大振，刘璈及孙开华等守台湘军的战力也由此增强。加上孙开华胆识过人，战略及战术运用成功，才能歼灭法军于沪尾丛林之中。然而淡水民众却认为是菩萨、妈祖显灵保佑，清军才能以弱胜强，所以奏请皇帝赐匾表彰沪尾菩萨的神迹庇佑。对中国人及洋人而言，这场胜利都不敢置信，一群拿大刀、土枪的瘦弱清军如何能击败装备精良的高大法军士兵？淡水人深信一定是菩萨庇佑的。淡水乡民说有三间宫庙的菩萨曾显灵保佑清军打败法军，它们是：淡水福佑宫、淡水清水岩及淡水龙山寺。

一、淡水福佑宫

淡水福佑宫，主祀妈祖，创建于清乾隆四十七年（1782 年），重建

光绪皇帝御赐"翌天昭佑"匾额   淡水福佑宫

于嘉庆元年（1796 年），为三级古迹，位于淡水渡船口前（淡水中正路 200 号）。

福佑宫主祀妈祖，除了祈求航海安全之外，更因为妈祖是一个跨地域、跨族群的海神信仰。庙中配祀观音菩萨、水仙尊王、文昌帝君等。

相传 1884 年（光绪十年）法军进犯沪尾，妈祖显灵助阵，一举击退来敌，事后获颁光绪皇帝御笔"翌天昭佑"匾额，今仍悬于殿内。①

二、淡水清水岩

淡水清水祖师庙，又称"淡水清水岩"，俗称"祖师公庙"。建于 1932 年（中法战争时并无建庙，系迎请艋舺清水祖师神灵助阵），坐落于新北市淡水区清水街 87 号。主要奉祀闽南安溪高僧清水祖师，是大台北地区三大清水祖师庙之一，另两座分别为艋舺祖师庙、三峡祖师庙。

清水岩祖师庙奉祀清水祖师陈昭应，庙中神像为福建安溪移民自福建原籍的清水本岩分灵而来。安溪移民们公推翁有来（生卒年不详）为董事，募得 30000 银圆，于清乾隆五十二年（1787 年）起造庙宇，乾隆五十五年（1790 年）落成。

相传在 1884 年（清光绪十年）10 月淡水战役时，淡水居民曾迎出

---

① 资料来源：淡水福佑宫官网。

光绪御赐"功资拯济"匾
额

淡水清水祖师庙

艋舺清水祖师助战。后来清军大胜法军，光绪帝赐"功资拯济"御笔匾额，现挂于艋舺祖师庙正殿。这御笔匾额也引发了日后淡水与艋舺清水祖师庙两派的争执：淡水人认为这尊显灵的清水祖师像，本为淡水所有，但因淡水无庙才寄放在艋舺；而艋舺方面则认为这尊显灵的清水祖师是淡水人从艋舺祖师庙迎去助阵，击败法军于淡水的。因为有艋舺、淡水两派信徒纷争，从此祖师神像由艋舺、淡水轮流奉祀。数十年后，淡水祖师庙建成，正殿亦挂有"功资拯济"匾额之复制品。当时守军提督孙

开华献金 800 元以谢神助。^①

三、淡水龙山寺

淡水龙山寺约建于咸丰初年，地址在新北市淡水区中山路 95 巷 22 号，由泉州晋江县安梅龙山寺恭请观音佛祖分灵来台，故名曰龙山寺，现为三级古迹。

光绪十年（1884）10 月淡水战役时，法军虽有优势炮舰的火力，但清军利用地理环境及同仇敌忾的士气，击退法军，赢得胜利。

在法军炮火攻击下，淡水街大多数屋舍都没有遭到炮火破坏，当时军民传言是受到几个主要神祇，即观音菩萨、妈祖以及清水祖师的法力

---

① 资料来源：淡水清水祖师庙官网。

光绪皇帝赐匾"慈航普度"

龙山寺正门

淡水龙山寺正殿

庇佑。清军统帅刘铭传特别奏请光绪皇帝赐匾，龙山寺因此获颁"慈航普度"的匾额。

"慈航普度"是清朝颁赐的原匾，但是在 20 世纪 70 年代末，因悬挂寿梁掉落，曾被暂置在右边过水廊，受到侵蚀，字迹模糊，修理匠师仅能按照残痕挥写成今日样式。[1]

---

① 资料来源：淡水龙山寺官网。

第二十六章
不能不看的一出台湾歌舞剧：
《西仔反传说》讲述一场反法西斯的圣战

　　《西仔反传说》是一出两岸中国人不能不看的历史剧。自 2009 年开始，每年十月，在台湾新北市淡水沪尾炮台公园由民间团体自发组织，结合专业表演团体、当地居民及义工等，以清末中法战争史实为基础，共同筹划演出一出清末历史剧——《西仔反传说》，这是新北市淡水环境艺术节中的一项大型文化活动。此剧虽然没有大陆《印象桂林》《印象刘三姐》等的磅礴大气、大制作、大成本，但却是台湾民间严肃反映历史真实的作品。这出戏没有意识形态，没有政党色彩，没有强权侵略的悲情，完全真实反映历史真相及晚清两岸的关系。台湾虽有先来后到的族群之争，但对此剧没有人有意见，也没有争议，因为它就是史实，也是当时台湾人的骄傲。正如媒体报道的：

　　戏剧是一种再现历史的方式，透过参与演出，人与土地重新连结起来。《西仔反传说》是淡水居民的戏剧演出，同时，也是一场面向历史的公民实践。①

---

① 《淡水市民环境剧场 用戏剧再现历史》，朱立群，联合新闻网杂志，2015-03-16。

马英九先生全程观赏《西仔反传说》剧，并与全体演员合影

马英九先生与他心中的民族英雄孙开华的演员现场合影

《西仔反传说》剧以清末光绪时期中法战争沪尾之役的史实作为创作元素，讲述当时驻台清军（主要为湘军）英勇击退法军的故事。

2009年离中法战争刚好125周年，为纪念此极具历史意义的中华民族光荣战争，淡水居民结合文艺团体，自发性地选在当时的古战场炮台旧址表演《西仔反传说》。

"西"指法兰西（法国）。"仔"是闽南语语尾助词。"西仔"的闽南语系指法兰西。和当时台湾人称荷兰人、西班牙人为"红毛仔"一样。"反"许多人都解释为战争、战乱的统称，所以认定"西仔反"就是指"清法战争"。然而词典"反"通"翻"，有倾倒、背叛、抗拒等意思，并无战争、战乱的含义。所以"西仔反"应非指"清法战争"，笔者认为"反"应是指"番"，因为"西仔反"是闽南语，"反"的闽南语意思是"番"，所以"西仔反"的意思是"法兰西番人"。"西仔反"原本整个词是"走西仔反"，意思是"逃躲法兰西番"。"走西仔反"起因是法国想占领台湾基隆，1884年8月5日法舰炮击基隆港，虽经多次进攻、登陆、激战，法军迟迟无法突破基隆向台北推进，便想先拿下淡水。法舰可沿着淡水河直驱台北城，再夹攻基隆，如此整个台湾北部便会成为法军的地盘。法舰因此于同年10月2日转进沪尾（今日淡水），准备登入淡水，许多台湾人、外商、传教士纷纷走避大陆。"走西仔反"故事就从这儿揭开序幕。

《西仔反传说》剧以中法淡水战役作为背景。故事讲述1884年战争爆发后，法军出兵攻打台湾淡水时，驻守淡水将领孙开华率领清军与台勇合作，同仇敌忾共同击败法军，取得了晚清时期台湾反抗外来侵略的一场胜战：沪尾大捷。沪尾就是今天的淡水，所以淡水居民为了纪念这些民族英雄，每年都会在农历八月举行庆祝活动。

这场大型户外剧由专业艺术团动员200多位淡水居民参与，他们的年龄从5岁到90多岁都有，不分男女老幼，不过以老弱妇孺居多。参与者还区分戏剧组、功夫组、舞蹈组和打击乐组，每周两晚大家要一起排练及彩排至少 3 小时，连续 3 个月直到表演活动结束。排演期间演员还必须时时和相关历史学者研读中法战争的相关历史，融入历史中。

淡水之役清军守将为提督孙开华，被台人尊称为"孙九大人"，台湾有童谣唱道：

淡水唱，淡水欢，孙九大人坐台湾，法寇见他丧了胆，夹起尾巴一溜烟，家家挂红灯，岁岁乐丰年。

《西仔反传说》大型历史剧主要是以淡水市民为主，结合其他专业表演团体及学校共同演出。由当地的淡水市民演出淡水的故事，具特别意义，更显示两岸人民一家亲。歌剧是以蜂炮、竹筒炮登场。12 尺 × 7 尺的大型蜂炮台，12000 发瞬间齐爆，绚烂夺目，加上竹筒炮 120 分贝震撼现场观众。一幕幕的精彩歌舞表演，叙述了当时淡水之役的战况及民众心情，高潮迭起，绝无冷场。整出歌剧是以闽南语发音，更具当时战争的临场感。

淡水之役是一场令两岸中国人骄傲的胜仗，是 132 年前台湾淡水人成功抵御外国强权侵略、维护中国人尊严的圣战。132 年后的今日，台湾人再次展现团结一心，以《西仔反传说》历史剧展现台湾人团结合作的精神。只有到淡水现场，才能观赏、感受如此撼动人心的演出，值得你每年都来看。

《西仔反传说》歌舞剧情共分成四段：

1. 序幕：以说书的方式，描述当年淡水的富裕繁荣、歌舞升平的景象，及中法战争山雨欲来、战云密布的恐怖气氛。

2. 第一幕：

10 月 1 日，法军聚集在沪尾港外，中法即将开战；孙开华将军和台勇首领张李成等团结一心，誓死护卫沪尾。

10月2日，孙开华将军先发制人对法舰开炮，法舰也予以还击，双方互击约十几小时。幸蒙清水祖师爷、妈祖、苏府王爷等菩萨显灵抵挡法军炮弹，让军民能逃过法军如弹雨般的舰炮攻击。孙将军坐镇淡水炮台，悠游自在地喝法国香槟、享用着法国美食。

3.第二幕：

10月6日，双方中止炮击，两军按兵不动。

10月8日，法军强行登陆，派600名士兵登陆沙仑，在淡水密林中遭清军埋伏，双方激战；法兵拼命射击，弹药很快耗尽。清军以大刀或赤手肉搏法军，法军节节败退，法兵失去战斗力，恐慌撤退，退回法舰。加拿大医师马偕全心全意救护受伤清军及居民。

4.第三幕：战争结束，沪尾民众以鞭炮、烟火欢庆战争胜利及和平到来。淡水阿嬷及民众准备祭礼祭拜清军战亡将士，祈佑他们早日魂归故里往生安息；淡水人每年公历10月8日都祭拜清军战殁的英灵，淡水人"八月二十拜门口"①，祭拜此役战士英灵，祈愿家园、家人平安，淡水永无战事。

剧终、谢幕。

笔者不是在推销这出戏（此剧是免费观赏的），而是要告诉读者，台湾人从不排斥中华民族的历史；是要让两岸人民知道，两岸人民是有交集的，两岸人民是有共同记忆的，两岸人民是承袭共同中华文化的。笔者从这本书一开始就在阐述一个观念，就是在唤起人民的记忆，记忆着人的基本价值："情""义"。动物尚能知恩图报，如羊有跪乳之情，鸦有反哺之义。台湾人是善良，是感恩的；是有情有义的。我们台湾人是讲感情的，是知恩图报的，只是台湾真正的历史及真相被刻意选择性遗忘或选择性凸显，并加以片面化阐释，因此一直没有人告诉台湾人历史的

---

① 拜门口指在家门口以祭品祭祀土地公、好兄弟。

真相，也就是两岸人民自古相互扶持、相互依存。今日两岸有志之士应发挥最高智慧消除障碍，不应被少数跳梁小丑给牵着鼻子走。两岸关系发展的空间可大着呢！

"你心胸有多大，两岸关系发展空间就有多大！"愿两岸人民共勉之。

《西仔反传说》户外歌舞剧，不仅是一出表演剧、一出战争剧、一出娱乐剧，更是一出台湾民众不分党派、族群、年龄共同参与，共同弘扬中华文化的歌舞剧。剧中没有政治，没有意识形态，只有对中华民族圣战历史的认同及尊重。

第二十七章
中华民族英雄冢：淡水万善堂

淡水万善堂位于淡水高尔夫球场北端，虽地处偏远鲜为人知，原仅为当地居民信仰的庙宇，但传说有求必应，十分灵验，近年来到此参拜之善男信女日渐增多，庙宇亦逐年扩大。

万善堂

万善堂内安奉 130 年前近千具无主之战士遗骸。这些无主战士遗骸隐藏无数可悲可泣的感人故事，他们乃是来自中国大陆各省的乡亲，离乡背井，抛家弃子，渡海而来。他们的作为足以惊天地、泣鬼神；其英勇事迹与爱国精神可名垂青史，不逊于任何忠烈祠内之英魂。他们就是在清末中法战争沪尾之役中为保卫台湾而捐躯之先烈。

清法戰爭滬尾戰役古戰場地圖
Sino-French War Hobe Battlefield Memorial Map

📍 **萬善堂 Wanshan Temple**

日據時期，日人將前清兵營改造成18洞之高爾夫球道過程中，曾將原埋葬在營區的清兵墓塚遷移、並合葬在高爾夫球場北端之小丘數處。戰後球場擴建整地時，於該小丘處發掘出數百具骸骨，和許多刻有光緒10年陣亡將士英靈之石碑，而其籍貫又以湖南居多。民國68（1979）年，淡水高爾夫俱樂部及地方仕紳等乃集資興建此萬善堂，安奉殉難湘勇及其他清兵遺骸靈位，以供後人憑弔。

沪尾战役古战场地图说明牌

中法战争是中国近代史中，少数战胜列强的战役，也可谓台湾最值得骄傲的胜战。可以说当时台湾之命运，决定于中法之战，而整个中法战争胜负关键在于淡水之役。淡水战役中，法舰以船炮狂轰淡水阵地，想强行登陆，清军埋伏于岸边防风墙密林迎战，使法军受困于丛林。提督孙开华带领兵士虽处枪林弹雨之中，仍奋勇杀敌，肉搏法军，终将法军击溃于丛林。此役中清军英勇的表现，虽成就光荣的"沪尾大捷"，但士兵伤亡惨重。先烈们为忠于国家、保卫台湾，求仁得仁、壮烈就义，其精神值得两岸中国人效法、景仰。

淡水之役血流成河，战殁者上千人，陈尸遍野，无人照料，任其遗骸曝晒战场或随地掩埋，惨不忍睹。可怜呀，这些为台湾捐躯的先烈们！更可悲的是 1939 年设于古战场内之忠烈祠，原本竟是日本人兴建的"淡水神社"，为祭拜日本明治天皇及军官。台湾多数人却不知祭拜这些为台湾牺牲的先烈们，这是多大的讽刺及侮辱。中法战争后，法国人在基隆为战殁法军立碑建园；而台湾同胞对我们的忠勇烈士，则令其成为孤魂、野鬼，真叫人感叹！两岸有志中国人要站起来共同向这些烈士致敬、立碑建馆，让他们早日魂归故里。

万善堂简介碑

　　昔日发生激战之丛林、土堤已不复见，取而代之的是商贾富人娱乐健身的高尔夫球场。时光荏苒，岁月如梭，淡水之役已过去百余年。直到 1971 年，因淡水球场扩建，在球场北端小丘几处地方发现许多古墓，有的是数百具骸骨合葬一墓。这些古墓的墓碑多数刻有光绪年号及阵亡将士英名，经查乃淡水战役中为国捐躯之先烈遗骸，其籍贯大都为湖南，原本工程单位欲将这些无主遗骸就地掩埋或移往他处丢弃。幸蒙当时球场副经理黄德利先生发善心抢救，禀报主管及当时的球场会长王永在先生（台湾首富王永庆的弟弟），黄德利认为这些战士为台湾牺牲，是我们台湾人的恩人，建议球场应妥善安置这些英灵后才宜动工兴建球场，王永在接受其建议，最后决定选择在现址兴建一祠堂，安置这些烈士遗骸。最后在淡水高尔夫俱乐部、地方士绅、善众共同乐捐集资下，在球场旁兴建此万善堂，并将所有战士资料列册后安奉先烈遗骸及灵位于祠内，供后人参拜，敬仰缅怀，以勉励后辈效法先烈忠勇爱国、牺牲奉献之精神。黄德利先生并恳请球场杆弟谢富田先生负责打理照料万善堂，每日早晨开门、开灯、上香、点灯、诵经、祭拜、供养；晚上打扫、关灯、关门……日复一日，数十年从未间断，每年重大节日期间还要举办祭祀典礼，尤其在农历七月中元节举行大型法会，敦请法师启开安置烈士骨骸的铁门（正堂前方两侧寿字铁门），将烈士骨灰坛移出，诵经超度，祈求菩萨保佑烈士英灵能离苦得乐，回到故乡往西方极乐世界。如今谢富田先生已往生，

万善堂墓碑（两侧寿字铁门内是安置先烈骨骸的地方）

现交由他两位女儿轮流打理万善堂，46年来两代人照顾这些先烈，不曾间断一日。

淡水之役清军古墓碑

万善堂，台湾人尊称万应公祠。如今万善堂香火鼎盛，庙宇正堂两侧奉祀地藏王和福德正神，更增圣威。今日台湾正处于魑魅魍魉魈叫狼嚎时刻，更须弘扬此烈士精神，使浩然正气长存山林，令爱国情操流芳万世。今日两岸及人民为其立碑兴祠，弘扬忠烈精神及民族大义，以告慰先烈们在天之灵[1]。台湾作家李敖曾说："我想找个给英雄下跪的地方。"这里就是值得作家李敖下跪的地方，因为这里供奉的乃我中华民族英雄。

---

① 《淡水大庄万善堂万应公简介》，吴胜雄、黄德利，1979年。

黄德利先生（右）与笔者（摄于 2016 年 7 月）

第二十八章
台湾湘军抗日英雄传

　　1895 年 4 月 17 日（光绪二十一年三月二十三日），李鸿章在日本山口县赤间关市马关港（今山口县下关港）与日本签订《马关条约》，共 11 条，在第二条里约定将中国辽东半岛、台湾、澎湖及其附属岛屿永远让与日本（见附录）。消息传回中国，全国哗然，民众纷纷上街抗议，台湾民众更是义愤填膺，任谁都不想做亡国奴。台湾巡抚唐景崧多次致电清廷，表示他和台湾总兵刘永福誓将抗战到底。

　　时任清政府两江总督刘坤一（湖南新宁人）对唐景崧坚持抗日表示支持，私下提供资金及物资协助唐景崧等成立台湾民主国及台湾抗日义军，抵抗准备占领台湾的日军。

　　同年 5 月 23 日，丘逢甲等人以台湾全体人民的名义，向世界宣布《台湾民主国独立宣言》，不承认《马关条约》，不接受清政府将台湾割让给日本，并昭告全台湾人民、清政府及全世界各国，台湾成立"台湾民主国"，年号"永

台湾民主国国旗

清"，也就是台湾"永远隶属清朝"的意思，"蓝地黄虎"为台湾民主国国旗图案。推举唐景崧为第一任大总统，丘逢甲为副总统，刘永福为大将军，俞明震为内务大臣，陈季同为外务大臣。

成立台湾民主国不是想与中国大陆分裂，刚好相反是不愿被迫与中国大陆分离，不愿被日本统治，是为反抗日本占领台湾的民族自觉运动。

台湾民主国成立后，兵力部署如下：

台北府由唐景崧亲率广勇防守；台中由黎景嵩率湘军（新楚军）驻守；台南由刘永福率黑旗军防卫；丘逢甲则为台湾爱国壮士义军、民军统领。

依约定，中日双方将于6月2日签署《交接台湾文据》，日本却在签署之前，迫不及待地派遣海军主力舰向台湾进攻，日军近卫师团所部攻打基隆。

5月29日，日军从基隆澳底登陆，派驻军仓促成军，未战自乱阵脚，上岸即溃散。

5月31日，日军直驱九份，吴国华领广勇及孙道元（孙开华之子）防守三貂岭；分统陶廷梁率兵突击日军，陶廷梁不敌，退至土地公坪，营官宋忠发现陶廷梁危急，亲率部队救援，宋忠发却不幸遭日军袭击身亡。陶廷梁获讯，号啕大哭，立下誓言："吾不能尽杀倭寇，决不生还！"由于陶廷梁也身受重伤，守军群龙无首，所率部队因此溃败，九份落入日军之手，台北情势吃紧。

6月2日，清廷与日本签署《交接台湾文据》，日军当天攻占新北市瑞芳，台湾民众"聚哭于市"。在此之前，所有台湾民众莫不寄望清廷能像对辽东一样借助外力干预阻止日本侵略台湾。当听到清廷已签署《交接台湾文据》的噩耗后，一切希望都成泡影，全体台民崩溃。唐景崧一听说清廷已签署《交接台湾文据》及基隆沦陷，便惊慌失措，台北城顿时乱成一团。

6月4日，唐景崧内渡大陆。

唐景崧走后，刘永福继续号召全台民众抗日，台湾各地起义风起云涌。

在唐景崧内渡的情况下，驻守台中的台湾知府黎景嵩（湖南岳阳人）受命将湘军改编成新楚军，与刘永福的黑旗军及义军，共同奋战，保卫台湾。当时留在台湾抗日的湘军还有驻守新竹的统领杨载云（湖南湘潭人）、守彰化的总兵李惟义（湖南长沙人）、驻守彰化城的胡轮（湖南岳阳人）。孙道元（湖南张家界人）已在三貂岭壮烈牺牲，其妻子张秀容（湖南张家界人）则留台继续抗日。

自 1867 年美船罗发号事件，刘明灯率第一批湘军来台驻防，每三年换防一次，许多驻守湘军并未返回大陆，选择留在台湾，有些除役湘军也选择留在台湾，估计到 1895 年，留台湘军人数共约有数万人。这些留在台湾的湘军态度坚决，"宁可死，绝不做亡国奴"，誓与台湾共存亡。湘军撤去清军藩号，自己成立"新楚军"，配合刘永福抗日，除了湘军（或称新楚军），黑旗军、广军、淮军、台湾义军（由客家人、闽南人组成）等都加入抗日义举，台湾少数民族抗日则是在第二阶段。

6 月 11 日，台湾绅商李春生、辜显荣等打开台北城门，让日本军不费一弹一炮拿下台北城。当天，桦山资纪在台北宣布就职"台湾总督"。随后桦山资纪扬言，要把台湾全省的抗日军全部铲除干净。①

台北城轻易失守，让黎景嵩惊讶，由于新竹为台中的门户，急派杨载云率 2000 人从台中驻守新竹，并命其就地再募台勇 14 营，并结合客家义军，以及由吴汤兴、姜绍祖、徐骧等组织的新苗军（客家义军），准备与日军在新竹决一死战。

日军占领台北城后，两三日后即往南推进，但在新竹一带遭到吴汤兴、姜绍祖、徐骧等组织的新苗军的顽强抵抗，屡屡遭到新苗军突击，双方争夺新竹城，最后日军不断增援，湘军及客家义军不敌而退守十八

---

① 《湖南人曾为保台流尽最后一滴血》，赵腊平，2010-08-15。

尖山及虎头山。

7月9日，湘军及客家义军在南十八尖山（今苗栗县竹南镇）与日军近卫师团发生激战，姜绍祖不幸壮烈牺牲，其余客籍义军，在湘军总兵李惟义及副将杨载云等掩护下，安全撤退。

8月初，日军大军压境，越过苗栗进攻尖笔山，杨载云结合湘军、黑旗军、客籍义军联军，由湘军主战，与日军决战尖笔山；湘军在头份大挫日军，日军便绕道偷袭湘军后路，截断湘军与黑旗军、客籍义军的联络。杨载云统领的湘军只能孤军作战，双方短兵相接，湘军奋勇杀敌，战到最后全军覆没，杨所率湘军几乎全战死在这场战役中，杨载云也壮烈牺牲。事后许多台湾乡民，尤其是客籍乡亲感念杨载云统领保卫苗栗、新竹的义行壮举，纷纷为他盖庙修祠，如今苗栗、新竹，甚至新北市都可见到有关杨载云的宫庙。

李惟义（湖南长沙人）率领湘军退守台中，与刘永福率领的黑旗军和义军驻守大甲溪，日军利用台籍汉奸伪装成义军，从背后袭击联军，联军败退，大甲溪失守。

8月底，日军集结重兵准备进攻彰化。黎景嵩整合原杨载云的湘军、王德标的七星营、吴彭年的黑旗军、吴汤兴和徐骧的客家义军等，共7000人。黎景嵩为激励士气，自己也亲自上阵，军心大振，誓死保卫彰化（八卦山）。

八卦山血战（八月二十八日）

八卦山之役，日军派出总司令北白川宫能久亲王亲临此役战场，双方都是大军压境，精锐尽出，准备决一死战。

黎景嵩部属王德标率五营黑旗军驻守中寮庄，李惟义、胡轮率湘军驻守彰化城，黑旗军统领吴彭年驻守莱公寮与八卦山堡垒等处，吴汤兴、徐骧、沈福山与廖有才等率领客家义军防守八卦山炮台。

乙未八卦山战役碑志

乙未年（八卦山战役）抗日烈士神位

　　彰化八卦山之役从黑夜打到白天，从8月28日凌晨2点开打，一直打到上午10点左右，双方激战8个多小时。日军首先炮击八卦山炮台，双方厮杀争夺八卦山阵地，4位义军将领壮烈牺牲，日军最终还是占领了八卦山。

　　日军夺下八卦山阵地后，开始大举进攻彰化城，驻守彰化城的李惟义、胡轮率湘军与日军在彰化城内进行巷弄肉搏战，胡轮率湘军一营与日军激战四昼夜，胡轮受重伤仍持枪奋勇杀敌，直至弹尽粮绝，全营将士以身殉国。此役湘军胡轮、李仕高、沈仲安及杨春发等多位将领牺牲，吴彭年、吴汤兴等客籍义军统领也都杀身成仁。彰化城沦陷，城内的湘军、义军几乎全军覆没。这是台湾抗日史上战况最惨烈的一场战役。日军最后攻进彰化城，为报复抗日联军的坚强抵抗，入城后竟滥杀无辜百姓泄恨。①

日军高层以为台湾抗日军只是乌合之众，没料到台湾抗日联军如此强悍，觉得台湾情势并非想象的那么乐观及容易，紧急从辽东调第二师团赶赴台湾，并从日本国内调动后备部队，总计 20000 多人赶赴台湾支援，并立即成立"南进军司令部"，在台总兵力高达到 40000 人，日军随后分三路大举进攻台湾南部。日军不断增援，而可恶的清廷又不愿支援台湾，抗日军决定必须速战速决，速攻彰化城，而城内日军拼死抵抗，抗日军 3000 多名官兵壮烈牺牲。

八卦山血战后，幸存的王德标率领黑旗军七星队退守嘉义，杨泗洪也率领五营黑旗军防守嘉义大莆林（今大林）。

10 月 8 日，日本军分三路攻打大莆林和甘蔗仑，杨泗洪与义军林义成、简成功、简精华等人奋勇抵抗，但仍不敌而退败，杨泗洪和管带（清代官职）朱乃昌双双阵亡。

日军援兵不断，王德标、林义成看情势不对，改打游击战、突袭战。10 月 9 日，王德标、林义成等在嘉义以地雷战炸死日军 700 多人。

10 月 20 日，日军结合水陆两军合集台南，抗日联军与日本军在台南盐水激战，日军攻进安平炮台。

10 月 20 日，刘永福乘英国商轮离台，23 日内渡福建厦门。

10 月 23 日，日军兵临台南城下，仅剩 700 多人的抗日联军与进犯台南的 2000 名日本军遭遇，双方展开最后的决战，抗日联军不敌，台湾南部也随之沦陷。

10 月 28 日，日本北白川宫能久亲王死在嘉义。

---

① 河北与台湾网，张廉熙、李敏、晓兰。

在 5 个多月抗日战争中，留守台湾的湘军和义勇军并肩作战，让日军付出了惨痛的代价。据日方的资料记载，在乙未抗日战争中，日军有一名亲王、一名少将师长和约 5000 名官兵死亡，约 30000 名日本兵负伤，比日军在甲午战争中死伤的人数多了将近一倍。在乙未抗日战中，湘军（或称新楚军）、黑旗军、广军等虽非台湾人，却愿牺牲生命与台湾人共存亡，抵御日军的占领，表现出英雄气概。上万名湘籍子弟最终战死台湾，许多台湾乡民为缅怀这些牺牲的湘军及义军，在台湾各地建庙祭拜为台湾客死异乡的勇士。

11 月 1 日，台湾全境被日军攻陷。

11 月 22 日，桦山资纪在台北宣布当日为全岛"平定日"。

日本宣布"平定日"后第三天，台湾就又变得不太平；台湾北部百姓纷纷揭竿起义抗暴，分别在台北的景美、士林，以及新北市的三峡、宜兰、瑞芳、桃园等地发动自觉性的抗日行动。

1895 年年底，台湾人陈秋菊、胡阿锦、曾玉、简大狮等人联手进攻台北城，显然台湾人并不认同日本占领统治台湾，群起抗暴，台湾北部的抗日行动持续了一年半左右；此后，台湾少数民族接棒抗日，这些抗日活动历时四年多，范围遍及全台湾；1896 年 7 月，嘉义人黄国镇结合十二虎，组织数百名义军抗日，直至 1902 年 4 月，黄国镇牺牲，抗日行动共长达 6 年多；1915 年"西来庵事件"是规模最大的抗日行动，又称噍吧哖事件，也称余清芳事件；1930 年发生的"雾社事件"是著名的台湾少数民族抗日事件，南投县仁爱乡雾社的赛德克人头目莫那·鲁道率领各部落抗日……台湾人的抗日活动绵延不绝，共历时约 20 年之久。在日本占领台湾的 50 年间，台湾人民反抗日本侵略的行动从未停止过，直到 1945 年 10 月 25 日台湾光复为止。

湘军抗日英雄

黎景嵩（湖南岳阳人）

岳阳湘阴人（1847—1910），父亲黎福保当过扬州知府，祖父黎吉云（1795—1854）当过监察御史，都是湘军人物。自幼能诗善文，1877年入仕，曾任海澄县、霞浦县、安溪县等知县及马港通判，后任台湾基隆及福建厦防厅同知，负责海关事务；后升任福建龙岩知州；并曾任泉州、台南等知府，为台湾府末代知府、钦加四品衔台湾府正堂总理中路营务处，任职闽台数十年，为官有政声。《马关条约》签订后，清廷命令文武官员撤回大陆，他却主动留下来和刘永福一起抗日，领导湘军（新楚军）抵抗日军接收；刘永福守台南，他守台中，为乙未战争抗日义军的领导人之一。抗日战败他自杀获救后，于张之洞幕府担任幕僚，晚年著有《台海思痛录》，署名"思痛子"，以记其事并抒发失台之痛。[①]

杨载云（湖南湘潭人）

名再云，也称紫云、庆章，为1895年乙未战争抗日主要湘军统领；在甲午战争之前，是驻防新竹总兵吴光亮之副将；1895年台湾知府黎景嵩招募一批湘军士兵约7000人，命名为"新楚军"，任命杨载云为统领，负责保卫台中。同年5月间，日军登陆占领台北后，黎景嵩派杨载云率新楚军进驻苗栗，结合客家义军反攻日军占领的新竹，最后于苗栗头份尖笔山壮烈牺牲，苗栗新竹地区人民为感念杨统领的义行及勇敢，纷纷为杨将军盖庙建祠。当时台湾文人写诗赞扬杨载云统领英勇事迹：

头份岭下车纷纷，头份岭上日欲曛；

---

① 资料来源：维基百科。

荒冢累累蓬蒿满，停舆凭吊新楚军，

回想乙未六月间，台岛治兵如丝菜；

依时廉蔺不交欢，南北将帅门户分，

公本血性奇男子，丹心捧日才不群；

初寄专阃拜登坛，讵料金牌召孔殷。

公愤奋臂冲前敌，身冒炮火甘自焚；

呜呼！新楚军，统将谁？蓝领游击杨载云。

杨统领庙

位于头份镇仁爱里高速公路东侧，坐落在头份镇滨江街旁；杨统领即为杨载云。杨统领死后，葬于坪顶埔，称为"杨大人之墓"；1931 年，头份善众再将之迁葬棘仔园墓地；1980 年，建"杨统领庙"，立"杨统领再云神位"碑，与万善爷合祠；此庙虽小，却深受头份后人客家乡亲所尊崇而香火不绝。

在头份镇头份里滨江街一个活动中心旁有一杨再云古墓碑。

日人据台后，严禁后人纪念杨载云，北埔乡人不愿用万善爷之名祭祀，遂以"军王爷"或"军大王"之名称安之，在北埔乡、宝山等地就有 5 座这种小庙，新北市土城还有一座：[①]

一、北埔杨大人庙，在台新工厂旁之崁下，相传是姜绍祖的哥哥姜绍基（姜金宝）所建。

---

① 资料来源：维基百科。

头份镇仁爱里杨统领庙

杨统领庙杨统领牌位

杨再云古墓碑（在庙后方）

姜绍祖家人

杨大人墓（已荒芜）

二、北埔军王爷庙，在峨眉台三线社官桥头附近，目前已经改成土地公庙。

峨眉台三线社官桥头

杨大人庙（已改成土地公庙）

三、宝山军大王庙，在往宝山乡竹37线路上，还不到高尔夫球场大转弯处，这座小庙已倾塌，找不到遗迹了。

四、宝山万善祠，在宝山乡双溪村，就连宝山乡耆老也供奉杨统领。

双溪村万善祠

五、南庄杨载云庙，藏身在南庄与头份镇中港溪左岸神桌山巨石下，位于中港溪上游的大转弯处。1963年葛乐礼台风洪泛，蒙地方士绅萧运兴、萧木邻献地西村大屋坑重建，座中港溪畔，灵石环绕，安奉"杨大人再云将军石爷"神位，供后人凭吊忠烈。

南庄杨载云庙牌位

南庄杨载云庙主委与笔者

南庄杨载云庙，象征杨大人一肩扛起巨石般重担

六、新竹北埔慈天宫，位于新竹县北埔乡北埔街 1 号，清道光二十六年（1846 年）建造，主祀观音菩萨，后来移入军大王庙的杨大人香炉。

北埔慈天宫

军大王（杨大人）香炉

七、土城杨大人庙，位于新北市中央路上，离郭台铭鸿海集团富士康公司总部很近。

新北市土城杨大人墓碑

新北市土城杨大人墓及福德宫

八、桃园城隍西庙，位于桃园市桃园区中山路 220 号，供奉观音菩萨及城隍爷为主神，1829 年创庙，供杨大人香炉。

桃园城隍西庙

孙道元（湖南张家界人）

孙道元，张家界慈利人，字幼唐，台湾抗法英雄孙开华长子，自幼随父居任所淡水。其父于光绪十九年（1893 年）病殁，孙道元正在守制，中日甲午战争爆发，清廷弃台之说传至台湾，激于爱国义愤，他奔走呼号，激励忠义奋起抗敌。他率先毁家财，置军械，招乡勇训练义军，得上勇 20 余营，被推为义勇首领[①]。当时，孙道元随身老仆杨明禄力劝其审时度势，并说，朝廷能忍心割让，主人又何苦力争？道元慨然道："今日之事，乃在告先人在天之灵，我为将门之后，焉可成顺民耶？" 1895年（光绪二十一年）6 月，孙道元领导义军与吴国华部驻守在基隆三貂岭，与日军展开激战，重创日军。日本陆军北白川宫能久亲王率近卫师

---

① 资料来源：湖南张家界新闻网。

团增援，孙道元所部寡不敌众，伤亡殆尽，道元怒马陷阵，壮烈牺牲。[①]

张秀容（湖南张家界人）

孙道元夫人，深明大义，为雪国仇家恨，在道元战死后，同老仆杨明禄及乳母张氏携二幼子南下。时日军已抵新竹，各地均组织义军。张秀容痛夫死事惨烈，锐意报仇，将两个幼子交与仆人送回大陆老家，又变卖所剩产业，召集夫君余勇，组成敢死军继续抗日，投奔刘永福麾下，与刘永福之女同列军营，从台北战至台南，后与刘永福之子成良，于台南至凤山等地区和日军战斗，终因寡不敌众，秀容与刘女相继殉难[②]。张秀容赴死前，将一双儿女托人带给苏州的姐姐张美容抚养，并致函其姊。

张秀容致其姊张义容血书全文如下：

愚妹秀容沥血上书，义容贤姊妆次：

敬恳者，愚妹生命不辰，痛先夫之殉难，悲惨何可胜言，本欲舍却残躯从先夫于地下，细思夫仇未报，嗣续萦怀，死亦尚余无穷之恨。况张孙两姓，世代簪缨，将门之后，焉有弃仇不报之理？且先夫为国为民而尽节，愚妹又安敢弃义而忘仇？虽不敢效邵姬之风，惟有竭愚诚而尽苦志。刻已素服从军，招集先夫旧部，并招新勇数营，誓除倭寇，以雪夫仇。惟是兵凶战危，事机难卜，古云：百行以孝为先，其最者莫如存嗣以继夫宗。今命老仆杨明禄，乳媪周张氏，契两豚儿来苏，到日，望姊念骨肉之情，同怀之义，妥为看顾，使先夫宗嗣有存，不独愚妹感激难忘，即孙氏殁存均皆感佩！愚妹他日若能遂志，扫尽倭氛，夫仇报复，则母子重逢或当有日；倘其力不从心，惟有付之一死，以继先夫之志！于本月十八日，已身临行伍，与众誓师，劳苦相加，百端交迫。语云：

---

① 《1985年，台战实记》，续集卷二。
② 《民族英雄孙开华家世考》，周星林。

成败由天，凡事只管尽其人力。泣血临书，欲言不尽。闰月二十日。

张秀容遗书一字一泪，悲壮感人，可媲美林觉民的《与妻诀别书》；张秀容面对忠孝不能两全，毫不犹豫，从容就义，有风萧萧兮易水寒，侠女一去兮不复还之气；惊天地、泣鬼神，鉴天憾地，何其悲壮！[①]

胡轮（湖南岳阳人）

岳阳市平江人（1864—1895），字启烈，号月楼，自幼喜爱习文练武，1886年（清光绪十二年），中武秀才。时值日本侵占琉球群岛，他义愤填膺，从军报国，投入湘军。光绪二十年，中日甲午战争爆发，随湘军奉调驻防台湾。1895年《马关条约》割让台湾，台湾军民奋起抵抗日军，胡轮时任新楚军一营营官，率部驻守台湾彰化县八卦山炮台。农历七月，日军向清廷驻军进攻，胡轮率部激战四昼夜，直至弹尽粮绝，炮台被日军炮火摧毁，胡轮率官兵与日军展开肉搏战，身受重伤，仍奋勇杀死日军10余人，终因寡不敌众，胡轮与全营官兵壮烈殉国。[②]

李惟义（湖南长沙人）

湖南长沙人（？—1901），湘军成员，曾参加台湾抗日的乙未战争；李惟义原为湖南武秀才出身，1859年投效军营，1861年起因战功历任守备、都司、游击、参将、副将、总兵，后因在永州建立战功，获赏顶戴花翎（提督衔），长年统领湘军驻守湖南。

1886年，李惟义奉命前往台湾，协助章高元、林朝栋等人平定罩兰武荣社乱事。1895年，清朝因甲午战争战败，割台予日本，爆发乙未战争。战争期间，李惟义加入湘军（新楚军）抗日。在彰化八卦山战役中，李惟义、胡轮、吴汤兴、徐骧等抗日联军将领率领约5000人共同防守八

---

① 资料来源：湖南张家界新闻网。
② 《人才辈出的平江：历代豪杰》。

卦山与彰化城。[1]

　　杨载云、胡轮、孙道元、王诗正等抗法、抗日的湘军，虽然都牺牲了生命，但这些湘军英雄后人应都还留在台湾，只是不知去向，笔者希望这些抗法、抗日的湘军后裔，能与笔者联系，一起还原这段历史，让两岸人民清楚认识湘军为保护台湾土地及人民所做的牺牲及贡献。

彰化必应祠

　　位于彰化县彰化市万寿里中正路2段190巷50号，祭祀乙未战争彰化之役牺牲将士的英魂。

彰化必应祠

　　据文献所载，27日彰城告急，城东八卦山有炮台俯瞰城内，山破则城亦破，故据守此山极其重要，乃由吴汤兴、徐骧、李士炳、沈福山、汤仁贵等率一营驻守，吴彭年率一营守大肚溪南岸菜公寮一带，王德标率一营守中寮庄，刘得胜率一营守中庄，孔宪盈率一营守茄苳脚，罗树勋、罗汝泽二邑令率二营守市子尾，李惟义率四营驻守城内，共计11营约3600人。当日军进至大肚溪，在大竹北岸屡遭各路义军之痛击，死伤枕藉，于是偷渡大肚溪，从大竹围袭取八卦山，士炳、福山、仁贵均阵亡，汤兴赴援亦中炮成仁，日军遂据八卦山。彭年遥望八卦山树日旗，为誓师救援亦中炮捐躯于南坛巷。日军进城逢人便杀，残余义军义民被日军追杀陈尸于庆丰门（西门）外者不计其数，

---

　　① 资料来源：维基百科。

事平邑人赞其英勇壮烈，乃援资迎葬于城墙下，嗣城墙拆除之后，由北方士绅捐建百姓公庙并将烈士之遗骸改葬于此，是乃本庙之起源……

附录：《马关条约》第二条内容

第二款　中国将管理下开地方之权并将该地方所有堡垒、军器、工厂及一切属公物件，永远让与日本：

一、下开划界以内之奉天省南边地方。从鸭绿江口溯该江以抵安平河口，又从该河口划至凤凰城、海城及营口而止，画成折线以南地方；所有前开各城市邑，皆包括在划界线内。该线抵营口之辽河后，即顺流至海口止，彼此以河中心为分界。辽东湾东岸及黄海北岸在奉天省所属诸岛屿，亦一并在所让境内。

二、台湾全岛及所有附属各岛屿。

三、澎湖列岛。即英国格林尼次东经百十九度起、至百二十度止及北纬二十三度起、至二十四度之间诸岛屿。

第二十九章
台湾湘军英雄列传：中华民族英雄

【左宗棠】

湖南岳阳人（1812—1885），字季高，号湘上农人，谥文襄。经历中国清末历史上的许多大事，如平定太平军、平定捻军、收复新疆、推动洋务、抵抗法国侵略等。左宗棠与曾国藩、李鸿章、张之洞等四人被誉称为"晚清四大名臣"。

左宗棠从小跟随祖父左人锦学习，饱读圣贤书，19岁入学长沙城南书院，受教于名儒贺熙龄，1832年（道光十二年）中举，但仕途不顺，在湖南醴陵渌江书院担任主讲长达17年。1837年两江总督陶澍回乡省亲时，左宗棠为他写了副对联：

春殿语从容，廿载家山印心石在；
大江流日夜，八州子弟翘首公归。

陶澍甚为欣赏，视其为清末一代才子，立马聘为幕府，并将女儿许配给他。此后进入湖南巡抚张亮基、骆秉章等幕府，负责筹划平定太平军事宜。

[左宗棠事迹年表]

1856年（咸丰六年），升任兵部郎中。

1862年（同治元年），由曾国藩举荐升任浙江巡抚，负责围剿浙江太平军；在收复金华、绍兴等地后，升任闽浙总督。

1864年，克杭州，受封为一等恪靖伯，并清剿太平军残部。

1866年，受命在福建筹设船政局，创建马尾船厂；同年，调任陕甘总督，创办兰州制造局。

1867年2月，以钦差大臣督办陕甘军务，次年平定捻乱。

1873年12月，授协办大学士。

1874年9月，升任东阁大学士。

1875年4月，奉旨以钦差大臣督办新疆军务，破格免试赐封进士，并入翰林。

1877年，收复新疆，并奏请新疆建省。

1878年3月，晋升为二等恪靖侯。

1881年2月，入京担任军机大臣。

1881年10月，调任两江总督。

1884年6月，二度入京任军机大臣。

1884年9月，以钦差大臣督办闽海军务，负责保卫东南疆域，对抗法军侵略。

1885年6月，击败法军，收复台湾。

1885年9月，不幸病逝福州，赐谥文襄。

【刘璈】

湖南岳阳临湘人（1829—1887），字凤翔，号兰洲；以附生（秀才）从军，任左宗棠所部统领兼记室（秘书职）；同治年间任浙江台州知府，任内大力推动文教，筹资兴学，建书院、设义塾等；光绪初年任甘肃兰州道道员，因立有战功，升任台湾道道员。在台湾道任内兴建屏东著名的鹅銮鼻灯塔、台北城，并全程参与中法战争之台湾战役；在沪尾战役中重创法军最为世人称道，后因受巡抚刘铭传参劾诬陷入狱，流放黑龙江，客死异乡。

刘璈是晚清抵御外强侵略战争中，少数打胜仗的官员。主政台湾时期，刘璈兴学办校，招商开垦，平反冤狱，整顿煤矿、盐、茶、税务等政务，获有政声及清誉。尤其在1884年（光绪十年），法军侵台前，刘璈积极备战、巩固海防、提升战力、调整军力等部署得宜，方能成功抵御法军侵略。然在基隆沦陷后，上奏批评巡抚刘铭传弃守基隆的错误及缺失，与刘铭传交恶。在中法议和后，终被刘铭传罗织罪名，参劾入狱，遭处死罪"斩监候"（即死缓）。革职离台后，因病滞留福州，后经皇帝下诏减刑一等，改流放黑龙江，戴罪立功。1886年（光绪十二年）8月光绪旨谕着减罪一等，改发往黑龙江赎罪，将军穆图善邀其担任客卿，最后刘璈还是郁郁而终，于1887年12月7日病逝于穆图善幕府，享年58岁。其旧部将其遗骸运归故里，葬于岳阳云溪三搭桥。

当时及今日台湾史学家皆赞誉刘璈为清朝主政台湾200余年间，在台政绩最卓越的首长之一；连横编撰的《台湾通史》，亦称赞他为"有经国之才"的能吏。

台州辖下六县士绅感念刘璈恩泽，不顾当时清朝法令不得为遭判刑官员出书、设祠等规定，聚集台州府城临海东湖，为刘璈举行公祭，并共同集资于台州为刘璈兴建祠堂，纪念这位他们心中的清官（讽刺的是清皇帝及刘铭传却认定他是贪官，显然当时皇帝与人民的认知差异很大）。当时湖广总督张之洞深为刘璈遭遇抱屈，特为其撰写悼词：

君山之精，湘水之灵；是钟是毓，蔚为国桢。
闻君弱冠，咄已延平；儒文侠武，卓尔有声。
遭时多故，慷慨请缨；初讨粤逆，继靖海氛。
丰功屡著，懋典频膺；双旌出守，万佛同声。

鲲身武节，鹿耳文衡；东南砥砺，遐迹藩屏。

鼓鼙方振，萋菲旋生；九重听远，三字狱沉。

龙泉隐曜，翠羽蒙尘；皇皇中国，耿耿予诚。

荐祢虽挚，讼汤朱城；桑榆在望，蕙苡谁明。

运随江黑，魂返林菁；归来南国，我涕交横。

张之洞的悼词，详述了刘璈生平及功绩，对刘所受不白之冤及不舍之情，表露无遗，真情流露，也显示张之洞对当时清朝政治上不公不义的愤怒。

所幸还有浙江台州人民不顾杀头之祸，为刘璈盖庙立祠，纪念这位中华民族的抗法英雄、台湾人心中的"刘青天"。

[刘璈事迹年表]

1829 年，刘璈出生。

1853 年（咸丰三年），以附生（秀才）从军，后出任左宗棠所部之统领兼记室（秘书），先后率军参加遂安、龙游等战役，授留浙候补道。

1864 年（同治三年），任署理浙江台州知府。

1874 年（同治十三年），经台湾道夏献纶举荐委派台湾营务处；驻台期间工作表现深得沈葆桢赏识。

1875 年（光绪元年）3 月，因父丧回籍奔丧，守制 3 年（依清制，父丧为官宦者须丁忧守制三年）。

1877 年（光绪三年）11 月，左宗棠调刘璈到营"以候差委"。

1878 年（光绪四年）6 月，服丧期满，赴左宗棠营。

1878 年（光绪四年）年底，随左宗棠征战西北，先署兰州道员，后随军挥师新疆。此时期刘璈有幸"参赞戎机，指挥羽檄，意气甚豪"，深得左宗棠赏识。

1879 年（光绪五年）年初，受左宗棠委派总理关内营务处及统领三营。

　　1879 年（光绪五年）年底，受左宗棠命暂署兰州。

　　1881 年（光绪七年），左宗棠以"文儒武侠、雷厉风行"赞誉刘璈，奏请委派担任台湾道台。

　　1881 年（光绪七年）8 月 7 日，刘璈抵台湾首府台南，履任台湾兵备道职。

　　1885 年 5 月 26 日，旨谕"着即撤任"。

　　1885 年 6 月 13 日，旨谕"革职拿问"。

　　1885 年 10 月 17 日，旨谕"斩监候"。

　　1886 年 8 月 17 日，奉旨"刘璈着减一等，发往黑龙江效力赎罪"。

　　1887 年 12 月 7 日，病逝黑龙江。

【孙开华】

　　湖南张家界慈利人（1840—1893），字赓堂，晚清驻台湘军将领，为中法战争台湾沪尾战役之民族英雄，官拜福建提督。孙开华曾多次进出台湾，在 1884 年之前，三次往来台湾与大陆，督办台湾军务，招募湘勇，筹组湘军擢胜营驻防台湾。

　　1856 年（咸丰六年），孙开华年少从军，15 岁即以武童加入湘军；随霆军名将鲍超东征北讨，曾于江西九江参与剿平太平军。

　　1858 年（咸丰八年）3 月，再随鲍超支援湖北，因勋升任守备。

　　1860 年（咸丰十年）2 月，擒俘太平军首领蓝承宣等。

　　1861 年（咸丰十一年），剿平太平军英王陈玉成部于安庆集贤关。

　　1862 年（同治元年），转战安徽、江西等地，升任副将；后攻克句容（今江苏省镇江市）、金坛（今江苏省常州市），赐号"擢勇巴图鲁"（满语，指勇冠三军之将的意思）。

　　1863 年（同治二年）4 月，围剿太平军忠王李秀成，攻下今日江西省抚州辖下金溪、南丰、新城及赣州的宁都、瑞金等地，晋升为总兵。

1865 年（同治四年）12 月，进击广东嘉应州（今广东梅县）太平军偕王谭体元所部，败偕王于黄沙嶂，降军 10 余万，擢升为提督。

1866 年（同治五年）6 月，补授福建漳州镇总兵，随鲍超赴河南剿平东捻军首领赖文光部。

1867 年（同治六年）2 月，东捻军赖文光部在尹隆河战役击败淮军刘铭传，后遭鲍超部袭击溃败。

1873 年（同治十二年）6 月，受命统领擢胜军办理厦门海防。

1876 年（光绪二年），率军首次东渡台湾，驻守基隆及淡水，负责台湾北路防务。

1877 年（光绪三年），台湾花莲发生"大港口事件"，花莲少数民族不满吴光亮开垦花莲县山路（自水尾至大港口），杀害清通事林东涯；吴光亮派营官林福喜镇压未果，反引起阿棉社（今阿美人）（今丰滨乡港口村）与纳纳社（今丰滨乡静浦村）叛乱，清廷乃急调北路统领孙开华率兵二营，总兵沈茂胜率兵一营，及台湾知县周懋琦率炮兵营，分陆、海两路增援。孙开华率部进驻成广澳（今台东成功）及水母丁（今台东长滨），麾军鏖战，直捣阿棉社，番社不敌，溃败逃散。孙开华因平乱有功，清廷论功赐赏黄马褂。

1878 年（光绪四年）5 月，湘军统领宋国永卒，孙开华受命接替统领霆军。

1878 年（光绪四年）7 月，花莲加礼宛（Kaliawan）番社与清驻军爆发冲突（史称"加礼宛事件"），新城、花莲港失守；8 月，孙开华督军亲征新城，驻扎花莲港，进攻加礼宛社，番社败逃。

1879 年 9 月（光绪五年八月），因台湾海防吃紧，孙开华回乡招募湘勇组织擢胜军，于秋季二度督军赴台，协办台北及苏澳开山事宜，担任陆路提督。

1881 年 12 月（光绪七年十一月），蒙光绪帝召见。

1883 年 9 月（光绪九年八月），负责台湾北路防务，率领湘军擢胜军三营再次渡台协防基隆及淡水。

1885 年，中法战争沪尾之役中，击败法军，获赐骑都尉世职，帮办台湾军务；于中法签订天津条约后，还任提督。

1886 年（光绪十二年），实授福建陆路提督。

1893 年（光绪十九年），卒，谥壮武。

【杨载云】

湖南湘潭人（？—1895），号再云、庆章，为 1895 年台湾抗日湘军名将。台湾乙未战争时，担任新楚军统领，驻守台湾苗栗、新竹地区。

【胡轮】

湖南岳阳平江人（1864—1895），为 1895 年台湾抗日湘军军官；台湾乙未战争时，担任新楚军一营营官，率部驻守台湾彰化八卦山炮台。

【刘明灯】

湖南张家界大庸人（1838—1895），字照远，号简青，为晚清驻台湘军将领，曾任台湾总兵，官至甘南（今甘肃省辖下自治州）提督。咸丰年间中武举，1861 年，入左宗棠楚勇部；由于作战英勇，升至福宁总兵；1866 年（同治五年），受左宗棠推荐担任台湾总兵。刘明灯虽为武人，但擅长书法；驻台期间多次北巡，在台湾北部多处名胜景点留下珍贵墨宝，如雄镇蛮烟碑、"虎"字碑、金字碑等，皆是刘明灯亲笔书写的。刘书法独树一格，为一绝，至今还有许多专家专门研究其书法。在担任台湾总兵期间，主要负责清剿戴潮春余党及交涉台湾著名的外交事件：美国罗发号（Rover）船难事件。

刘明灯后调任甘肃甘南提督，于 1878 年（光绪四年）以丁忧解甲归田。当时台湾文人对刘明灯评价甚高，宜兰举人林步瀛等皆曾撰文赞扬其治台政绩：

揆文奋武，兼词章篆隶以名家；移孝作忠，历皖翻闽江而奏绩。

轻裘缓带，羊叔子之高风；羽扇纶巾，武乡侯之雅度。

【吴大廷】

湖南怀化沅陵人（1824—1877），字桐云，号小酉腴山馆主人，为晚清驻台湘军将领，先后追随胡林翼、曾国藩、李续宜、左宗棠。1855年（咸丰五年）中举人；1866年（同治五年）由左宗棠推荐担任按察使衔分巡台湾兵备道，加二品服，再加按察使衔；1867年（同治六年）与刘明灯共同赴台处理美国商船罗发号船难事件；1868年，因朝中大吏掣肘而请辞；同年3月，沈葆桢奏准以船政提调任用；同年7月，总理衙门催其赴台上任，吴大廷以掣肘如故，三度请求开缺；1877年（光绪三年）卒，赠太仆寺卿。[①]

【黎景嵩】

湖南岳阳湘阴人（1847—1910），为台湾乙未战争主要湘军将领。（请参阅本书第二十八章）

【曹志忠】

湖南湘潭湘乡人（1840—1916），字仁祥，清末驻台湘军将领，抗法保台之民族英雄。1840年2月曾任福宁镇总兵、福建陆路提督、福建水师提督、湖南提督等要职。被封为光禄大夫、建威将军，官至正一品，获"芬臣巴图鲁"勇号。

1855年，以武童加入湘军杨载福（杨岳斌）部，担任水师正勇，隶属鲍超部。

---

① 资料来源：网络，施懿琳撰。

1856 年 9 月，加入鲍超的霆军，多次随鲍超征剿太平军及捻军，积勋授六品军功，任把总，赏戴蓝翎。

1864 年 8 月，攻陷天京后，获"劲勇巴图鲁"勇号，拔擢为副将，加总兵衔，担任霆军后营分统。

1865 年，参与围剿广东嘉应州太平军余部，升任记名总兵，赏加提督衔（时年仅 25 岁）。

1866 年，随鲍超霆军北上镇压捻军。

1867 年，于湖北京山永隆河大败东捻军赖文光部，授"芬臣巴图鲁"勇号。

1867 年 11 月，鲍超霆军遭裁撤，被调往淮军李翰章部，参与征剿西捻首领张宗禹部。

1878 年 8 月，被实授福宁镇总兵，统领霆庆军移防福建。

1879 年，被封为"振威将军"。

1882 年，率所部湘军 6 营移防台湾基隆，负责台湾北路防务，从台湾大甲溪至新竹、淡水及宜兰之苏澳等地区。

1884 年，法国舰队侵入基隆港，多次攻打基隆意图抢夺煤矿，皆遭曹部击退，在基隆鸟嘴峰、月眉山等处与法军血战数月，有效地拦阻法军抢夺基隆煤矿及推进台北，对保卫台湾至关重要。因护台有功，升任署理福建陆路提督，后实授福建水师提督。

1904 年至 1910 年，任湖南提督期间，封为"光禄大夫""建威将军"。

1916 年，卒，享年 76 岁 [1]。

【杨昌浚】

湖南娄底湘乡县人（1825—1897），字石泉，号镜涵，别号壶天老

---

① 资料来源：百度百科，编辑：刘岸晖。

人。为晚清湘军名将，曾追随左宗棠、曾国藩。1860年（咸丰十年），左宗棠帮办两江军务时招揽杨入营，曾任知县、同知、衢州知府、浙江储运道、浙江布政使、浙江巡抚等职。浙江巡抚任内因"葛毕氏谋害亲夫"案遭革职。1878年（光绪四年），左宗棠督办新疆军务时杨帮办军务，再次崛起，先后担任甘肃布政使、署理陕甘总督、漕运总督、闽浙总督兼福建巡抚、陕甘总督兼甘肃巡抚、兵部尚书等要职，官至太子太保。

1885年（光绪十一年）7月，兼署福建巡抚。

1886年（光绪十二年），上疏直指台湾是中国前往南洋的门户，也是中国沿海七省的前沿，朝廷将台湾改设巡抚，可以加强对台湾的控制，这是保卫我国东南海疆的大计；福建和台湾本来就是一省，如今将其分为两部分，还仍然应该唇齿相依，让它们互为犄角、相互援助。在推动台湾建省的推展上，发挥至关重要的作用。

1886年（光绪十二年），清廷决定将台湾独立设省，受命与刘铭传共同筹建台湾行省。为确保台防，他不计前嫌，捐弃湘淮成见，积极为刘铭传筹措建省经费，建省初期每年筹得协银80万两，提供台建省初期重要财源。

1884年（光绪十年），中法战争爆发，左宗棠命杨帮办军务；清廷又任命杨兼任闽浙总督、福建巡抚督防台湾。杨即派令湘军4营、浙江1营火速赴闽，并新募兵湘勇10营支援。

同年10月，基隆失守，杨立马调拨大陆兵勇，渡海增援，并运送饷械赴台，充实粮械饷银，为保卫台湾做出重大的贡献。

1897年（光绪二十三年），不幸病逝于湖南长沙，诰赠太子太傅。

【杨金龙】

湖南邵阳人（1844—1906），字镜岩，为清末驻台湘军将领。19岁加入左宗棠部，随军征战福建、陕西、甘肃、新疆、台湾等地，官至江南陆路提督。1895 年乙未战争时，杨金龙率部驻防嘉义和彰化等地；于1900 年（光绪二十六年）调任南京，统领督标各营，节制各处炮台事务；1904—1906 年，担任江南提督。

【孙道元】

湖南张家界人（？—1895），孙开华长子，清末驻台湘军将领。台湾乙未战争时，与吴国华部驻守基隆三貂岭。（请参阅本书第二十六章）

【王诗正】

湖南湘潭湘乡人（1854—1887），王鑫之子，晚清抗法湘军将领，曾任江苏候补道。1885 年，参与基隆之役月眉山血战；1887 年，病逝于江西战场，年仅 33 岁。

1885 年，左宗棠派王诗正统带恪靖军 5 营渡海援台，从台湾中部笨港登陆。于 3 月 4 日赶赴基隆前线，与曹元忠所部联手在月眉山血战中重创法军，阻挡法军向台北推进。

【张秀容】

湖南张家界人（？—1895），孙道元的夫人，在丈夫抗日阵亡后，召集丈夫的余部奋勇抗日。（请参阅本书第二十八章）

【李惟义】

湖南长沙（？—1901），清末湘军将领，曾参与台湾的抗日乙未战争。（请参阅本书第二十八章）

【杨岳斌】

湖南湘西吉首市土家族人（1822—1890），原名载福，字厚庵。1849 年（道光二十九年），参加镇压湖南天地会首领李沅发部；1853 年

（咸丰三年），入曾国藩创建的湘军水师，调任右营营官；1862年（同治元年），避穆宗讳改名岳斌，与曾国藩、曾国荃合围天京（南京），围剿至长江两岸；1864年（同治三年），因镇压太平军有功，授陕甘总督职，赏一等轻骑尉世职，加太子少保衔；1865年7月，驻守兰州，因陕甘地区守军粮饷长期短缺，多次发生武装叛变，杨无力解决；1866年（同治五年），请辞，清廷改派左宗棠接任；1875年（光绪元年），受命与彭玉麟共同整顿长江水师；1885年（光绪十一年），率军至台湾，驻军淡水，抵抗法军侵台；1889年（光绪十五年），病逝家中，赠太子太保，谥勇悫。

【彭楚汉】

湖南湘潭湘乡人（1830—1912），号纪南，为清末湘军将领。24岁时投效曾国藩所创立之湘军，历任长江水师总兵，直隶大名镇总兵，福建水师提督、轮船统领等要职。

彭受知于湘军水师宿将杨岳斌，亦深受曾国藩、李鸿章、曾国荃等人器重。

1854年（咸丰四年）夏，随杨岳斌征战太平军，因功晋升至记名简放提督，补授广东琼州镇总兵，诰授建威将军，赏给"利勇巴图鲁"名号，戴花翎，穿黄马褂，授予云骑尉世职。后因平剿回、捻乱有功，赏一品封典，回任长江水师总兵。

1871年（同治十年）6月，补授直隶大名镇总兵。

1874年（同治十三）11月，赴任福建水师提督。

1884年（光绪十年），中法战争期间，法国封锁台湾各海口，彭负责突破封锁，运送人员、武器、弹药、军饷、物资、情报等到台湾，成功地提供后勤补给工作，稳定前线将士军心，增强台湾的防御力量。

左宗棠也赞许彭为"将才难得""任事之臣""忠勇廉明"。①

【刘良璧】

湖南衡阳人，字省斋，清末驻台湘军官员。1708年（康熙四十七年）中举；1724年（雍正二年）进士及第；1727年（雍正五年），由金门连江县知县转任台湾诸罗县知县；1731年（雍正九年），调龙溪县知县；1737年（乾隆二年），由漳州海防同知升任台湾知府；1739年（乾隆四年），代理福建分巡台湾道；1740年（乾隆五年），因处理台湾泉漳械斗有功，升任福建分巡台湾道；1747年（乾隆十二年），补福建兴泉永道。

【刘坤一】

湖南邵阳人（1830—1902），字岘庄，廪生出身，清末湘军名臣，于剿平太平天国之乱时崭露头角。在曾国藩、左宗棠等人去世后，刘和张之洞成为晚清洋务运动的主导者。后因带领湘军立下战功，升任为教谕、知县、知州、知府、广东按察使及广西布政使等要职；1865年，晋升江西巡抚；1890年，复任两江总督兼南洋大臣；1891年，受命帮办海军军务；1894年，中日甲午战争时，被任命为钦差大臣；1895年，多次上奏朝廷坚决反对割让辽东半岛和台湾，并派易顺鼎等人暗中接济台湾刘永福等抗日；1896年，回任两江总督；1902年，去世，追封一等男爵，赠太傅，谥忠诚。

【高大镛】

湖南常德人（？—1820），字东序，桃源举人，清末驻台湘军官员。于1813年1月（嘉庆十七年十二月）担任台湾县知县；1817年，署澎湖海防通判；1818年（嘉庆二十三年），补任噶玛兰通判；在台湾为官多年；

---

① 《湘军将领彭楚汉其人与中国近代海防》，谭剑翔、谢琰，《曾国藩与湘军文化研究》，2010，第2期。

1820 年（嘉庆二十五年）10 月 5 日，卒于台湾府噶玛兰通判任内。

【易顺鼎】

湖南常德汉寿人（1858—1920），字实甫、仲实，别号哭庵。清末湘籍诗人、文学家，为"寒庐七子"之一。幼有神童之誉，五岁能作对，15 岁补诸生，有"龙阳才子"之称，与宁乡程颐万、湘乡曾广钧合称"湖南三诗人"。

1875 年（光绪元年），为恩科举人。历任河南候补道、广西右江道、广东廉钦道、国民政府印铸局局长。

1895 年，曾多次上书朝廷，力陈不可割地赔款。《马关条约》签订后，两度欲携军饷赴台湾，协助刘永福、黎景嵩等抗日，但因张之洞阻挠作罢。

【孙道仁】

湖南张家界人（1867—1932），字退庵，号静山，父孙开华为清末著名台湾抗日英雄。为清末、国民军将领，官至福建提督、陆军中将加上将衔。

1884 年（光绪十年），任职敌前营务处，授四品衔。

1885 年（光绪十一年），任顺天补官。

1890 年（光绪十六年），任颐和园海军水操内学堂办事官。

1891 年（光绪十七年），因镇压热河的民变有功，获升三品衔，任福建补官。

1897 年（光绪二十三年），统辖福州水陆两军。

1901 年（光绪二十七年），奉派赴日本学习军事教育及训练。归国后，创办福建武备学堂，并任总办。

1911 年（宣统三年），任福建提督。

1911 年 11 月 5 日，加入中国同盟会。

1911 年 11 月 8 日，率福建新军起义，推翻闽浙总督。同月，福建临时政府成立，被推举为福建都督。

1912 年（民国元年），袁世凯任命孙担任福建都督，并授陆军中将衔。

1917 年（民国六年），任黎元洪总统府高等顾问。

1923 年（民国十二年），引退，赴厦门。

1932 年（民国二十一年），卒，享年 66 岁。

【陈鸣志】

湖南邵阳新宁人，清末驻台湘军官员。1885 年（光绪十一年）6 月，署江苏候补道；1885 年，任按察使衔分巡台湾兵备道；1893 年（光绪十九年），任福建按察使署按察司事；1894 年（光绪二十年），任福建粮储道兼署福建按察使。驻台期间，立"化及蛮貊"碣于南投县集集镇广明里通往水里处。

【王正道】

湖南张家界土家族（1835—1895），清末驻台湘军将领，先后三次东渡台湾，是张家界土家军中驻台时间最长的将领。曾任参将、总兵、赴台先锋、左三营头目等职。

1866 年（同治五年），为赴台先锋官，出任台湾道北路协台，镇守彰化、淡水（台北）、宜兰。

1869 年（同治八年），随刘明灯部内渡驰援左宗棠征战陕甘回乱。

1873 年（同治十二年），官至二品总兵，授予振威将军。

1874 年，率军二度赴台，协助驱逐占领台湾屏东牡丹社的日军。①

1882 年（光绪八年），驻守福州马尾，兼理船政局巡察。

---

① 资料来源：台湾土家军，百度百科。

1890 年（光绪十六年），因督办火药局遭参劾涉嫌贪污，被削职为民，离台返回张家界老家。

1894 年，中日甲午战争爆发，清廷下诏："王正道官复原职，镇守台湾。"

1895 年，逝世于厦门，享年 60 岁，追授为"神武大将军"。①

【陈文騄】

湖南永州人（1840—1904），字仲英，号寿民，清末驻台湘军官员。1870 年（同治九年），中举；1874 年，进士及第，授翰林院编修；1884 年（光绪十年），任金华知府；1888 年（光绪十四年），调杭州；1892 年（光绪十八年），任台北知府；1894 年（光绪二十年），担任按察使衔分巡台湾兵备道；1895 年（光绪二十一年），内渡任安徽太平知府；1902 年（光绪二十八年），督办皖北牙厘总局；1904 年（光绪三十年），卒，享年 65 岁。

【朱上泮】

湖南郴州汝城人（？—1895），朱明亮之子，清末驻台湘军将领。朱明亮因故遭解职后，子上泮接替其父统领该部，总理全台营务。1894 年，甲午战争期间，驻守台湾；1895 年，日寇侵台，上泮死守澎湖，壮烈牺牲，时年仅 49 岁。②

【高登玉】

湖南岳阳临湘云溪人，清末驻台湘军将领。太平军洪杨起事后，与刘璈一起投效湘军，随刘璈征战多年，骁勇善战，获封提督衔。1874 年（同治十三年），随刘璈东渡台湾，任岳字营统领；1875 年 3 月，刘璈离

---

① 《土家奇人王正道》，王章贵，2002。
② 《西螺七嵌与台湾开拓史》。

台回家守制，高登玉则留台全程参与修建屏东恒春城。

【杨汝翼】

湖南永州东安人（？—1895），清末驻台湘军官员，早年入湘军杨岳斌部，后随彭玉麟平定太平军韦志俊部。1895年乙未战争期间，以福建候补道率湘勇2500人驻守台湾鹿港。

【朱景英】

湖南常德武陵人，字幼芝，号研北，为清朝驻台官员。1750年（乾隆十五年），为庚午科乡试解元，任福建侯官知县；1769年（乾隆三十四年），升任台湾府海防兼南路理番同知；1774年（乾隆三十九年）9月，任台湾府北路理番同知，后升任汀州知府。

【夏献纶】

江西南昌新建人（？—1879），字芝岑，号筱涛，为清末驻台湘军官员。1855年（咸丰五年）中举，受左宗棠提携；1873年（同治十二年）3月，以福建船政提调署台湾道；1875年，参与台湾开山抚番工作，负责北路噶玛兰（宜兰）到歧莱（花莲）段的开垦，后再由罗大春接手。夏献纶每年巡视台湾南北路，以了解各地民情；1879年（光绪五年）7月，卒于任内。①

【罗大春】

贵州苗族侗族自治州人（1833—1891），原名罗大经，清末驻台湘军将领。曾参与平定太平天国之乱，屡建奇功，授予"冲勇巴图鲁"称号；国学大师俞樾（章太炎的老师）誉其为晚清"中兴名将"。

---

① 《台湾记忆》，张子文。

罗大春 17 岁从军，27 岁任参将，28 岁任总兵，41 岁担任福建陆路提督、福建船政轮船统领、代理福建水师提督，成了当时福建海军舰队司令；46 岁任湖南提督；1891 年（光绪十七年），病逝在福建建宁总兵任上，享年 58 岁。

1874 年（同治十三年），奉命赴台湾苏澳地区驻防，并进行北路开山抚番工作。仅 4 个多月即修通了苏澳至花莲的 200 里道路，此为今日台湾著名"苏花公路"的前身，至今为从台北去花莲必经之路。罗极为重视文教推广，大力捐资兴学，在宜兰苏澳地区积极兴办义学，带动台湾东北部文风及求学风气，沈葆桢特赞许："淡兰文风为全台之冠。"

在台湾苏澳地区，现还保有许多罗当时开山辟路的文化史迹，如"罗大春开路纪念碑""罗大春开辟道路里程碑""罗提督兴学碑"等。其中"罗大春开辟道路里程碑"被认为是台湾南澳地区最有价值的古迹之一。

【张其光】

广东江门新会人（？—1895），又名信千，字奎垣，为清末驻台湘军将领，官至浙江提督。少年时加入左宗棠水军，参与平定浙江太平军之乱，并曾驻防浙江、福建、台湾。1868 年（同治七年），受赐"振勇巴图鲁"名号；1873 年（同治十二年），担任台湾镇总兵；1875 年（光绪元年），赏黄马褂，回任浙江总兵；1879 年（光绪五年）9 月，任福宁镇总兵；1881 年（光绪七年），实授浙江提督，任职期间，深受浙人拥戴，称其为"张将军"，称其部为"张家军"；1893 年（光绪十九年），蒙皇太后两次召见，担任澎湖水师镇总兵；1895 年（光绪二十一年），因积劳成疾，病逝任内，享年 64 岁。

【吴光亮】

广东英德人（1834—1898），号霁轩，清末驻台湘军将领，曾任台

湾南澳镇总兵。1874年（同治十三年），赴台湾协助开山抚番；1875年
（光绪元年），率飞虎军进驻南投集集埔启动开山抚番工作，后因功授福
宁镇总兵；1877年（光绪三年），担任台湾镇总兵期间，适逢阿棉、纳
纳、乌漏等社事件，与总兵孙开华、同知袁闻柝等合力平定；1878年，
平定加礼宛、巾老耶等社之变；1882年（光绪八年），与台湾道刘璈合
剿嘉义庄芋之乱，后因与刘璈不合，奉旨内调；1888年，再度回任台湾
总兵，因涉嫌"向属员函借银两"，遭兵部议处，降三级调用；1895年，
清廷割台，唐景崧调光亮招募旧部4营2000余人，渡台驻守新竹、苗
栗、后龙一带，与日军激战于新竹及彰化八卦山；1898年（光绪二十四
年）10月，卒，享年65岁。

　　1876年（光绪二年），台湾新寮地方士绅为表示对吴光亮开山辟路
带动地方繁荣的感恩之心，特集资设立"德遍山陬"碑于台湾中路口。[①]

【袁闻柝】

　　江西景德镇乐平人（1821—1884），字警斋，晚清驻台湘军统领；其
父袁迹山是饶州府学秀才，精研医理；袁自幼秉承父志，行医济世；光
绪年间，赴台担任台湾知府。

　　咸丰年间，太平军多次攻打乐平，乐平士绅为求自保，兴办团练。
袁因此弃医习武，支援乐平团练事务。1860年（咸丰十年），亲率乐平
乡勇，协助左宗棠围剿太平军，与数万乱军激战于乐平北郊，深得左宗
棠赏识，保荐从九品官阶。后投效左宗棠部入闽，升任布政司都司，赏
戴蓝翎，留闽任用；1869年（同治八年），升任同知；1871年（同治十
年），奉派台湾，署理海防事务；1873年（同治十二年），台湾阜南地区
（今花莲及台东附近）少数民族叛乱，清廷派福建布政使刘瑞庭赴台镇
压，袁建议以安抚为先，深入番社，动之以情，晓以大义，终于兵不血

---

　　① 《台湾记忆》，张子文。

刃平息此叛乱；1874 年（同治十三年）4 月，日本侵犯台湾屏东，袁赴后山成功招抚埤南昌家壁等 72 社少数民族，沈葆桢奏派袁代理台湾南路理番同知；1875 年（光绪元年）4 月，以功晋升知府；1877 年，与吴光亮合力剿平阿棉、纳纳等社少数民族叛乱，赏戴花翎；1879 年（光绪五年）4 月，剿平阿郎社、阿勒马萨社之乱。1881 年（光绪七年），任台湾知府；1883 年（光绪九年），补授福建福宁府知府；1884 年（光绪十年）6 月，病逝于福宁府任上。

【杨泗洪】

江苏宿迁人（1847—1895），字锡九，号茂龄，晚清驻台湘军将领，出身武术世家。1862 年，以武童加入湘军效力，积功官至花翎游击；1884 年，为台湾分巡兵备道刘璈部营官。沪尾（淡水）之战时，为败法军孤拔前锋，威名大震，人称"黑虎将军"。刘铭传拔擢其为镇标左翼统领，后升任台湾督镇（代理）总兵。

1895 年台湾乙未战争时，杨任分统；随后刘永福委其为副将，统领 2000 余人的新黑旗精锐部队，卫戍台南。在彰化八卦山之役，日军山根信成少将中炮而亡，近卫师团长陆军中将能九亲王也遭炮击受伤死去，杨率部血战日军三天三夜，身先士卒，遇伏身亡，为保卫台湾杀身成仁。

【席大成】

湖南永定人，清末湘军将领。1857 年（咸丰七年），加入湘军，因镇压太平军有功，升为总兵，赏"雄勇巴图鲁"名号。1867 年（同治六年），随左宗棠远征新疆吐鲁番、喀什、伊犁、堵城，平定阿古柏之乱，赐以头品顶戴，穿黄马褂，赏"隆武巴图鲁"名号，晋升记名提督，实授宁夏巴里坤镇挂印总兵；1885 年（光绪十一年），中法战争战殁海疆，清廷诏立旌牌坊。

【李烺】

广东梅州雁洋镇人，清末驻台湘军官员。1865 年，投效湘军，随孙开华征讨广东嘉应州太平军；1883 年，随孙开华部擢胜军驻防台北府；1893 年，升任彰化知县，在台期间，历任台中、彰化、云林、新竹、苗栗等知县，皆享有政声；1895 年台湾乙未战争时，任苗栗地区知县护理基隆巡检，由于其湘军的背景、客语无碍、熟悉中苗地区，台湾知府黎景嵩更倚重为左右手，同年 8 月 14 日，苗栗陷，李烺内渡大陆福州。

【李胜才】

湖南岳阳临湘人，清末驻台湘军军官，任副将衔，岳字营统带。1874 年（同治十三年），随刘璈赴台。刘璈二度任职台湾时，他亦随璈赴台；1883 年（光绪九年）2 月，率岳字营至台湾凤山县大树脚庄平定陈清、陈荣等民乱。

【薄有成】

湖南常德武陵人，清末驻台湘军。1719 年（康熙五十八年），任金门镇标右营游击；1721 年（康熙六十年），参与围剿朱一贵之乱，克复台南府城，朱以残卒数千人溃退湾里溪。

【傅德生】

湖南娄底新化人，清末驻台湘军官员。为栋军隘勇副营把总，曾参与台湾乙未战争。1895 年，台湾各地皆起义抗日，傅亦召集乡勇举兵抗日。6 月中旬，傅率部北上，于杨梅、湖口和新竹一带与日军激战，后并参与彰化八卦山大战。

【刘亨基】

湖南湘潭人，字少圃，清末驻台湘军官员。1750 年（乾隆十五年），为庚午科举人，曾任台湾府凤山县知县；1779 年（乾隆四十四年），任台湾府海防兼南路理番同知；1782 年（乾隆四十七年），任台湾县知县；1783 年，署台湾府知府；1784 年（乾隆四十九年），兼理彰化县知县；1787 年 1 月，署彰化县事，后因林爽文之乱，城陷被杀。

【赵慎畛】

湖南常德武陵人（？—1825），字遵路，清末驻台湘军官员；嘉庆元年进士，选庶吉士，授编修，升御史，巡视通州漕运，授广东惠潮嘉道，升任广西巡抚，修塘浚河。1822 年（道光二年），为闽浙总督，增设福建水师，规划营制，镇压台湾凤山杨良斌民变；1825 年（道光五年），调云贵总督；同年，病卒于官所，赠太子少保，谥文恪。[①]

【李序栋】

湖南岳阳临湘人，清末驻台湘军将领；以副将衔，任绥靖右营统领。1882 年（光绪八年）9 月，台湾少数民族在宜兰东门及北门外杀害百姓，李奉命率部赴宜兰平息。

【吴希潜】

湖南常德石门人（？—1867），字修轩，清末驻台湘军官员，曾任淡水厅幕僚。好诗书画，诗集名《东溟草》。

【李德福】

湖南岳阳临湘人，清末驻台湘军统领；曾任都司衔，镇海后营统领、镇海后营统带；1882 年（光绪八年）8 月，驻扎台湾基隆、艋舺，后因台南地区民乱，调任驻守台南安平。

---

① 《湖湘文化辞典》，万里主编，湖南人民出版社，2011。

【李立纲】

湖南岳阳临湘人，清末驻台湘军军官；以都司衔，绥靖左营统带。随刘璈东渡驻防彰化水社一带，后受命勘查埔里社、南投、东势角等地区垦抚情形。

【廖倬人】

湖南岳阳临湘人，又号云汉；为光绪举人，曾随刘璈入台兴学。清末《云山诗集》载有《喜廖倬人同刘观察游台湾归》诗。

【刘萌南】

湖南岳阳临湘人，刘璈族侄，清末驻台湘军统领；从九品，曾在台湾代理飞虎中营统领，负责勘查花莲港垦抚情形。

【刘厚禄】

湖南岳阳临湘人，清末驻台湘军军官；曾任岳字营马队哨长。1883年（光绪九年）2月，随同李胜才至台湾凤山县大树脚庄平定匪乱。事后，刘率部留下驻扎该地。

【李官林】

湖南岳阳临湘人，清末驻台湘军军官；曾任都司衔、镇海前营统领。1881年（光绪七年）10月，随刘璈来台，在台湾屏东建造鹅銮鼻灯塔时，李率部驻扎该地，保护工程建设。

【刘德杓】

湖南长沙人，清末驻台湘军军官。1895年，任台湾镇副将，驻守台东，负责海防；同年台湾乙未战争，日军占领台湾；1896年2月，台东统领袁锡中内渡，德杓不从，继续统领镇海军余部，驻守卑南誓死抗日。在台东卑南地区与日军对峙长达一年之久，最终被日军突破败退；1897年，刘率兵投靠抗日军领袖柯铁，不幸遭日军逮捕；1900年，日军将刘遣送清政府，交换引渡抗日英雄简大狮回台。

【朱名登】

湖南郴州汝城人，清末驻台湘军军官。1875年（光绪元年），以提督衔，补用镇海左营总兵管带，调赴台湾，驻扎南路枫港。

【龚祖辉】

湖南岳阳临湘人，清末驻台湘军军官；提督衔，为刘璈亲兵。

【刘金峤】

湖南岳阳临湘人，清末驻台湘军军官；总兵衔，任岳字营哨长、飞虎中营统领。

【方善夫】

湖南岳阳临湘人，清末驻台湘军官员；为秀才，是刘璈在台时的重要幕僚，属后勤人员，专门管理、运输军饷和粮食事项。

【李序训】

湖南岳阳临湘人，清末驻台湘军，早年随刘璈围剿太平军，曾在湖南、湖北、浙江等地征战；后随刘璈东渡，驻守台湾。

【黎湘林】

湖南岳阳临湘人，清末驻台湘军。随刘璈东渡驻守台湾。

【许光佐】

湖南张家界大庸人，清末驻台湘军；弟光辉、光发、光明、光开等亦随之加入湘军驻台。

【李桃成】

湖南岳阳临湘人，清末驻台湘军，随刘璈东渡驻守台湾。

【李作营】

湖南岳阳临湘人，清末驻台湘军，随刘璈东渡驻守台湾。

本章以上资料除另有注明出处外，主要源自维基百科。

后　记|

2016年年底，我随台湾退役将军们到大陆去参加纪念孙中山先生的活动，看到85岁的黄幸强上将（原台"陆军总司令"）在台上激动地说他不怕别人非议、扣帽子，只要他身体可以，一定会一直参加这些活动，至死方休。他认为唯有交流才能化解矛盾，才能增进彼此的理解及感情，避免战争。他身为军人，命早奉献给了民族，还会在乎流言吗？为两岸人民，更不怕失去退休金。我为这些将军喝彩、流泪。

没有这些父辈的付出就没有今日的台湾；没有本书中提到的左宗棠、沈葆桢、刘璈、孙开华等先贤，我们台湾人早成为法国、日本强权下的奴隶，还谈什么台湾奇迹。今日看到将军们为两岸和平而努力，拖着如风中残烛的身躯奔走两岸，还要被指责、羞辱，非常不忿。让我不禁想起往生的父亲，他也是军人，虽没留下什么钱财给子女，但留给了我们爱国爱乡的精神，这才是最珍贵的遗产，深信父亲如在世也会像黄上将一样说同样的话，在天堂的父亲和二姊也会支持子杰为两岸的努力。

谨以此书，献给：

我最挚爱的父亲熊斌及二姊熊美玉，感谢他们一生无私无悔地为家的牺牲及付出；

为保卫台湾牺牲生命的先烈们，你们是中华民族英雄；

为两岸和平奔走的将军们、有志之士。

会有写作这本书的念头要感谢当时湖南省委张春贤书记，在他的鼓励下台湾湖南商会才会成立，才有机会著作此书；并感谢梅克保副书记、刘莲玉副主任、陈肇雄副省长为商会成立专程来台亲自揭牌，并提供本书许多珍贵的史料及支持。

这本书能完成要感谢同事蔡明志在公余协助校稿；好友苏秋锦在繁忙的退休生活中，一字一句、夜以继日地为本书不断地校稿、修订、编辑……

没有这些长辈、领导、好友的支持，这本书无法完成。

最后，在此向"左宗棠鸡"发明者彭长贵大师致敬，彭大师在本书出版前，于2016年11月30日辞世。

熊子杰

2017年1月5日